# 세상을 바꿔라

포럼오래 · 함승희 외

## 변화의 쓰나미에서 살아남기 위한
## 77인의 외침

圖書出版 오래

# 세상을 바꿔라

초판 1쇄 발행 | 2012. 4. 20.
초판 4쇄 발행 | 2012. 5. 1.

지은이 | 포럼오래 · 함승희 외
발행인 | 황인욱
발행처 | 圖書出版 오래

주　소 | 서울특별시 용산구 한강로2가 156-13
이메일 | orebook@naver.com
전　화 | (02)797-8786~7, 070-4109-9966
팩　스 | (02)797-9911
홈페이지 | www.orebook.com
출판신고번호 | 제302-2010-000029호

ISBN 978-89-94707-58-7

세상을
바꿔라

　　나는 변호사다. 변호사란 법 지식을 필요로 하는 이들에게 이를 제공해 주고 그 대가로 밥을 먹고 사는 사람이다. 그런데 나에게는 현재 집이고 사무실이고 책상 위에나 책꽂이에 ○○법이라는 제목이 붙어 있는 책은 거의 없다. 몇 권 있기는 한데 모두 20년 이전에 사들인 한물간 것들뿐이다.

　　2004년 탄핵돌풍으로 의원직을 상실한 후로 이렇다 할 할일없는 내게 남아돌아가는 것은 시간뿐이었다. 그래서 생긴 취미가 독서와 산책이다. 집 근처 대형문고에 들러 신간 서적 들여다보는 것이 일과였고, 남산 길, 우면산 길, 한강둔치를 산책하면서 읽은 책 내용을 곱씹어 보는 것이 재미였다. 그러니 자연 명함에 찍힌 직업은 변호사이지만, 돌팔이 변호사나 다름없어졌다.

　　그럼에도 과거 20여 년 전 검사 시절 부패공직자들을 감옥에 보낼 때의 언론보도를 기억하고 있는 몇몇 지인들은 그 시절의 함승희만 믿고 사건을 맡긴 적이 간혹 있다. 동료 변호사들에게 일을 대신하도록 했지만, 참으로 고맙기도 하고 죄송스럽기도 하다.

　　2000년부터 2004년까지 4년간 국회의원을 한 적이 있다. 비록 4년이라는 단임, 짧은 기간의 정치활동이었지만 세상을 바라보는 나의 눈은 180° 바뀌게 되었다. 그 이전 20여 년간 법조인으로 살 때에는 검사나 판사야말로 국가의 법질서를 바로잡는 정의로운 직업인 것으로 확신하면서 그 일에 혼신의 힘을 다 했었다. 그러나 의정 단상에 서서 국무총리를 비롯하여 국무위원과 사법부나 공공기관의 장들을 상대로 대정부 질문을 하고 국정감사를 하면서 그동안 내 머릿속에 담겨 있던 지식이란 국정 전반을 운영하는 데 필요한 지식에 비하면 한 줌만큼도 안된다는 사실을 알게 되었다.

이 나라 저 나라에서 개최된 국제회의를 다녀오면서, 세상은 넓고 할 일은 많다는 어느 대기업 회장의 저서 제목이 실감났다. 대학 4년, 대학원 2년 기껏 6년간 배운 전문지식으로 세상사를 마치 다 섭렵한 듯 우쭐거렸던 그동안의 삶이 부끄러웠다. 지금은 인생 100세 시대이다. 나뿐만 아니라 누구라도 대학 4년 지식으로 노동인생 60년을 살아가기란 무리다.

그래서 결심했다. 법과 관련된 것이라면 될 수 있으면 책은 물론 사람도 밀리하면서 나와는 다른 길을 걸어온 사람들과 어울리면서 그들의 삶의 궤적에서 무엇인가를 배우겠다고!!!

그리고 이제 남은 생애는 오로지 내 여생과 내 자식들이 터 잡고 살아갈 대한민국의 미래만을 생각하면서 살겠다고!

## 한국 정치의 현 주소

그런데 미래에 대한 밤안개 같은 불확실성을 제거하고 국민에게 희망과 비전을 제시해야 할 현실 정치는 어떠한가?

지난 30여 년간의 국정운영 행태를 보면 최고 권력자인 대통령 및 그와 재야 시절 어떤 인연을 맺은 몇몇 교수 또는 관료출신인사들에 의하여 국가 중요정책들이 입안되고 집행되어 왔다. 이런 정책 대부분은 밀실에서 만들어졌고, 국민적 소통이나 공감 없이 일방적으로 집행됨으로써 많은 불협화음과 저항을 낳았다. 여기에 더하여 집권 후반기부터 대통령 친·인척이나 측근 비리가 터져 나옴으로써 대통령은 결국 집권 말기가 되면 예외 없이 집권당에서 출당되거나 탈당하여 참담한 모습으로 청와대를 떠나게 된다. 이것이 지난 30여 년간의 한국 현대정치사의 일그러진 자화상이다.

군사정권 시절 '민주화 운동의 대부'라고 불리던 김정남은 최근 한 일간지와의 인터뷰에서 "여·야 어느 쪽도 집권 자체에만 매달려 있지 집권 이후 이 나라를 어디로 끌고 가겠다는 고민이나 비전이 없다. 이럴 때일수록 진지하게 고민하고 몸부림치고 연구하고 토론해야 하는데 순전히 패거리 싸움뿐이다"라고 일갈하면서 "야野는 반反MB정서에 편승한 채로 집권 후의 미래에 대하여 고민조차 안 한다" "여與 또한 이대로 가면 처참히 붕괴될 것이 뻔하다. 방향 없는 야野가 정권 잡았을 때 견제 역할이나 제대로 할 수 있을지…"라고 우려했다. 집권 후 반미 하면 어떠냐고 했던 노무현도 학습효과 끝에 한미 FTA를 추진했다. 그런데 지금 민주통합당은 "집권하면 한미 FTA를 파기하겠다"는 공개서한을 미국 대통령에게 보냈다. 여 또한 특정지역 출신 의원들이 중심이 되어, '저축은행 피해자 지원 특별법'이라는 위헌성이 짙은 법 제정을 추진 중이다. 모두 눈앞에 닥친 총선을 겨냥한 원칙을 포기한 정치놀음에 몰입해 있다. 지금 이 나라 정치권은 표만 되면 나라 기둥이며 지붕까지 뜯어내다 팔 태세다. 반면 국가의 근간을 지키기 위해 반드시 필요한 일이라도 표에 도움이 되지 않으면 꿈쩍도 않는다. 이것이 한국 정치의 현주소다. 그야말로 정치적 아노미상태. 하기야 어떻게든 먼저 자기들 금 배지 챙기고 정권을 차지하는 것이 먼저이고 나랏일은 그 다음이라는 행태가 어디 어제 오늘의 이야기인가. YS 때도 그랬고, DJ 때도 그랬고, 노무현 때도 그랬다.

## 집단지성의 우수성과 포럼오래의 시작

2008년 글로벌 금융위기가 진행되던 때, 런던경제대학(LSE)을 방문한 영국여왕은 배석한 세계적 석학들에게 "왜 아무도 이런 일을 예상하지 못했지요?"라는 질문을 해서 그들을 당황하게 했다고 한다. 그 후 영국 아카데미는 저명한 경제학자 팀 베슬리와 피터 헤네시 공동으로 여왕에게 답신하게 하였는데, 그 골자는 '나무만 보고 숲은 보지 못한 어리석음'과 '집단적 상상력의 실패'를 그 이유로 들었다. 특정한 분야의 '월등한' 전문가 집단에 비해 다양한 분야에서 모인 '평범한' 구성원들의 집단이 문제해결능력에서 더 우수하다는 사실을 암시하는 유명한 일화이다.

『집단지성이란 무엇인가』(원제: We-think)의 저자 찰스 리드비터는 그의 저서에서 "다양한 아이디어가 있어도 제각각 이리저리 떠돌기만 할 뿐 함께 결합해서 결실을 보지 못하면 아무 쓸모가 없다. 서로 관계를 맺고 의사소통을 할 때 비로소 집단지성의 위력이 발휘되어 폭발적 결과물이 나온다"고 했다. 다시 말해서 I Think 시대에서 We Think 시대로 세상은 변했다는 뜻이다. 물리학자인 제임스 왓슨과 동물학자인 프랜시스 클릭이 끊임없이 열정적인 대화를 나누고 아이디어를 공유함으로써 DNA의 이중나선형구조를 밝혀내어, 인간게놈지도를 완성하는 실마리를 마련한 사실은 현대사회에서 '무엇을 소유하고 있느냐'가 아니라 '누구와 무엇을 공유하고 있느냐'가 얼마나 중요한지를 보여주는 단적인 예이다. 집단지성이야말로 현대사회에서 국가의 부와 사회 안정을 동시에 증진시키는 핵심조건으로, 창조와 혁신의 바탕이 되는 이른바 사회적 자본의 전형이라 할 수 있다.

2008.9. 포럼오래는 시작됐다. 이 시대(오늘)의 문제를 분석하고, 미래(내일)의 대한민국을 준비한다는 뜻에서 그 이름을 '오래'로 지었다. 『대한민국은 자유주의를 기본이념으로 하는 민주공화국이다』라는 국가 정체성을 지키면서 시장반능주의에서 비롯되는 사회직·경제적 병리 현상들을 정부의 적극 개입으로 바로잡아야만 시장경제는 지속발전이 가능하게 된다는 논리에 공감하는 사람들의 모임이 포럼오래다. 이는 성별·나이·직업은 물론 이념·지식·경험 등 내재적 다양성을 고루 갖춘 집단지성의 원형이다.

『국가의 품격』國家の品格의 저자 후지와라 마시히코 교수는 그의 저서에서 "보통·직접 선거만 하면 민주주의가 되는 것이 아니다. 신념에 찬 애국적 민주 엘리트elite들이 그 사회를 이끌어 갈 때 비로소 품격있는 국가가 될 수 있다"고 했다. 아집과 편견, 기득권과 부패로 얼룩진 기성세력은 물론 SNS를 노구로 삼아 아니면 말고 식으로 치고 빠지는 저급한 군중심리에 기생하는 무개념친북세력에 의하여 사회가 지배된다면 이 나라의 미래는 없다. '신념에 찬 민주 엘리트의 양성', 이것이 포럼오래의 존재 이유이다.

우리 사회에는 학연·혈연·지연·종교·직장 등을 인연으로 하는 폐쇄적 네트워크가 넘쳐난다. 이런 모임은 폐쇄성과 배타성 때문에 사회적 통합을 저해하고 조직 간 갈등은 물론 끼리끼리의 정실·청탁·편법에 의존함으로써 부정부패만 조장할 뿐이다. 게리 해멀은 그의 저서 『경영이 미래』(원제: The Future of Management)에서 "지구촌은 더는 지식기반사회가 아니다. 창조경영의 사회로 접어들었다"고 했다. '전문성'도 중요하지만 '창의성'과 '남다른 생각'이 중요해진 사회가 도래했다는 뜻이다. 창의성의 근원은 무엇인가? 바로 이종지식 간의 융·복합에서 나온다. 다양한 지식과 문화를 접하고 다른 방법으로 학습하며 뒤집어 생각하고 다양한 상상을 할 수 있는 역량을 키울 때 비로소 창의성이 가능해진다. 미래학자 다니엘 핑크가 『새로운 미래가 온다』(원제: A Whole new Mind)라는 저서에서 "그 나물에 그 밥에서는 더 이상의 미래는 없다"고 한 것도 같은 맥락이다. 기존 정치권에 오염되지 아니한 다양한 사람들로 구성된 개방적 소셜 네트워크social network, 이것이 포럼오래의 또 다른 존재 이유이다.

## 집단지성으로 미래 희망세상 열기

2012년에는 국내·외에서 정치적 격변이 예상된다. 4월에는 총선, 12월에는 대선이 치러지면서 한국 권력의 두 축인 국회와 청와대의 주인공이 한꺼번에 바뀔 것이다. 중국에서는 시진핑을 비롯한 제5세대로의 권력 이양이 이루어질 것이고, 러시아에서는 블라디미르 푸틴에 의한 제2의 장기집권시대가 시작될 것이다. 이러한 중·러의 기세를 등에 업고 북한은 김정은에 의한 3세대로의 권력세습이 시도되고 있다. 이런 상황에서 북한의 핵·미사일 문제는 더욱 증폭될 가능성이 크다. 결국, 한반도를 둘러싼 국가안보리스크는 더욱 커질 전망이다. 글로벌 시대의 세계경제의 흐름은 '살아남을 것이냐 사라질 것이냐'의 싸움이 되었다. '무언가 바꿔야겠다'고 고민한다는 것은 이미 때를 놓쳤음을 의미한다. 다가오는 미래 트렌드를 미리 알고 대응할 때 비로소 '변화의 쓰나미'에서 살아남을 수 있다.

포럼오래는 이런 관점에서 다양한 인재풀을 활용하여 다음 정권에서는 반드시 '바꿔야 하거나, 없애거나, 새로 만들어야 할' 제도·정책·관행·국민의식 등에 대하여 일인일제—人—題 형식으로 글을 써서 한 권의 책으로 펴내기로 하였다. 이들 가운데는 대학재학생도 있고 전업주부도 있고 저명한 예술가나 교수도 있고 회사원이나 노조대표도 있다. 모두 특정 정파에 치우치지 않으면서 대한민국의 미래를 걱정하며 생업에 열심인 사람들이다. 이들의 목소리야말로 '보통의 삶'을 살아가는 국민의 목소리인 것이다. 분야별 전문가들에 의한 미래 예측서는 넘쳐나지만, 생활 속 지혜를 터득한, 아니면 현상에서 설실하게 오늘의 문세점을 인식하고 있는 이들의 살아있는 목소리를 한데 모아 놓은 책은 흔치 않다. 국민이 고루 행복한 희망세상을 여는 것이 이 책을 펴내는 우리들의 바람이다. 이 책에 담긴 글의 내용이 보통의 삶을 사는 이들에 의해 공감을 낳고, 그 공감이 온누리에 퍼져 미래의 한국사회를 변화시키는 원동력이 될 수만 있다면, 그동안 우리가 쏟아 부었던 땀과 열정이 큰 보람으로 결실을 볼 것이다.

**맺음말**

6개월간 110편의 원고가 제출되었는데, 편집위원들이 검토한 결과 어떤 분야에는 너무 많은 글이 쓰여졌거나 같은 주제로 중복된 글도 있어 20여 편은 다음 기회에 싣기로 하였고, 포럼 회원이 아니지만 가치가 있다고 편집위원들이 동의한 글은 함께 싣기로 하였다. 이 모든 분들에게 미안한 마음과 고마운 마음을 함께 전한다. 그리고 이 책을 펴내기로 하고 그간 원고를 읽고 다듬고 편집하느라 수십 차례 새벽잠 설치면서 편집회의를 주관하고 참석해 주신 편집위원장 유영제 교수, 편집위원 김주남 교수, 허희영 교수, 포럼오래 황인학 박사, 손효정 님 그리고 출판사 관계자 모두에게 깊은 감사의 마음을 전한다.

2012. 3

寓居에서

포럼오래 회장　함승희

# 03. 청년의 눈으로 본 미래

# 04. 따뜻한 사회를 위한 디자인

# 07. 융·복합시대의 문화강국

# 08. 글로벌 시대 우리의 선택

# 09. 미래를 위한 현명한 투자

# 10. 작지만 강한 나라

# 01

## 미래를 위한 또 다른 시작

# 하이테크를 경작하는 '창업 경제'로 진화하자!

## 윤종록

연세대 교수

　　세계경제는 가치의 패러다임이 산업기술에서 창의적 지식으로 바뀌면서 기존의 경제 시스템이 서서히 쇠락해 가는 과정에 접어들고 있다. 비록 미미하나마 경제성장이 이루어지고 있다 하더라도 고용이 수반되지 못하는 기이한 현상이 미국을 포함한 세계경제선진국가(OECD)에서 보편화되어 가고 있다. 세계경제는 인터넷이라는 토양에서 세상에 없는 지식의 작물을 새로이 만들어 경작하는 지식·창조 경제의 패러다임이 필요한 시점에 와 있다는 것을 암시하고 있다. 자원이 없는 나라의 경제정책으로서 수출 드라이브 중심의 한국경제는 이제 하이테크를 경작하는 창업 경제로의 진화를 서두를 때다.

## 승자 독식의 지식 경제는 피할 수 없다

세계경제는 단순한 굴곡이 아닌 패러다임 변화의 길목에 놓여 있다. 우리가 부러워했던 유럽의 수많은 선진국들이 국가부도를 목전에 두고 있고 노벨상을 13개나 배출한 기술회사가 사라지고 있는 현실이다. 이제 경제는 최고의 기술과 이론으로 무장한 기업이라 하더라도 세상에 없던 것을 창조하는 '상상의 자유지대'가 아니면 우위를 점할 수 없는 처지에 몰리고 있는 현실이다. 산업사회의 효율과 기술만으로는 더 이상 경쟁할 수 없는 지식 본위의 새로운 경제질서가 그것이다. 지식 기반의 새로운 경제는 만 명이 모여서 만 개의 밸류를 만들고 만 명이 그것을 나누어 갖는 산업경제와는 다르다. 불과 100명이 모여서 만이나 되는 밸류를 만들고 그것을 분배하게 된 것이다. 상대적으로 9,900명에게는 참여의 기회도 분배의 기회도 제공되지 않게 되었다. 더욱이 이 같은 새로운 경제질서는 빈부의 격차를 더욱 넓히고 고용의 기회보다는 부의 편중을 가속화해 가는 추세로 몰고 있으며, 세계의 젊은이들이 분노하는 월가 반란의 빌미가 되기도 하는 것이다.


## 지식 경제의 생존 방정식

자원이 없는 나라의 생존 방정식은 지식의 텃밭에 아무도 만져 보지 못한 새로운 두뇌의 작물을 개발하여 경작하는 것이라고 비유할 수 있을 것이다. 불과 13년 전 태동한 인터넷 경제는 어느 덧 가정주부, 학생들에게까지 대중화되어 지금은 전 세계 경제활동의 주무대가 되었고, 인터넷 경제는 5,000억 달러의 규모로 성장했다. 이들은 수십 년에 걸쳐 수십조 원의 투자를 하고 수십만 명의 고용을 통해 일군 기업이 아니라 10년 안에 아이디어 하나로 수십조 원의 이익을 만들어 냈다. 투입되는 인풋은 투자를 수반하지 않는 오직 상상력의 산물인 아이디어일 뿐이다. 이 시간에도 무한상상이 허용된 인터넷 디지털 공간에는 세계의 수많은 젊은이들이 상상의 씨앗을 준비하고 있다. 여기서 파생되는 다음 10년의 인터넷 경제의 규모는 상상을 초월하는 규모가 될 것이다. 우리의 젊은이들이 도전해야 할 영역이 바로 여기에 있다.

## 인터넷 토양에서의 혁신은
## 연구개발(R&D)이 아닌 상상개발(I&D)이다

1998년 세계인구가 60억을 돌파하는 순간 인터넷이 일반 가정에까지 보급되면서 사이버 세상을 열었다. 이제 지구상의 영토를 벗어나 상상력의 영토가 무한히 열리게 된 것이다. 물리적 영토에 무언가를 구현하려면 물적 자원과 노력이 수반된다. 연구 개발이라는 사전 정지작업과 그에 따른 사업화의 길을 모색해야만 했다. 그러나 인터넷상의 사이버 영토에서는 물리적 자원은 필요 없는 경우가 많아 상상의 세계를 곧바로 구현하는 시간의 극복이 가능한 세상이다. 기술적 가능성에 시간을 보내는 것보다는 무한한 상상력의 자유가 더 먼저 보장되어야 하는 이유이다.

이제 인터넷 이전의 세상에서 부르짖었던 제1세대 연구 개발(R&D), 2세대 연구 개발(R&BD)의 개념은, 인터넷을 기반으로 하는 지식 경제를 계기로 상상 개발(I&D)의 개념으로 바뀌어야 함을 보여 주고 있다. 아침에 일어나 이불 속에서 검색하는 e-메일이나 손끝을 통해 정교하게 커서를 움직이는 대신 직접 화면을 누르고 문질러 작업하는 컴퓨터처럼 즉흥적인 상상을 곧바로 실행하는

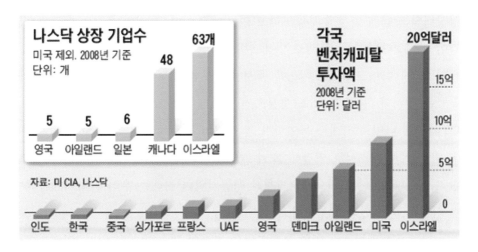

상상 개발의 발상이 아니고는 소비자의 감성까지 섬세하게 고려해야 하는 경쟁에서 앞서가기 어렵게 되었다. 지난 10여 년 간 혜성처럼 나타나 우리 일상의 패러다임을 일순간에 바꾸어 버린 기업들은 상상의 세계를 일순간에 현실로 바꾸어 버리는 순발력의 산물이라 해도 과언이 아니다.

## 상상의 밑거름은 Crossover에서 찾아야

세계의 모든 과학자들이 전지의 충전시간을 1년에 걸쳐 불과 몇 분씩 단축하는 경쟁에 매달릴 때 방전된 축전지를 단번에 스와핑하여 1분 안에 새 것으로 교체하는 상상력, 인텔 칩의 집적도가 높아지면서 발생하는 발열문제를 자동차의 기어박스를 연상하며 구동속도를 높이지 않고 처리속도를 높이는 재치는 기술 전문가만의 힘으로는 지극히 어려울 수 있다. 오히려 미사일을 공격하고 돌아온 전투기 조종사의 입장에서 들여다 보면 지극히 일상적인 상식에 불과한 것이다. 따라서 전기 기술자와 전투기 조종사의 크로스 오버는 상상력의 장벽을 일시에 무너뜨리고 만다는 것이다. 운전병 출신의 엉뚱한 생각이 아니었다면 발열 문제로 인해 인텔은 듀얼, 트리플, 쿼드코어와 같은 멀티태스크용 마이크로 프로세스를 출시하지 못하고 무어의 법칙도 8080칩에서 끝났을 것이다. 융합의 필요·충분조건은 이질적인 것들 간의 크로스 오버이다. 가리개 너머로 고개를 들이밀고 옆 동료가 하는 일을 들여다 보고 내가 하고 있는 일과 서로서로 연결해 볼 수 있도록 서로를 열어 주는 담대함이 필요한 시점이다. 지난 수년 간의 세계적 성공기업의 사례는 우리에게 미래를 향한 상상의 문을 열라고 주문하고 있다.

세상에는 매년 1조 원의 특허수익을 만들어 내는 대학이 있다. 이제 대학은 논문을 만들고 연구를 하는 부분과 끊임없는 상상으로 없는 모델을 만들어 내는 특허 영역으로 나누어 생각해 볼 때가 되었다. 꾸준한 연구를 근간으로 하는 대학1.0이 있다면 열린 상상력으로 앞길을 열어 가는 특허 중심의 대학2.0이 그것이다. 예를 들면 히브리 대학에서만 연간 10억 달러의 특허료 수익을 올리고 있으며 이스라엘 전체 대학의 합이 2조 3천억 원을 넘는 수준이다. "과학기술은 곧 경제다"는 신념으로 1970년대 해수의 담수화 특허를, 1980년대에 원자력 안전특허를, 1990년대에 인터넷 보안특허를 독점하면서 이스라엘은 지식의 병목을 움켜쥐게 되었다. 미국의 대학들도 이미 특허 중심의 산업화 기술을 전담하는 기술 지주회사를 앞세워 창조적 지식 경제를 지향하는 등 정부의 창업 정책에 부응하고 있다. 이제 우리의 대학들도 그 지향하는 과녁은 2020년대를 휘어잡을 병목을 미리 지키는 것이어야 할 것이다. 우리가 지난 30년 간 잘 꾸려 왔던 제품생산은 개도국으로 이전되어 가고 있는 상황이다. 우리는 손으로 만질 수 있는 제품에 만질 수는 없으나 느낄 수 있는 영혼을 불어넣는 일을 해야 한다. 주인이 다가가면 반갑다고 꼬리를 흔드는 자동차, 하루 일과를 마치고 귀가하면 주인에게 운동량과 걸음걸이를 교정해 주는 신발, 주인의 염분섭취를 제지하는 숟가락이 우리의 상상이다. 주위의 모든 물건이 인터넷의 도움으로 지능을 가지고 주인에게 말을 걸어온다면 아마도 다음 10년의 M2M(Machine to Machine: 사물의 인터넷) 세상은 상상 그 이상일 것이다.

## 경제 현안, 지식 · 창업 경제로 풀어 나가야

요즘 고용창출의 문제는 우리 사회뿐 아니라 미국에서도 중요한 이슈로 등장했다. 미국의 인구조사통계국(US Census Bureau)의 자료에 의하면 지난 20년 간 5년 이상 된 기업은 고용증대에 기여하지 못했다고 한다. 늙은 소의 젖에서는 우유를 짜낼 수 없다. 젊은 소를 지속적으로 순환시켜야 신선한 우유가 안정적으로 공급된다는 생각으로 10%에 육박하는 실업률로 고심하던 오바마 정부는 규제완화로 화답하며 새로운 창업 경제를 서두르고 있다. 혁신을 기반으로 한 창업만이 고용창출의 지름길임을 알고 끊임없이 창업을 추구하는 이스라엘의 성공신화를 자원이 없는 나라의 국가경영이란 관점에서 재조명할 때이다. 다음 10년의 국가경영은 두뇌의 텃밭에 하이테크를 경작하는 지식 농사임을 간과하지 말아야 하겠다. 두뇌의 텃밭이 개간되지 않은 황무지로 방치되어 있는지 부처 간 칸막이를 헐고 들여다보아야 할 때이다.

# 군에 간 우리 젊은이들에게 무엇을 보상해 줄 것인가

구정희

컬럼니스트

## 그동안 정부는 이들을 위해 무엇을 하였는가?

군에 복무하고 제대한 젊은이들을 위하여 국가는 무엇을 해줄 수 있는가? 정부는 1961년에 제대군인이 사회에 조기 정착하는 것을 지원하는 데 입법취지를 두고 군 가산점제도를 도입했다. 이 제도는 정부나 공공기관, 민간기관 등 기관이나 단체가 채용시험을 실시할 경우 전역한 군인에게 필기시험에서 만점의 일정 % 범위 안에서 가산점을 주는 제도였다. 그러나 헌법재판소는 1999년 12월 23일 이 제도가 대부분의 여성과 군에 가지 못한 남성의 평등권과 공무담임권을 침해하는 것이라고 판단하여 위헌결정을 내렸다. 이로써 대한민국은 전역한 제대군인들에게 어떠한 경제적 보상이나 사회적 혜택을 주지 않는 나라가 된 것이다.

군 가산점제도가 폐지된 이후 끊임없이 그 부활이 논의되고 있고 국회에도 이 제도의 재도입안이 발의되어 있는 형편이다. 그러나 이 같은 시도는 헌법상의 평등의 가치에 위배되고 남성 대 여성, 남성 대 장애인 간의 불필요한 갈등만 증폭시켜 사회의 통합을 저해할 뿐이다. 그러므로 이 제도의 재도입보다는 제대군인 다수에게 실질적으로 도움을 줄 수 있는 특단의 대책을 마련하는 것이 더욱 의미있는 일이라고 하겠다.

## 군 복무중에 받는 대우, 만족할 만한가?

우리 젊은이들이 병으로 군에 입대하면 복무기간은 육군이 1년 9개월, 해군이 1년 11개월, 공군이 2년이다. 이 기간 동안 계급별로 국가로부터 월급을 받는다. 2011년 기준으로 병장은 103,800원, 상등병이 93,700원, 일등병은 84,700원, 이등병이 78,300원을 받는다. 이 액수의 가치는 어느 정도인가? 사병들의 월급을 일급으로 계산할 경우 병장은 3,460원, 상등병은 3,123원, 일등병은 2,823원, 이등병은 2,610원이다. 이는 2011년 노동자 하루 최저임금 시급 4,320원에 한참 미치지 못하는 액수이다. 우리의 경제력이나 국민의 부담능력으로 볼 때 이러한 현실은 실로 어처구니없는 난센스다. 우리 대한민국의 경제규모를 생각할 때 사병들이 군에 복무하면서 최소한의 필요경비를 제외하고 월급을 저축한 액수가 적어도 한 학기 대학등록금은 되어야 되지 않겠는가. 이러한 한심스러운 대우를 받고 의무복무 후 제대를 할 때도 사병들에게는 사회 재적응이나 취업프로그램이 전혀 제공되지 않는다. 국방부나 보훈처의 제대군인 지원센터는 7년 이상 장기 복무한 직업군인 출신만을 대상으로 할 뿐, 의무복무 후 제대하는 우리 젊은이들에게는 해당되지 않는 남의 일일 뿐이다.

# 외국은 군 복무 젊은이들을 어떻게 대우하고 있는가?

한국국방연구원이 2007년 사병 2,330명을 대상으로 조사한 결과에 의하면 응답자의 81%가 월급이 턱없이 부족하다고 답변했다. 그렇다면 국민개병제, 즉 징집제를 채택하고 있는 다른 나라는 어떨까? 최근의 통계치가 없어 2003년을 기준으로 살펴보면 현역 상등병 기준 이스라엘은 210달러, 대만은 207달러였다. 독일은 징병제를 실시하던 2006년 상등병 기준 2,172달러를 월급으로 지급했다. 대만의 경우 최근의 통계는 징집병들의 평균월급이 346.62달러로 나타난다. 반면 대한민국은 2007년 상등병 기준 84달러였다. 최신의 통계는 아니지만 우리 사병들의 월급이 그동안 획기적으로 인상되지 않았다는 점을 고려하면 외국과 비교할 때 대한민국 사병들의 월급은 턱없이 낮다고 아니할 수 없다.

제대군인에 대한 처우를 살펴보면, 군 가산점제도를 택하고 있는 나라는 별로 없는 실정이고 공식적으로 채택하고 있는 미국의 경우 그 대상범위를 전투참여를 한 상이군인이나 유공자로 극히 제한하고 있다. 이탈리아는 소방관이나 경찰관에 제대군인을 최우선적으로 채용하고 있고, 대만은 모든 분야에서 동일한 점수를 취득한 경우에 제대군인을 우선적으로 채용하고, 독일은 제대 후 6개월 내 공직에 지원할 때에 한해 동일 점수를 취득하면 제대군인에게 우선권을 준다.

# 실질적 도움을 주기 위해서는

헌법에는 국방의 의무와 함께 병역의무의 이행으로 불이익한 처우를 받지 않아야 한다고 명시되어 있다. 그러나 1년에 25만 명씩 제대하는 사병 출신의 우리 젊은이들이 군 복무기간 동안 취직과 학업에 제약을 받고, 또한 제대 후에 어떠한 보상도 받지 못하는 현실을 부인할 수는 없다. 그렇기 때문에 이미 위헌결정이 난 군 가산점제도를 갖고 왈가왈부할 것이 아니라, 실질적으로 도움을 주는 방법들을 강구하여 군에 가는 젊은이들에게 자긍심을 심어주어야 할 필요가 있다. 이를 위해서 우선적으로 고려해야 할 것이 사병들 월급의 적정 수준 인상이다. 외국처럼 40만 원, 50만 원 이상으로 대폭 인상하기는 정부 재정형편상 어려울 것이나 최소한 지금의 두 배 이상 정도는 지급해야 한다.

다음으로 전역수당이나 실업수당을 도입해야 한다. 제대군인이 원활하게 사회에 적응하도록 하기 위해서는 경제적 지원책이 필요하다. 입대 전 대학을 다니고 있었다면 등록금과 학원비 등을 일부 충당할 수 있도록 100만 원 정도의 전역수당을 지급해야 한다. 입대 전 취업을 하고 있었다면 의무복무로 인해 실업상태가 된 것이므로 복무기간에 해당하는 실업수당을 지급할 필요가 있다.

마지막으로 군 복무중 학자금 대출이자 국가지원 확대와 입대 전 가구생계책임자에 대한 생활비 지원이 필요하다. 2012년부터 군 복무중인 장병들에게는 이자를 국가가 부담하기로 하였다. 그러나 일반대출방식으로 돈을 빌린 현역병에 대해서는 취업후 학자금 상환이라는 혜택이 없다. 이는 '누구든지 병역의무 이행으로 불이익을 당해서는 안된다'는 헌법조항에 비추어 볼 때 명백한 차별로 학자금을 위한 대출이기만 하면 이에 대한 이자는 모든 현역병에 대해 국가가 지원하는 것이 당연하다. 또한 현행법에서는 본인이 아니면 생계를 유지할 수 없는 입영대상자를 대상으로 "생계유지 곤란으로 인한 병역감면 처분제도"를 시행하고 있는데 지나치게 요건이 까다로워 사실상 생계를 책임지고 있음에도 불구하고 군에 입대하는 경우가 많다. 이 같은 경우에는 당사자가 군 복무하는 데도 많은 정신적 어려움이 뒤따르게 되는데, 이렇게 사각지대에 있는 사병들에 대해서는 군 입대 후 남은 가족들에게 어느 정도의 생활비를 지원하고 해당 가정을 방문해 생활상태를 점검하여 안심하고 군 복무를 할 수 있도록 돕는 제도가 필요하다.

# 프시케 vs 자청비

## 손미정

평생교육강사

## 사람이 가치다

요즘 들어 낯선 것들이 부쩍 많아졌다. 사실 나는 낯선 것을 좋아한다. 새로운 책, 새로운 사람, 새로운 환경. 그래서 새 친구를 사귀고, 새로운 곳으로 여행 가는 것을 좋아한다. 하지만 이런 나조차도 감당하기 힘들 만큼 세상은 빠르게 변하고 있다. 어제 산 전자제품이 내일이면 구형이 되고, TV 속 유행어들은 하루가 다르게 달라지고 있다. 심지어 소중한 가치들도 달라지고 있다. 그러나 그 모든 것의 중심에서 변하지 않고 있는 것은 사람 그 자체이다.

최근 유엔 발표 자료에 따르면 세계인구는 70억 명으로 지구 전체는 인구 과잉 상태이다. 하지만 우리나라는 이미 고령화 사회로 진입하여 노년인구가 증가하고 있음에도 불구하고, 전체인구는 감소하고 있다. 2017년부터는 핵심 생산인구가 급격히 감소할 것으로 예상된다. 가장 큰 원인은 저출산이다. 정부는 저출산 해결방안으로 영·유아에 대한 보육 및 교육을 위한 국가적 지원에 중점을 두고 있다. 믿고 맡길 수 있는 국·공립 보육시설 확대와 보육료 지원, 유치원 및 고등학교 의무교육확대, 무상급식 확대 등 아이 키우는 데 큰 돈 들지 않는 각종 방안을 마련하고 있다. 그러나 그 어떤 제도도 젊은 여성들이 더 많은 아이를 낳게 하는 유인책이 되지 못하고 있다.

## ♂ …… ♀ ……

대한민국 국민의 절반은 여성이다. 물론 절반은 남성이고, 남자와 여자는 다르다. 존그레이의 '화성에서 온 남자, 금성에서 온 여자'에서는 남·여간의 심리적인 차이를 말하지만 사실 생물학적 차이도 있다. 여자이기 때문에 차별을 받는 일은 많이 사라졌다. 하지만 단순히 기회나 조건의 평등만으로 남·여 평등이 이루어졌다고 할 수 없다. 여성과 남성이라는 생물학적인 차이까지 고려한 배려가 있어야 완벽한 평등이 아닐까?

남자이기에 헌법상 국방의 의무를 진다. 그래서 일정 연령에 달한 모든 장정은 병역의 의무를 수행하게 되고, 군복무 이행으로 불이익을 받지 않도록 배려를 하고 있다. '사회진출 지연으로 인한 경제적 손해' '학업중단' '정신적·육체적 고통' 등에 대한 보상으로 군복무기간 경력인정, 군복무기간 중 학자금 대출이자 국가부담 등의 제도가 마련되어 있다. 최근 사병급여를 인상하자는 정책도 나왔다.

그러나 여성은 어떠한가? 남성에게 국방의 의무가 있다면, 여성은 출산의 부담을 지고 있다. 하지만 출산을 전·후한 여성으로서의 생리적·심리적 변화와 현상에 대한 복지·인권 차원에서 관심을 갖지 않고 있다. '일단 낳고 보자'는 식의 출산 장려를 위한 지원정책이 아니라, 아이를 임신하고 출산하는 여성 자체에 대한 본질적이고 기본적인 보호와 배려가 필요하다.

# 생리대와 자궁경부암 백신

여성이라면 피할 수 없이 겪어야 하는 것이 있다. 매달 빠짐없이 하는 월경이다. 월경은 출산 가능의 의미로 여성만이 가질 수 있는 축복이다. 유대인의 오랜 가르침에 따르면 '한 사람의 생명을 저울의 한 쪽에 올리고 나머지 세상을 반대편에 놓으면 저울이 균형을 이룰 것이다'고 했다. 하지만 축복 이면에는 그만한 고통도 따른다.

월경의 시작은 개인차가 있겠지만, 평균 초경 연령은 13세 정도이고 폐경 연령은 50세 전후이다. 매달 7일간 약 40년 동안 월경을 하는 셈이다. 여성 한 명이 한 달 평균 사들인 생리대 값은 4만 원이다. 평생 2,000만 원 어치의 생리대를 사게 된다. 하지만 물가는 계속 오르고 생리대 값도 같이 오른다. 생리대를 사고 안 사고는 선택의 여지도 없다. 아무리 비싸도 무조건 사야 한다. 이러함에도 여성 개인의 문제로 방치할 것인가. 적어도 국가 재정상 무상으로 제공하지는 못한다 하더라도 생산원가로 공급되게 하여 '여성임'에 대한 경제적 부담을 줄여줘야 한다.

아무리 설명해도 알 수 없는 고통이 있다. 월경통이다. 가임기 여성 50% 이상이 겪고 있고 월경통이 있을 때면 사회활동을 하기도 어렵다. 뿐만 아니라 여성에게만 있는 특정질병에 이르기도 하는데 자궁경부암이 그것이다. 자궁경부암은 위암이나 폐암과는 의미가 다르다. 암을 확인하고도 '아기집'이기에 이를 지키려고 수술을 받지 않고 민간요법을 받다가 죽음에 이르는 경우도 있다. 자궁경부암은 자궁암 전체의 90~95%를 차지하는데 이를 예방하는 백신이 개발되었다. 이 백신을 맞으면 자궁경부암의 발병률이 70% 정도 감소하는 것으로 알려져 있다.

그러나 문제는 가격이다. 현재 건강보험이 적용되지 않고 있다. 1회 접종

가격은 약 20만 원, 3회 접종한다. 대략 60만 원 정도의 비용이 드는 셈이다. 모든 여성이 자비로 접종을 해야 하는 것이다.

현재 핀란드나 스웨덴 등을 포함한 몇몇 나라는 10대 중반 정도의 어린 여성들에게 이 백신을 무상으로 접종하고 있다. 우리나라에도 기초 예방 접종이라고 해서 여러 가지 전염병에 대한 예방접종을 소아에게 실시한다. 그와 같은 맥락에서 자궁경부암 예방 백신을 무상 접종하거나 최소한 보험적용이 되도록 해야 한다. 가임 여성의 건강 문제는 개인의 행복뿐만 아니라 국가적 차원에서도 중요한 문제이다. 저출산의 문제는 출산된 아이 기르기도 중요하지만 출산의 주체인 여성 그 자체의 보호에서부터 출발해야 한다.

# 중국을 다루는 황금트라이앵글

우진훈

중국 인민대 교수

2012년은 한·중 수교 20주년이 되는 해이다. 그동안 활발했던 경제협력과는 달리 양국 간의 체제, 국정방향, 역사·문화 등의 방면에서 서로를 학습하고 이해할 시간은 턱없이 부족했다. 이로 인해 최근 경제 외적인 문제가 빈발하고 특히 한국의 중국에 대한 몰이해와 전략 부재는 국제사회에서 한국의 정치외교적 부담을 가중시키는 중요 요인이 되고 있다. 글로벌 정세 변화와 한국의 대 중국 인식 전환기에 접어든 지금이 바로, 중국을 꿰뚫어보는 혜안을 가지고 한국의 미래를 설계해야 할 시점이다. 역사적으로 중국이 팽창하는 시기에 한반도는 쪼개져 있거나 어려움에 봉착하는 경우가 종종 있었다. 그래서 굴기(崛起)하는 중국 다루기는 바로 한국의 미래 다루기로 연결된다. 중국의 정치, 경제, 문화 수준에 눈높이를 맞추어 찬찬히 들여다 보자. 세 가지 황금트라이앵글로 중국을 다룰 수 있는 세 꼭지점이 보일 것이다.

## 첫째 꼭지점: 소통채널 구축

수교 이후 양국 정부, 정당 간의 교류는 현안별로 이루어진 형식적인 회담이 많았다. 특히 잦은 정권 교체와 함께 중국 인식이 부족한 한국 정치인, 관료들의 편견과 독선, 실적주의는 양국 교류의 피로현상을 가중시켜 왔고 신뢰가 쌓일 틈이 없었다. 한국이 역사의 흐름을 파악하지 못하고 균형감각 없이 한·미동맹만 내세워 자기 바람대로 중국을 밀어부치다가는 향후 정치외교, 경제협력, 민간교류 등 각 방면에서 큰 어려움에 봉착할 수 있다. 이는 중국으로 하여금 한국이 처한 외부환경과 국정시스템, 그리고 국민정서를 알게 하고 나아가 한국을 다루는 방법까지 터득하게 하는데, 이를 '온수자청와(溫水煮靑蛙, 미지근한 물로 개구리를 삶다)'란 개념으로 표현할 수 있다. 즉, 펄펄 끓는 물에 개구리를 집어 넣으면 깜짝 놀라 뛰어 달아나지만, 미지근한 물로 오랫동안 천천히 삶으면 큰 반항 없는 개구리의 살과 뼈는 저절로 분리된다. 시간을 두고 천천히 적응하게 만들어 양적인 대항을 질적인 순응으로 만든다는 것으로, 이는 중국에 의탁하고 있는 북한정권은 물론, 조급증이 있는 한국을 다루기에 좋은 방법인 것이다.

한국은 중국의 실험용 개구리가 되어서는 안 된다. 한국은 큰 호흡을 가지고 중국을 깊게 들여다 보고 교류해야 하며, 이를 위해 중국 공산당과 소통하는 비공식 채널을 만들어야 한다. 중국은 과거로부터 유전된 이중적이고 모호한 통치철학이 있어 사실도 사실이 아닌 경우가 많다. 대국의 역할을 주창하는 관료·학자들과는 달리, 통치의 주체인 공산당과 당 지도부는 중국이 아직 가난한 나라로 갈 길이 멀다고 겸손해 한다. 신하와 주군의 역할이 분명히 나누어져 있는 것이다. 한국은 중국의 통치 메커니즘을 이해하고 깊은 내부의 소리를 파악하기 위해 꾸준하게 가동되는 소통라인으로 그들과 스킨십을 가져야 한다.

중국은 얼굴을 맞대고 깊게 대화하는 밀착외교 방식을 선호하는 국가로, 긴 시간을 두고 그들과 소통한다면 중국의 많은 속내를 감지할 수도 있을 것이다. 이전부터 양국간 공식·비공식 외교라인이 유기적으로 작동했다면 천안함 사태, 연평도 도발, 쌍용자동차 문제, 탈북자 소환 등의 문제를 풀어감에 있어 좀 더 실리를 챙기고 명분도 쌓을 수 있지 않았을까?

그리고 인민일보, CCTV 등의 매체를 통한 중국 여론 통제도 가능하다. 중국 백성은 양떼와 같고 관료와 지식인들은 목동으로, 목장주인 공산당의 지침을 받아 양떼를 이끈다. 국영매체의 영향력을 통해 중국인의 대 한국 이미지를 우호적으로 이끌 수 있다. 그리고 이와 같은 일들을 위해 때로는 협상테이블 밑에서 세치 혀를 놀려 그들과 논쟁하고 설득할 수 있는 싸움닭이 필요하다. 젊어지고 있는 중국 공산당과의 전략적 교감과 이를 수행할 외교전사의 양성은 다음 세대를 위한 일종의 보험역할을 할 것이다.


## 둘째 꼭지점: 한발 앞선 기술력

글로벌 경제시대, 강소국이 강대국을 다루기 위해서는 기술력이라도 앞서야 한다. 중국은 산적한 국내·외 과제가 많아, 빠르게 혁신하면서 한 발 앞서가는 한국을 질적으로는 따라잡기 힘들겠지만, 넉넉한 재정과 인력 자원을 바탕으로 선택과 집중전략을 취할 수 있다. 한국제품의 중국 수입시장 점유율은 2005년 이후 조금씩 하락하고 있는데, 이는 중국 제조업의 성장과 함께 정부의 집중전략에 따른 기술혁신정책으로 한국 제품과 기술을 따라잡고 있기 때문이다. 여기에 광대한 시장진입을 조건으로 선진국의 첨단기술까지 조금씩 흡수하고 있다. 더구나 2010년 중국과 대만이 체결한 '경제협력기본협정 (ECFA)'으로 향후 한국기업은 중국 내수시장을 놓고 국유기업, 대만기업, 화교기업, 다국적기업과 치열한 경쟁을 해야만 한다.

중국시장은 한국의 미래를 위해 놓칠 수 없는 시장이다. 다국적기업들이 주도하는 중국 내수시장 쟁탈전에 한국은 구경만 할 것인가 아니면 경쟁에 뛰어들어 제2의 국내시장으로 개척해 나갈 것인가를 결정하는 핵심이 바로 '기술력'이다. 이제 기술과 디자인의 뒷받침이 없는 한국기업의 중국시장 진출전략은 아무런 의미가 없게 되었다. 강력한 기술력의 한국표준(korea standard)이 중국 내수시장 침투를 통해 중국표준(china standard)이 되고 나아가 글로벌 표준(global standard)이 될 수 있도록 한국정부와 기업은 지혜를 모아야 한다. 한국이 중국을 다룰 수 있는 가장 현실적인 보검(寶劍)은 기술력밖에 없다. 중국은 세계수준의 기술력을 보유하고 문화적 소양도 갖춘 인접국 한국을, 지구 건너편에 있는 거만하고 독선적인 서방국가보다 자신들에게 더 맞는 파트너라고 생각하고 존중할 것이다.


## 셋째 꼭지점: 청출어람의 문화력

공자(孔子)가 중국에서 태어나 한국에서 죽었다는 우스개 소리가 있다. 서방 학자들 눈에는 중국보다 현대 한국에서 유교문화가 더 잘 착근되어 있는 것처럼 보이는 모양이다. 그렇기 때문에 중국과의 각종 협상에서 '문화'를 전술로 사용 가능한 나라는 아마도 지구상에서 한국밖에 없을 것이다.

중국이 경제중점 정책에 따라 그동안 등한시했던 문화의 중요성을 이제서야 인식하기 시작한 가운데, 전통과 현대가 잘 조화된 한국문화는 중국인의 큰 환영을 받고 있다. 사람이 지켜야 할 도리를 일깨워주는 일부 한국 드라마를 중국 정부가 수입하여 국민을 계도하는 수단으로 삼기도 한다. 비록 혐한(嫌韓) 현상도 있지만 이 또한 또 다른 관심의 표현이며 무관심보단 백 번 낫고, 그들의 편협한 민족주의 정서는 나라가 성숙해지면서 개선될 것이다. 한국은 중국이 문화적으로도 굴기하기 전에, 오감(五感)으로 즐길 수 있는 '한국문화상품'을 중국 및 중화권 국가에 꾸준히 수출해야 한다. 한국의 뛰어난 문화상품은 중국인, 특히 인터넷 세대들의 관심에 녹아들 것이며, 향후 이들의 소득증대와 함께 한국제품의 시장영역도 확대될 것이다. 수준높고 재미있는 한국문화의 대 중국 영향력 확대는 선진국에 비해 상대적으로 약한 국가브랜드 파워를 제고하는 데 도움이 될 뿐만 아니라, 한국에 대한 이해와 감성을 성숙시켜 양국 교류의 질적 수준을 높이고 한국 기업들이 중국시장을 개척하는 데 양호한 환경을 조성해 줄 것이다. 또한 이것은 향후 '중국의 시대'를 살아가게 될, 한국의 다음 세대를 위한 밑천을 마련하는 일이기도 하다.

과거 수천 년 동안 세계 대국이었던 중국은 잠시 곡절의 시간을 거친 후, 현재 운명적으로 과거의 성세기에 재진입하고 있다. 집권세력이 누구였든, 선택한 체제가 무엇이었든, 중국은 역사의 순환과 흐름에 따라 막강한 잠재력을 바탕으로 그 발전 궤적을 그려 나가고 있을 뿐이다. 이와 같은 인식을 바탕으로 '역사의 흐름에 올라 탈 것인가' 그리고 '어떻게 올라 탈 것인가'라는 문제는 대 중국 전략을 세우는 사고의 출발점이 되어야 하고, 상기한 세 가지 황금트라이앵글은 중국을 다루고 그 편익을 흡수하는 핵심 전술이 되어야 한다. 양국의 지도자가 모두 바뀌는 2012년 이후 5년 동안, 한국의 '중국 다루기' 성공 여부는 판가름날 것이며 이에 따라 한국의 지속발전과 한반도 정세변화도 결정될 것이다.

# 특별검사제도가 진정으로 국민을 위한 제도가 되려면

| 함승희

| 전 검사

## 특별검사제도, 과연 전가의 보도인가

작금 한나라당 소속 당직자들에 의해 저질러진 이른바 "디도스" 사건에 대한 경찰 및 검찰의 수사결과 발표를 불신한 정치권은 이 사건의 진상을 규명하기 위하여 특별검사에 의한 수사를 추진중이다.

> **특별검사제도란 무엇인가?**
>
> 대통령을 비롯한 정권의 실세나 검찰 고위간부 등이 연루되어 기존 검찰에 의한 공정하고 독립된 수사를 기대할 수 없는 부정·부패 의혹사건에 대하여 대통령이 지명하는 특별검사가 독립된 수사팀을 구성하고 당해 사건을 수사하여 기소는 물론 공판까지 책임지는 제도이다.

YS 문민정권이 시작된 이래 여덟 차례 정치적 스캔들 또는 고위 공직자가 연루된 사건들에 대하여 특별검사가 지명되어 기존의 검찰이 아닌 특별한 방법에 의한 수사가 진행되어 왔다. 그러나 그 어떤 경우에도 특별검사에 의한 수사가 기존 검찰조직에 의한 수사보다 (정치권으로부터) 독립되고, (사회 제 세력의 간섭 없이) 공정하게 이루어져 진상 규명이 제대로 이루어졌다고 국민의 뇌리에 남아있는 특검수사는 단 한 건도 없었다.

그동안 진행되어 온 특검제도의 내용을 살펴보면 특별검사는 적어도 6개월 이상의 장기간 적게는 수십 명에서 많게는 100여 명의 특별수사관을 동원해서 수십억 원의 특별한 예산까지 써 가면서 수사활동을 벌였음에도 종국에는 늘 "서산명동서일필"격으로 보잘것 없는 수사 결과를 내놓았는데, 그조차도 1~2년이 지나고 나면 주요 연루자들 대부분이 무죄판결로 종결되어 끝내는 그들에게 면죄부가 주어져 왔다. 그럼에도 불구하고 왜 정치권 또는 언론은 전가의 보도처럼 거물급이 연루된 부패 스캔들이 문제되기만 하면 특별검사제도를 들고 나오는 것일까?

## 특별검사제도의 허구성

거물급이 연루됐음직한 부패 스캔들이 언론보도 또는 당사자 폭로 등으로 수면 위로 드러나면, 1단계로 치열한 정치공방을 하다가, 2단계로 국정조사 또는 검찰수사가 진행되고, 마지막 단계로 특검수사가 진행되어 온 것이 지금까지의 특검제도 전개과정이다.

1~2단계에서 적어도 1~3개월이 소요되는데, 이 기간 동안 그 사건이 주는 국민적 충격은 최고조에 이르게 되고, 정치권은 정치적 공방을 통하여 정략적 이득의 70~80% 정도를 챙기게 된다. 그리고 나서 마지막 단계로 특검을 설

치하기로 합의하여 특검을 지명하고, 특검사무소가 개소되어 특검이 첫 기자회견하기까지는 다시 적어도 1개월 이상이 소요되는데, 이 과정에서 정치권은 나머지 정략적 이득을 취하는 반면, 국민적 관심은 이미 거의 소진되게 된다. 그후 특검수사가 시작되어 수사결과가 발표되고 일부 기소되어 재판이 열리고 대법원 판결로서 사건이 종결되기까지 최소한 1년 이상이 걸리는데 이 단계에 이르면 국민적 관심이라는 것은 거의 없고 언론조차 1단 기사로 취급하여 누가 유죄이고 누가 무죄인지, 그동안 예산은 얼마를 썼는지, 왜 그토록 부실수사가 되었는지 어떤 피드백도 없이 모든 이의 기억 속에서 사라지고 만다. 이것이 그동안 여러 차례 반복되어 온 특검수사의 실상이다.

## 특별검사제도의 역사

특별검사제도는 우리나라와 비슷한 대통령제 국가인 미국에서 19세기 말 처음으로 도입되었다. 그러나 본격적으로 이 제도가 세인의 관심을 끌게 된 것은 1972년 리처드 닉슨 대통령이 연루된 워터게이트 사건을 수사하기 위하여 지명된 아치볼드 콕스 검사에서 비롯된다.

민주당 전국위원회가 입주해 있던 워터게이트 건물에 도청장치를 하려던 전 CIA 직원 등 5명이 절도범으로 현장에서 체포됨으로써 시작된 이 사건은 대통령 자신이 연루사실을 극구 부인하였음에도 불구하고, 특별검사의 지명과 전격해임 등 우여곡절을 거치면서 재선에까지 성공한 닉슨을 의회에 의한 탄핵으로까지 내몰리게 하여 결국 그를 도중하차하게 만들었다. 이 사건 수사를 통하여 미국 정가에서는 "대통령은 잘못을 저지를 수는 있어도 거짓말을 해서는 안 된다"는 교훈을 남겼다.

그 후 미국에서 이 제도는 삼권분립의 원칙에 위배된다는 위헌론이 제기되었으나, 1988년 연방대법원의 합헌판결로 위헌시비는 종결되었다. 이 제도는 빌 클린턴 대통령의 성추문 사건에 대한 케네스 스타 특별검사를 끝으로 1999년 한시법인 특별검사법이 기간연장이 되지 못함으로써 자동폐기되었다.

그러나 영구폐기된 것은 아니고, 연방규정으로 특정사건에 대하여 특별검사를 지명할 수 있는 여지를 남겨두고 있다.

미국에서 닉슨 대통령의 워터게이트 스캔들에 대한 특별검사가 지명된 후 20여 년 동안 막강한 위세를 과시하던 특별검사제도가 국민들의 무관심 내지 폐지의 대상이 된 근본 이유는 로널드 레이건 대통령이 연루된 이란-콘트라 사건과 빌 클린턴의 성추문 사건에 대한 특별검사의 수사과정에서 5~7년이라는 장기간에 걸쳐 4,000~4,800만 달러라는 천문학적 예산을 쓰면서 무소불위의 수사를 펼친 데 반해, 그 수사결과가 국민의 기대치에 미치지 못하였고, 더 나아가 특별검사 스스로 지나친 정치적 성향을 보였기 때문이다.


## 한국판 특별검사제도가 실효를 거두려면

한국판 특검이 제도 본연의 취지에 맞게 살아있는 권력 또는 사회적 제세력으로부터 독립성과 공정성을 유지하면서 거악(巨惡)이 연루된 사건의 진상을 제대로 규명할 수 있으려면 현행 제도의 어떤 문제점을 개선해야 할까?

이에 앞서 특검제도의 무용론에 대하여 우선 짚어 보면, 특검제도의 제도적 연혁에서 알 수 있듯이, 막강한 권한을 가진 대통령제 정치체제에서 현직 대통령 또는 그의 최측근들이 관련된 비리나 검찰 또는 법원의 고위직 비리사건에 대하여는 대통령의 인사보직권의 영향력에서 벗어나기 어려운 현행 검찰조직으로는 독립적이고도 공정한 수사가 현실적으로 불가능하다는 사실에 대하여 설득력 있는 반론은 없다. 따라서 특검제도나 고위 공직자 비리수사처 (일명 공수처)라는 제도가 불가피하게 논의될 수밖에 없다. 그러나 공수처라는 조직을 설치한다고 하더라도 이 조직 역시 현행 검찰조직이 갖고 있는 문제점과 수사의 한계를 벗어날 수 없으면서 다만 현행 검찰에 대한 극도의 불신 내지 혐오감을 갖고 있는 세력들의 감정적 대안일 뿐이다.

따라서 특검제도는 현행 검찰조직의 한계를 극복 내지 보완하기 위한 불가피한 선택이다. 이런 전제하에서 현행 특검제도가 갖는 몇 가지 문제점을 살펴보면 다음과 같다.

우선 특별검사는 기존 검찰조직 내의 어떤 검사보다도 국가관이 투철하고 평소 살아온 과정에서 명예심과 청렴성이 뚜렷하며 특히 수사능력이 뛰어나야 하는데, 지금까지 8회에 걸쳐 지명된 특별검사는 유감스럽게도 대다수가 보통의 검사보다도 못한 인물들이 지명되어 왔다.

현행 제도 아래에서는 그럴 수밖에 없는 것이 특검을 추천하는 변협회장이나 추천된 두 명 중 1인을 지명하는 대통령이나 모두 그 사건의 진상이 제대로 규명되기를 바라는 국민적 기대와는 거리가 먼 사람들이기 때문이다.

특별검사 본인뿐만 아니라 특별검사에 의해 지명되는 특별검사보나 특별수사관 역시 변호사로서 돈벌이에 열중하던 인물 아니면 시민단체에서 일하면서 의욕만 있을 뿐 수사의 A, B, C도 터득하지 못한 인물들이 대부분이고, 기타 검찰, 국세청, 공정위, 경찰 등에서 두세 명씩 파견된 직원들 역시 길어야 6개월 지나면 원대 복귀해야 할 사람들인데 이 사람들이 6개월짜리 시한부 자리인 특검에 대해 무슨 열정이 있겠는가? 오히려 특검에서 벌어지고 있는 수사기밀을 6개월 후에 돌아갈 본래의 직장 상사에게 잘 보이기 위하여 기밀 누설 안하면 다행한 일이다.

지금까지의 한국판 특검제도를 훑어보면 특검 또는 특검을 도와 일했던 인물 중에는 사건수사는 어물쩡 해놓고 특검 끝난 후 그 정권에서 더 좋은 자리로 출세, 영전한 인물이 적지 않다는 사실만 보아도 지금의 제도가 얼마나 진실의 규명을 위한 아주 특별한 검사를 뽑는 일에 무관심했던지를 알 수 있다. 그래서 제안한다.

특검제도가 실효를 거두려면 종래처럼 특정사건에 대한 일회적 특검이 아닌 상설특검제도를 설치하고 적어도 대통령의 임기보다 길거나 겹치지 않는 임기 동안 특검활동을 할 수 있어야 한다. 그렇게 임명된 특검은 일체의 영리활동은 물론 공직활동도 겸직하지 못하게 하고, 오직 명예와 긍지로서 특검을 한 번 했다는 사실이 대한민국의 어떤 공직보다도 국민의 존경을 받는 명예직이 될 수 있도록 보장된 상태에서 그런 인생관과 신념을 가진 인물로 지명해야 한다.

그리고 특검의 수사대상을 미국의 특검법[1]처럼 법으로 특정하여 대통령을 비롯한 특정한 고위공직자 관련 비리의혹 사건은 당연 특검수사의 대상이 되도록 해야 한다. 지금처럼 국정조사나 청문회 등으로 한 동안 국회에서 여·야간에 정쟁의 대상으로 삼아, 아니면 말고 식으로 의혹을 제기하여 상대방 당 또는 관련자들을 궁지로 몰아넣어 정치적 이해득실은 실컷 챙긴 다음, 피의자나 중요 참고인의 도주 또는 증거인멸이 된 상태에서 뒤늦게 여·야간 타협으로 수사의 대상과 기간 등을 제한하여 특검에게 수사를 맡겨서는 결코 진상규명은 불가능하다.

지금의 제도는 그저 국민들에게 일종의 쇼를 하는 것뿐이다. 심하게 말하면 국민을 상대로 한 눈속임이다.

---

1 1978년에 제정된 특별검사법(Special Prosecutor Act)은 대통령, 부통령, 각료, FBI 국장, CIA 국장 등 50개 직급의 고위 공직자의 범죄를 특검수사 대상으로 규정하고 있다.

# 가속화되는 기후변화의 위험, 우리의 대책은

## 권원태

국립기상연구소 소장

## 이상기후로 인한 재해 발생이 증가하고 있다

최근 지구촌에서 이상기후로 인한 다양한 기상재해의 발생이 빈번해지고 있다. 2010년 여름 파키스탄에서 홍수로 수십만 명의 이재민이 발생하였고 러시아에서는 가뭄, 폭염, 산불로 국민건강과 밀 생산량에 비상이 걸렸다. 미국에서는 작년에도 토네이도, 홍수, 가뭄, 폭염, 허리케인 등으로 막대한 피해가 발생하였고, 일본은 태풍과 지진해일, 태국은 홍수, 필리핀은 태풍으로 심각한 피해를 입었다. UN의 재해통계에 따르면 아시아의 경우 홍수가 34%를 차지하고 피해건수는 타지역에 비해 2배 이상 많이 발생한다고 조사되었다.

2011년 세계기상기구(WMO)는 최근 이상기후가 더 이상 '이상'이 아니며, '일상'적인 현상으로 나타나기 시작했고 더욱 심해지고 있다고 밝혔다. 유엔 산하 정부간기후변화협의체(IPCC)는 20세기 후반에 폭염과 집중호우가 증가하고 해수면 상승 추세가 나타나고 있으며, 21세기 후반에는 이러한 추세가 더욱 가속화될 것이라고 평가하고 있다. 20년 빈도의 폭염은 2~5년, 집중호우는 5~15년으로 발생주기가 짧아져 더 자주 나타날 것이다. 생태계에도 심각한 변화의 징후가 나타나고 있어서 서식지 북상, 생물종 멸종 등이 보고되고 있으며, 가뭄이나 폭염 등 이상기후로 식량 생산량이 급감하는 사례도 종종 발생하고 있다. 또한 말라리아와 같은 아열대성 전염병의 발생 시기나 지역도 달라지고 있어 인류의 건강에 심각한 위협이 되고 있다.

## 우리나라 기후변화 시나리오

최근 기상청 국립기상연구소는 기후변화 대응을 위한 핵심자료인 세계 및 우리나라 기후변화 시나리오를 발표한 바 있다. 향후 탄소 배출을 감축하지 않는다면 이산화탄소의 농도가 현재 390ppm에서 2100년에는 940ppm으로 증가하고 지구평균기온은 4.8℃ 상승, 해수면은 약 1m까지 상승할 것으로 전망하였다. 그러나 2040년 이후 감축정책이 실현된다면, 기온은 21세기 말에 2.8℃ 상승하는 것으로 전망되어 감축정책의 이행이 지구온난화를 2℃ 이상 완화할 수 있음을 밝혔다. 또한 각국의 탄소 배출량, 흡수량 및 전 지구 탄소 농도의 변화를 밝힐 수 있는 탄소추적시스템의 분석결과를 통하여 중국의 배출량 증가가 아시아(특히 한반도 주변) 지역의 농도 증가에 중요한 요인이라고 분석하였다.

## 미래 기후변화 대응방안

이러한 기후변화에 대응하기 위해서 다음과 같은 목표를 수립하고, 이행하여야 한다. 첫째, 독자적인 과학정보 산출능력이 필요하다. 국제협상에서 가장 중요한 이슈는 '위험한 수준의 기후변화'와 '객관적'인 탄소배출/흡수량의 산정이라고 할 수 있다. 위험한 수준의 기후변화는 어떤 배출경로를 선택할 것인가를 결정하는 데 가장 중요한 개념이다. 그러나 아직 위험한 수준의 기후변화에 대한 불확실성이 남아 있기 때문에 보다 객관적인 증거가 필요하다. 그러므로 우리도 독자적으로 객관적인 증거를 제시할 수 있는 능력이 필수적이다. 또한 감축정책이 이행되는 단계에서 탄소 배출과 흡수량의 산정 또는 검증 능력은 매우 필수적인 능력이다.

둘째, 온실가스 감축 목표를 설정하고 이를 이행하는 것이다. 온실가스 감축은 단기적으로 경제적인 파급효과가 클 것으로 예상되나, 장기적으로 볼 때 온실가스 감축은 필연적이므로 되도록 빨리 시작하는 것이 유리할 것으로 판단된다. 이를 위한 에너지 관련 기술개발(효율화, 신에너지, 재생에너지 등)은 향후 국가 경쟁력을 높이는 데 필수적이다. 더구나 우리나라는 거의 전량의 에너지를 수입하는 나라로써 대체 에너지 기술을 개발한다면 에너지 안보를 공고히 하는 데도 기여할 수 있다.

셋째, 필연적으로 발생하는 기후변화에 대한 적응방안이 수립되어야 한다. 현재 배출된 그리고 가까운 미래 배출될 것으로 예상되는 온실가스 때문에 향후 30~40년간 기온은 1도 이상 상승할 것으로 전망된다. 이러한 온난화는 지난 100년간 지구 평균기온이 0.8도 상승한 것에 비하면 3배 가량 빠른 속두이다. 온난화의 영향은 극한현상으로 인한 자연재해의 빈발, 생물종의 멸종, 해수면 상승, 건강 영향, 물과 식량 확보의 불확실성 등으로 파급효과가 막대할 것으로 예상된다. 그러므로 각 부문별 영향과 취약성을 평가하여 이에 대한 대응책을 강구하고 지역별 이행계획을 수립한다면 그 피해를 줄일 수 있을 것이다. 자연재해 관리기술, 물 관리기술, 식량 생산기술 등은 향후 국제적인 경쟁력 향상에도 기여할 수 있다.

　마지막으로 기후변화의 위협에 대한 국민적 공감대를 형성해야 한다. 교육, 훈련, 홍보 노력을 통해 객관적인 증거를 제시하고, 열린 논의를 통해 효율적이고 창의적인 해결방안을 도출해야 한다. 기후와 환경에 대한 교육은 빨리 시작할수록 더 효과가 있다. 그러므로 초등학교에서부터 기후와 환경에 대한 교육을 강화하는 것이 필요하다. 또한 우리의 생활방식을 에너지 저소비사회로 바꾸는 것도 시도해야 한다. 사회 지도층부터 배기량이 적은(이산화탄소 배출량이 적은) 자동차를 선택하는 모범을 보인다면 공감대 형성에도 도움이 될 것이다.

　기후변화에 대비하기 위해서는 정책 및 기술 개발을 위해 상당기간이 소요될 것이고, 이를 이행하기 위해서 다시 상당기간이 소요될 것이다. 지금 시작한다고 해도 대비책이 효과를 나타내는데 수십 년이 걸릴 수도 있다. 그러므로 내일이 아닌 지금 당장 기후변화에 대한 인식 제고와 대비책을 강구하려는 노력을 시작해야 한다. 지금 청소년은 대부분 2100년까지 살 것이다. 다음 세대가 위험한 수준의 기후변화로 인하여 자연재해, 식량, 물, 건강으로 고통받지 않으려면 정책적인 결단이 필요하다.

# 한국의 우주개발, 우리는 달에 갈 수 없는가?

| 황진영

한국항공우주연구원 연구위원

## 중국의 우주개발은 G2 부상의 상징적 사건

중국은 2011년 11월 3일 실험용 우주정거장 모듈인 톈궁 1호와 무인 우주선 선조우 8호의 도킹에 성공함으로써 우주강국으로서의 위상을 한결 드높였다. 이에 앞서 중국은 2003년 선조우 5호를 발사해 세계 세 번째로 유인우주비행에 성공했으며, 2008년에는 달 탐사선 창어1호 발사에 성공한 바 있다. 2013년에는 달 착륙선 창어3호를 발사할 예정이다. 나아가 2020년까지 독자 우주정거장을 완성하고, 2025년에는 유인 달 탐사도 가능할 것으로 예상하고 있다. 중국의 언이은 우주개발의 성공은 미국과 더불어 G2 국가로 부상하는 중국의 국가위상을 상징적으로 보여주는 사건이다.

# 행성탐사를 적극 추진 중인 미·일 등 서진국

1969년 아폴로 11호를 통해 인류 최초로 달 착륙에 성공했던 미국도 최근에는 달을 넘어 2030년까지 화성에 인간을 보내는 화성유인우주탐사 계획을 발표한 바 있다. 일본 역시 2007년 달 탐사선 '가구야'를 성공적으로 발사한 바 있으며, 2015년에는 달 탐사선을 달에 착륙시키고, 2020년에는 달에 무인기지를 건설할 계획으로 있다.

그렇다면 왜 선진국은 우주개발에 적극적일까? 우주개발 능력은 한 국가의 과학기술 역량의 척도이며, 인류에게는 불가능을 가능케 하는 신기술 개발의 선봉장이다. 아울러 우주기술은 국가의 전략기술이면서 생존기술이다. 미국 럼스펠드 보고서(2001년)에 의하면, 18세기까지는 땅을 지배한 국가가, 18~20세기에는 바다를 지배한 국가가 세계를 지배했으며, 21세기에는 우주를 지배하는 국가가 세계를 지배할 것이라고 지적한 바 있다. 뿐만 아니라 세계적인 물리학자인 영국의 스티브 호킹 박사는 CNN과의 인터뷰(2008년)에서 "만약 인류가 앞으로 200년만 잘 버틴다면 그 후 인류의 미래는 안전할 것"이라고 전망하고, "인류가 다음 200년 동안 생존할 수 있으려면 우주에서 사는 방법을 배워야 한다"고 주장하여 우주개발의 중요성을 강조한 바 있다.


# 우리나라 우주개발의 현주소

우리나라의 우주개발은 1980년대 후반부터 1990년대 초반 사이에 착수되었다. 1992년 국내 최초의 과학기술위성인 우리별 1호가 프랑스의 아리안 발사체에 실려 성공적으로 발사되었다. 그 후 실용적 목적의 인공위성인 다목적 실용위성의 개발에 착수하여 1999년 지구 저궤도 관측위성인 다목적 실용위성 1호를 성공적으로 개발하였으며, 이어 2006년에는 해상도 1미터급의 인공위성인 다목적 실용위성 2호를 개발하여 재난관리, 지도제작, 국가안보 등의 용도로 활용하기 시작하였고, 나아가 위성영상을 UAE 등 외국에 수출하였다. 인공위성분야는 우리나라의 짧은 우주개발 역사 속에서 가장 성공한 분야 중의 하나로 지구관측 소형위성분야에서는 선진국 수준에 근접해 있다.

인공위성의 개발과 함께 로켓분야에서도 단계적인 발전을 거듭해 왔는데 1993년 과학로켓 1호를 시작으로 1997년 2단형 과학로켓 2호, 2002년 국내 최초의 액체추진기관을 이용한 과학로켓 3호를 성공적으로 발사한 바 있다. 1997년 북한의 대포동 로켓 발사에 자극을 받아 본격적으로 착수된 우주발사체 개발사업인 나로호 사업은 안타깝게도 2009년 1차 발사 실패에 이어, 2010년 2차 발사마저 실패해 현재 3차 발사를 준비중에 있다.

## 우리는 달에 갈 수 없는가, 아니면 갈 필요가 없는가

그러면 우리는 왜 달 탐사를 하지 못하고, 로켓조차도 발사하지 못하고 두 번씩이나 실패하고 있는가? 우리는 정말 우주발사체 개발이 불가능한 것인가? 그리고 달 탐사를 비롯한 우주개발에는 천문학적인 돈이 들어가서 우리나라가 감당할 수 없는 정도의 비용인가?

다행스럽게도 모두 아니라고 할 수 있다. 우리가 우주발사체 개발에 성공하지 못한 것은 우주발사체 개발에 늦게 착수했고, 우주발사체 개발과 관련한 국제적인 기술협력 환경이 비확산체제인 MTCR(미사일 기술 통제체제)로 인해 폐쇄적으로 변한 데에 기인한다. 다시 말해 그동안 우리에게 익숙한 해외기술도입(Technology acquisition by licensing) → 기술습득 및 체화 단계(Assimilation by production) → 점진적 개량(Incremental Improvement) → 신기술/제품 개발(Innovation by R&D)의 단계적 발전 모델에서, 해외기술도입 단계 대신 연구개발과 실패를 통한 학습(Learning by R&D and Failure)의 단계로 대체되는 과정에서 나타나는 어려움으로, 선진국형 R&D로 진입하는 초기단계라고 할 수 있다. 이러한 실패의 과정을 극복하지 못하고서는 결코 과학기술 선진국으로 진입할 수 없는 것이다. 우주발사체는 기본적으로는 이미 1950년대 개발된 기술이다. 따라서 우리에게 필요한 것은 시간과 노력, 나아가 인내일 뿐 우리가 도전하지 못할 기술은 아니라는 것이다.

우주개발을 위해서는 많은 예산이 소요되는 것은 사실이다. 그러나 예산 규모는 우주개발의 범위와 관련된 것으로, 선택과 집중을 통해서 얼마든지 국가가 감당할 수 있는 정도의 범위 내에서 추진할 수 있는 것도 사실이다. 한국형 우주발사체 개발 예산은 향후 10년간 1조 5,000억 원으로 추산되는데, 연간 약 1,500억 원 정도이다. 이는 우리나라의 국력을 감안할 때 충분히 감당할 수 있는 예산이라고 할 수 있다.

무인 달 탐사는 지구중력을 극복하는 우주발사체와 달 궤도선(인공위성과 유사)으로 구성된다. 우리나라의 경우 인공위성분야에서는 이미 상당한 기술능력을 보유하고 있으므로 달 궤도선은 크게 어려운 문제가 아니다. 따라서 발사체 개발역량을 확보한다면 무인 달 탐사도 충분히 가능하며, 이를 위한 추가예산도 그리 크지 않을 것으로 예상된다.

## 우리나라의 우주개발 방향은

우리나라의 우주개발이 원활히 추진되기 위해서는 몇 가지 전제조건이 있다. 우선 첫 번째로, 우주청 설립이 필요하다. 우주개발은 대형복합시스템 사업이고, 기술적 리스크가 크기 때문에 기술에 대한 이해가 선행되지 않으면 제대로 된 정책의 수립과 추진이 어렵다. 아울러 우주사업은 전략적 기술이 많고 국가안보와 관련되는 사업이 많아 국제 정치·외교적 측면에서 국제협력이 매우 중요하다. 외국의 우주개발 행정체계는 대부분 독립적인 행정부처에 의해 운영된다. 미국의 국가항공우주청(NASA), 러시아의 연방우주청(FSA), 일본의 총리부 직속의 우주개발전략본부, 중국의 항천공업부 등이 그것이다. 이들 공무원들은 1~2년에 한 번씩 순환되는 우리나라의 정부 공무원과는 전문성의 격이 달라, 우리 공무원들은 정책적 협력을 위한 이들의 대화 파트너가 되지 못하고 있는 실정이다. 따라서 우리나라의 원활한 우주개발을 위해서는 독립기관의 설립이 필수적이다. 경우에 따라서는 기술적 유사분야인 항공부문과 우주부문을 묶는 '우주항공청' 설립도 대안이 될 수 있다.

두 번째로, 일관되고 장기적인 계획의 수립과 추진이 필요하다. 기술적 난관이 높은 분야일수록 안정적인 기술개발 환경이 필요하다. 특히 지나친 조급증과 성과주의는 우주개발을 저해하는 암적 존재이다. 기술 외적인 환경에 의해 우주개발이 좌우될 경우 장기간의 노력을 헛되이 하고 오히려 우주개발의 기반을 무너뜨릴 수도 있다. 최근 중국의 성과는 지난 40여 년의 꾸준한 노력과 투자의 결실임을 상기할 필요가 있다.

세 번째로, 목표에 걸맞는 자원의 분배이다. 전 세계에서 우주발사체를 연구인력 200여 명으로 개발하는 나라는 아마도 우리나라밖에는 없을 것이다. 실현해야 할 목표가 있으면 이를 위한 자원배분이 우선되어야 한다. 그렇지 않으면 처음부터 실현될 수 없는 계획과 다르지 않다.

우주개발은 그 나라의 과학기술력과 국력을 대내·외에 보여주는 상징적인 분야다. 우주발사체로 인공위성을 발사하고, 우주기술로 달 탐사선을 보낼 때 우리 국민은 국가에 대해 무한한 자부심을 가지게 될 것이다.

# 살기 좋은 나라,
# 자유주의 vs 복지국가

**안재욱**

경희대 교수

　'살기 좋은 나라'는 물질적으로 풍요롭고 문화가 발전하고 도덕적이며 평화로운 나라이다. 살기 좋은 나라를 만드는 방법은 인류 역사를 보면 답이 보인다. 지금까지 인류 역사를 볼 때 '자유주의'를 채택한 나라, 즉 국민들의 정치, 사회 및 경제 활동에 정부의 개입이 적은 나라가 '살기 좋은 나라'에 가까웠고 그렇지 않은 나라는 거기에서 멀어졌었다. 정부가 국민들의 활동을 제한하고 규제하면 개개인의 자유가 줄어 국민들의 능력과 잠재력이 발휘되지 못한다. 열심히 일하지도 않고 발명하고 혁신하는 활동도 줄어들게 되어 결국 못사는 나라가 되는 것이다.

## 자유주의가 '살기 좋은 나라'를 만든다

　자유주의는 인류를 물질적으로 풍요롭게 만들었다. 19세기 초 정부의 권한을 제한하고 개인의 자유를 신장하는 자유주의 원리를 채택하여 자유노동과 사유재산권의 보장으로 사람들이 열심히 일한 결과, 인류의 생산력이 증가하면서 모든 이의 생활수준이 향상되었다.

15세기까지만 해도 중국이 유럽 국가들보다 훨씬 더 잘 살았다. 그러나 18세기에 들어 상황이 반전된다. 유럽의 생활수준이 중국을 앞서기 시작한 것이다. 20세기 초에 와서는 중국이 유럽 국가들의 식민지로 전락하는 사태에 이른다. 그것은 제도의 차이에서 온 결과였다. 유럽의 국가들이 시민의 자유와 재산권을 보호해주었던 반면, 중국은 그렇지 못하였다. 16세기 중국 정부는 배를 만드는 것을 금지하고, 외국과의 교역을 금지하였으며, 백성들을 규제하고 착취하였다. 사유재산권을 인정하고 기업이 활발하게 활동할 수 있었던 유럽은 번영하였지만, 그 반대로 갔던 중국은 정체와 가난을 면치 못했던 것이다.

자유주의는 물질적인 풍요뿐만 아니라 문화를 발전시키고 정신적인 욕구도 용이하게 충족시켰다. 한 예로 산업혁명으로 인한 기술의 발달로 각종 물감, 붓, 크레용, 종이류 등 미술재료들의 가격이 하락하여 당시 가난했던 인상파 화가들이 작품 활동을 할 수 있었으며 부와 명성을 얻을 수 있었다. 그리고 시장이 발달함에 따라 창의적인 활동을 하는 사람들이 먹고 살며 생활할 수 있는 예술의 형태가 다양해졌다. 문화도 자유주의의 토대에서 더욱 발전할 수 있는 것이다.

도덕적이며 평화로운 나라 역시 자유주의에서 더 실현 가능하다. 인간사회에서 도덕적으로 가장 옳은 것은 자신의 행동에 대해 스스로 책임을 지는 것이다. 국가가 모든 생산수단을 소유하고 정부가 국민의 생존과 미래를 보장해줄 터이니 국민들은 걱정하지 말고 정부의 뜻에 따르기만 하라고 한다면 국민들의 생활은 정치판이 된다. 이러한 사회에서는 노동의 윤리가 파괴되며 사람들이 국가에 의존적으로 되어 간다. 이것은 정부개입이 클수록 부정부패,

시민의식 결여, 이전투구 등의 양상이 많다는 것을 보면 알 수 있다. 이러한 사회는 결코 도덕이지도, 평화롭지도 않다.

## 도덕적 해이는 정부개입과 간섭이 많을수록 심화된다

도덕적 해이는 실제로는 자유시장보다 정부가 시장에 개입하고 보호해 줄 경우에 만연하며 심화된다. 정부가 특정기업이나 은행을 지원하거나 보호 해주면, 경영이 잘못되어도 정부가 지원해줄 것이라는 믿음으로 안정적인 투 자보다는 위험이 높은 곳에 투자하는 행위가 증폭된다. 1997년 금융위기의 단 초를 제공한 한보철강이나 기아자동차와 다수 금융기관의 행태, 카드사 문제, 신용불량자 문제 등에서 나타난 수많은 도덕적 해이는 정부의 지원과 보호에 서 비롯되었음은 물론이다.

미국의 서브프라임 모기지 사태가 발생하는 데 중요한 역할을 한 것이 금 융기관의 탐욕, 즉 도덕적 해이다. 그런데 그러한 도덕적 해이를 발현시키고 증폭시킨 것은 미국 정부의 주택정책과 금융기관에 대한 보호와 지원이었다. 미국 정부는 은행으로 하여금 저소득층에 대한 모기지 대출을 장려하고, 정부 보증기관인 페니매이와 프레디맥으로 하여금 그 서브프라임 모기지를 구입하 도록 하였다. 그들 회사는 정부가 손실을 보증해주리라 믿고 서브프라임 모기 지를 대거 사들였다. 그러한 과정에서 많은 자금이 주택시장으로 흘러들어갔 고, 그로 인해 주택가격이 폭등하여 거품을 생성했다. 결국 주택가격은 붕괴 되었으며, 서브프라임모기지 사태가 발발하여 글로벌 금융위기로 확산되었다.

그리스의 경제위기도 마찬가지다. 그리스는 '정치적 후견주의(political clientelism)'에 함몰되어 있는 국가다. 즉 정치적 지지세력에 물질적 보상을 해

주는 그런 체제이다. 정치인들은 표를 얻기 위해 무상복지 등 포퓰리즘 정책을 남발했다. 집권한 정당은 국가권력을 이용해 자신들을 지지한 개인과 집단에 여러 특혜를 제공했다. 이런 것들은 '사회정의'라는 이름으로 이루어졌으며, 지지자들을 공무원으로 고용하거나 지지한 집단을 위해 경쟁을 제한하는 규제와 법을 제정했다. 그러다보니 경제적 이득을 얻기 위한 개인과 집단의 이기적 행위가 만연했다. 공무원과 이익집단은 자신의 이익을 위해 정부에 압력을 행사하고 각종 혜택을 받아냈다. 한번 받은 혜택은 기득권으로 자리잡았다. 수혜집단은 자신의 기득권을 지키기 위해 파업과 농성을 일삼았다. 이런 비생산적인 행태는 그리스의 경제체질을 약화시켰고, 정부 수혜에 기대어 살아가는 사람들이 늘어남에 따라 재정지출이 급격하게 증가했다. 그리스는 2001년 유로존 가입 후, 과감한 구조조정과 경제체질 개선을 통해 늘어나는 재정지출 문제를 해결하는 방식 대신, 국채를 발행해 재원을 마련하는 방식을 선택했다. 그러다가 2008년 금융위기 이후 경제가 더욱 악화되자 늘어난 부채를 감당할 수 없게 되어 결국 심각한 경제위기를 불러일으킨 것이다.

## 복지국가, 무엇이 문제인가

복지국가가 실패할 수밖에 없는 이유는 복지국가가 지니고 있는 자체모순 때문이다. 복지국가를 유지하기 위해서는 많은 재원이 필요한데, 문제는 그 재원을 마련할 길이 없다는 데 있다. 많은 복지정책을 실행하기 위해서는 국민들로부터 세금을 더 걷어야 한다. 당연히 국민들의 세 부담이 늘어난다. 국민들이 정부가 요구한 세금을 더 내기 위해 열심히 일할 만큼 순종적이고 순진하다면 문제될 것이 없다. 그러나 아무리 납세가 국민의 의무임을 강조하고 세금 잘 내는 사람을 표창하며 애국자로 칭송할지라도 세금을 더 내기 위해 열심히 일할 만큼 순종적이고 순진한 국민들은 많지 않다. 많은 사람들은 늘어난 세금을 회피하는 방법을 찾으려 하고, 세금으로 많은 돈을 내느니 차라리 생산활동을 줄이려고 할 것이다. 한 예로 법인세를 올리면 많은 기업들이 다른 나라로 떠난다. 또 늘어난 조세부담을 견디지 못하고 문을 닫는 기업도 생긴다. 그렇게 되면 실업이 증가하여 복지수혜자는 늘어나는 반면 납세자수는 줄어들게 된다. 복지국가를 유지하는 데 필요한 재원이 턱없이 부족하게된다. 뿐만 아니다. 조세가 증가하면 혁신으로부터 얻는 이득이 감소하기 때문에 기업의 혁신활동이 줄어들게 된다. 그리고 정부가 국민들의 생활비 지출을 도와주기 때문에 국민들이 미래를 위해 저축할 필요성이 준다. 저축이 줄면 자본량이 줄어 경제성장이 둔화된다. 이러한 악순환으로 인하여 복지국가는 유지되기 어렵다.

그렇다고 복지제도가 전혀 필요없다는 말은 아니다. 정말 가난한 사람을 위한 복지제도는 필요하다. 소년소녀 가장, 무의탁 독거노인, 중증 장애인 등 정말 혼자 힘만으로는 살아가기 어려운 사람들이 있다. 그러한 사람들을 위한 복지제도는 필요하다. 다만 가난한 사람들을 도와야 한다는 온정주의에 의해 돈을 쏟아 붓는 식의 복지정책은 지양해야 한다. 가난한 사람을 돕는 더 나은 방법은 정부의 무분별한 복지정책보다는 민간 복지제도이다. 민간에 대한 복지 활성화를 위해 외국과 같이 기부금에 대한 조세감면 규정을 정비하고 체계적으로 시행하는 것이 바람직하다.

## 어떻게 해야 하는가

정부는 정치적 힘이 강한 이익집단의 영향을 많이 받는다. 따라서 정부가 개입하는 경우 기업은 소비자의 욕구보다는 정치적 결정 과정에 더 많은 관심을 갖게 된다. 이렇게 되면 고임금과 고비용 구조를 낳게 되고, 혁신 능력이 떨어지게 된다. 경영자와 근로자들은 급격하게 변화하는 시장 상황을 따라잡으려고 하지 않는다. 시장 상황이 변화하는 것만큼 빠르게 정부규제가 완화되지도 않는다. 결국 하루가 다르게 변화하는 역동적인 글로벌 시장에서 뒤처질 수밖에 없게 된다. 그리고 그것은 곧 국민경제의 쇠퇴로 이어진다. 세계사는 정부의 시장개입이 문제를 해결하는 것이 아니라 문제를 악화시켰다는 사실을 보여준다. 정부의 시장개입은 정부의 크기를 키운다. 정부의 크기가 아닌 시장의 역동성을 키워야 한다. 정부가 시장에 개입할 것이 아니라 개인의 책임과 시장의 힘을 방해하는 제도와 규제들을 걷어내야 한다. 그래야 시장의 역동성이 살아나고 경제가 살아나며 국가 경쟁력이 제고된다.

결론적으로 대한민국을 살기 좋은 나라로 만들기 위해서는 정부의 권한과 활동, 그리고 개입을 줄이면서 국민들의 자유를 신장시키는 데 초점을 맞추어야 한다. 정부의 크기를 줄이고, 세금을 낮추고, 규제를 완화해야 한다. 국민들이 가장 많이 불만을 가지고 있는 교육문제를 해결하는 방법도 정부가 교육에 간섭하지 않는 데 있다. 국민들 역시 마찬가지다. 진정으로 살기 좋은 나라를 원한다면 정부에게 요구할 것은 자유이지 빵과 떡이 아니다. 자신과 자기 집단의 이익을 위해 정부에게 무엇인가를 배분해줄 것을 요구한다면 그것은 우리들의 자유를 제한하는 길로 가는 것이며, 결국에는 우리의 빵과 떡이 줄어드는 결과를 초래하고, 갈등과 소요가 난무하는 사회로 갈 뿐이다.

# 02

작은 차이로 큰 변화를

# FTA,
## 삶의 질을 높이는 수단이 되어야

**엄성필**

코트라 미주 본부장

## FTA에 대한 반대 목소리는 왜?

한국은 세계 1, 2위 경제권인 미국, EU와 동시에 FTA를 체결한 유일한 국가가 됐다. 글로벌 경제가 어려운 상황에서 무역의존도가 매우 높은 우리로서는 세계 시장을 안정적으로 확보한다는 차원에서 볼 때 무척 다행스러운 일이다. 그럼에도 불구하고 한·미 FTA에 대한 반대의 목소리가 수그러들지 않고 있다.

한·미 FTA 반대의 근거로 우리보다 먼저 NAFTA를 체결한 멕시코의 사례가 인용된다. 과연 NAFTA가 멕시코 경제에 어떤 영향을 끼쳤는데 그럴까? 1980년대에 빈곤이 심화되는 등 많은 어려움을 겪고 있던 멕시코는 1990년 자국 경제의 안정화, 외국인 투자유치를 통한 경제개발 촉진, 수출증대 및 고용창출을 목적으로 미국에 FTA 체결 구상을 제시했다. 그 당시 FTA 지지자들은 NAFTA가 투자자들의 신뢰향상, 수출 다변화 촉진, 보다 숙련된 일자리 창출, 소득향상, 빈곤감축을 가져올 것이며, 또한 미국, 캐나다, 멕시코 간의 소득격차도 줄일 것으로 예상했었다. 12년이 지난 지금 과연 그들의 예상대로 되었을까?

## 미국·멕시코 간 FTA(NAFTA)가 주는 교훈

NAFTA 발효 이후 12년간의 성적표를 보면 NAFTA가 당초 목적과 예상대로 멕시코 경제에 전반적으로 긍정적 영향을 미치고 있다는 점에는 대부분 동의를 한다. 그러나 일부에서 제기하는 여러 문제점들이 나타나고 있는 것도 사실이다.

첫째, 멕시코 경제의 대미 동조화 현상이 심화되고 있다. 즉, NAFTA 체결 이후 멕시코 전체 수출의 80%, 수입의 50%를 미국이 차지하게 되었고, 미국 경제의 부침에 영향을 크게 받고 있다. 그런데 대미 동조화 현상을 반드시 부정적인 시각에서만 볼 수 없는 것이 지난해 유럽발 부채위기 상황에서도 미국 경제만이 그런대로 버텨냈고 그에 따라 멕시코 경제도 살아나고 있는 것을 보면 현 시점에서 멕시코 경제의 대미 동조화에 대한 득실 여부를 판단하는 것은 시기상조인 것으로 보인다.

둘째, 빈곤층이 줄어들지 않고 있다. 멕시코의 빈곤층 비율은 1996년에 절대빈곤층이 40% 가까이 될 정도로 최고조에 이르렀으나, 점차 개선되어 2006년에 14%로 낮아졌다가 2008년에 다시 18%까지 올라갔고 그 이후 좀처럼 나아지지 않고 있다. 특히, 절대빈곤층이 도시지역에서는 11%인 반면에 농촌에서는 32%에 이를 정도로 심각한 상황이다. 멕시코의 빈곤층 비율은 NAFTA에도 불구하고 아직 라틴아메리카의 평균수준에 머물고 있다.

셋째, 지역경제 발전격차가 오히려 벌어지고 있다. NAFTA는 멕시코 경제에 전반적으로 긍정적인 영향을 미쳤지만, 그 효과는 지역별, 분야별, 계층별로 균등하게 나타나지 않고 있다. 외국인 투자와 무역이 활발한 지역에서는 임금과 고용수준이 높게 나타났으나, 인프라(교통, 통신 등)가 열악한 지역은 NAFTA의 혜택을 받지 못하였다. 즉, 멕시코 북부와 중부지역의 주들은 1990년대에 빠르게 성장하여 멕시코시티 수도권의 주들과 소득격차를 줄여나간 반면, 가난한 남부지역 주들은 낮은 교육수준, 열악한 인프라, 지방정부기관의 낮은 경쟁력으로 인해 NAFTA의 혜택을 적게 받았다. 무역자유화가 장기적으로는 다른 나라들과의 소득격차를 축소할 수 있을지는 몰라도 한 국가 내에서의 소득격차 축소에는 큰 효과를 발휘하지 못하고 있는 것이다.

넷째, 서민물가가 오르고 생계형 농가의 몰락현상이 나타나고 있다. 멕시코 농업 분야에서의 상당한 변화가 NAFTA의 직접적인 영향의 결과이기도 하지만, 한편으로는 멕시코의 농업개혁조치에도 기인한다는 것이 중론이다. 멕시코는 1980년대에 민영화와 경쟁도입을 골자로 하는 농업개혁을 시작하여 주요 곡물의 가격억제 정책 폐지 및 보조금 지원 중단조치를 실시했다. 그 결과 멕시코인의 주식인 토르티야 가격의 상승을 가져왔으며, 중산층 이상보다는 서민과 빈곤층에 더 큰 타격을 주었다.


## 미국과의 FTA, 교역증대를 보장할 것인가?

우리는 FTA를 통해 교역과 투자의 증대를 기대하고 있으며, 대부분 이점에 대해서는 이의를 달지 않는다. 그렇다면 미국과 FTA를 체결한 나라들은 미국과의 교역이 특별히 늘어났을까? 미국은 멕시코(1994.1.1), 칠레, 싱가포르(2004.1.1), 호주(2005.1.1), 모로코(2006.1.1)와 FTA를 발효시켰다. 발효 이후 5년 동안 미국의 FTA 체결국과의 교역증가율을 보면, 우선 미국의 대 멕시코, 칠레, 모로코로의 수출증가율은 미국의 전체 수출증가율보다 높은 데 반해 호주로의 수출증가율은 평균보다 약간 높았고, 싱가포르의 경우는 오히려 평균치를 밑돌았다. 수입증가율면에서도 멕시코, 칠레로부터의 수입은 전체 평균치를 웃돌았으나, 호주는 평균치와 유사했고, 싱가포르와 모로코로부터는 오히려 평균치를 밑돌았다.

이는 FTA로 인해 미국 기업의 투자, 특히 제조업 분야에서 투자가 이루어진 멕시코와 같은 나라와의 교역은 활발하게 진행되고 있으나, 그렇지 않은 나라와의 교역은 평균수준에 머물고 있음을 알 수 있다. 또, 멕시코를 제외하고는 — 이 역시 저렴한 노동력을 활용하기 위한 미국 기업의 멕시코 현지투자에 따른 역수입이 많기 때문이지만 — 미국의 수출증가율이 수입증가율보다도 높게 나타나 FTA에 따라 현재로서는 미국이 더 이득을 보고 있는 것으로 나타나고 있다.

**미국의 대 FTA 체결국 교역추이**　　　　　　　　　　　　(단위: 미화 억 달러)

| 국　별 | 발효연월일 | 발효 후 5년간 증가율 | | 미국의 총 증가율 |
|---|---|---|---|---|
| 멕시코 | 1994. 1. 1 | 수출 | 1.90배(416→790) | 1.46배 |
| | | 수입 | 2.37배(399→947) | 1.57배 |
| 칠레 | 2004. 1. 1 | 수출 | 4.37배(27→118) | 1.77배 |
| | | 수입 | 2.20배(37→82) | 1.67배 |
| 싱가포르 | 2004. 1. 1 | 수출 | 1.68배(165→278) | 1.77배 |
| | | 수입 | 1.05배(151→159) | 1.67배 |
| 호주 | 2005. 1. 1 | 수출 | 1.40배(139→195) | 1.30배 |
| | | 수입 | 1.06배(75→80) | 1.06배 |
| 모로코 | 2006. 1. 1 | 수출 | 4.05배(4.8→19.4) | 1.42배 |
| | | 수입 | 1.54배(4.4→6.8) | 1.14배 |

출처: 미 상무부 통계

## 각계 각층에 균등한 혜택이 돌아갈 수 있도록 특단의 대책을!

그렇다면 한·미 FTA는 우리에게 어떤 이득을 줄 것인가? 위에서 살펴본 바는 FTA가 저절로 교역증대를 가져오는 것은 아니며 준비된 나라만이 혜택을 누릴 수 있다는 것을 의미한다. 또 국내적으로도 지역별, 산업별, 계층별로 수혜도에 차이가 난다. 멕시코에서도 준비가 잘된 지역은 흥하고 준비가 덜 된 지역은 혜택이 덜 가며, 활발한 산업이 있는가 하면, 어려움을 겪는 산업도 있다. 그렇다고 구더기 무서워 장을 담그지 않을 수는 없는 노릇이다. 우리 같이 무역의존도가 높은 나라에서는 FTA는 분명히 기회일 수 있고, 피해를 최소화하면서 새로운 기회와 변화에 얼마나 신속하게 대응, 적응하느냐에 그 성패가 달려 있다고 할 수 있다. 문제는 어떻게 하면 낙후지역·산업·계층에게까지 FTA의 혜택이 골고루 돌아가게 할 수 있을지, 이것이 바로 우리가 고민하고 해결해 나가야 할 과제이다. 막연하게 수출과 투자가 얼마나 늘고 그에 따라 고용이 얼마나 늘 것이라는 장밋빛 전망만을 내놓을 것이 아니라 일반 국민의 삶의 질을 향상시키고, 소외 지역·산업·계층도 고루 혜택을 누릴 수 있게 해야 할 것이다.

예를 들어 농산물 분야에서 값싼 미국산 농산물의 수입급증으로 우리 농가의 피해가 우려된다고 한다. 사실 멕시코의 경우 NAFTA 이후 미국산 옥수수의 수입급증으로 국내가격이 하락한 것은 맞지만 기업농 위주의 정책지원이 주효하여 오히려 멕시코의 옥수수 생산은 늘었다. 따라서 시장개방으로 우리 농업이 일방적으로 피해를 볼 것이라는 주장은 우리의 방어능력을 지나치게 경시하는 처사이다. 強龍不壓地頭蛇(아무리 강한 용도 토착 뱀을 이기지 못한다)와 같이 세계최대의 소매유통기업인 월마트가 우리 토종기업들에 고배를 마셨듯이 농산물도 그럴 가능성이 전혀 없는 것은 아니라고 본다.

문제는 우리 농가의 희생에도 불구하고 과연 소비자들이 싼 값에 미국산 농산물을 먹을 수 있을 것인가 여부이다. FTA에도 불구하고 유럽산 명품가격과 칠레산 와인 가격이 내려가지 않는 상황하에서 미국산 농산물이라고 이러한 전철을 밟지 않으리란 보장이 없다. 이 경우 농가도 피해를 보고 소비자도 피해를 보게 되면서 기업들만 이득을 취하는 상황이 발생하게 되고 결국 이렇게 되면 누구를 위한 FTA냐는 말이 나오지 않을 수 없다.

멕시코의 NAFTA 가입에 대한 부정적인 여론은 서민의 삶의 질 및 균등배분 문제를 소홀히 했기 때문이다. 따라서 어떻게 하면 무역자유화의 이득이 일반국민을 포함하여 각계 각층에 골고루 배분될 것인지에 대한 특단의 대책 마련이 시급하다. 우선 대통령 직속으로 FTA 국내대책 전담기구를 만들어 실질적인 조치를 마련, 일반국민이 실생활에서 체감할 수 있게 해야 한다. 이를 통해 「FTA에도 불구하고 소비자가격이 내려가지 않은 것이 유통구조의 문제라면 유통구조를 바로잡고, 기업의 우월적 지위 때문이라면 해당 제품의 국제가격 비교 공개를 통해 기업에 여론의 압박을 가하는 방법도 고려할 수 있다.」

# 맹목적 투표행위는
# 참된 민주주의의 적이다

함승희

전 국회의원

## 과연 선거참여가 민주시민의 기본의무인가?

대한민국은 민주국가다. 자유민주국가라는 용어에 대하여는 시비를 붙는 사람들이 있어도 대한민국이 민주국가임을 부정하는 세력은 없다. 그러면 민주국가란 어떤 나라인가? 정치적 의미에서 민주국가란 국민의 직접선거에 의해 선출된 대통령이 정부의 수반이 되고, 의원이 입법기관을 구성하여 사법부와 더불어 권력이 분리되고 상호 견제와 균형을 하는 국가 형태가 바로 민주국가이다. 이런 관점에서 보면 민주국가에 있어서 선거, 즉 국민이 대표자를 선출하는 행위는 민주국가의 기본 요소이다.

서울시장 보궐선거가 2011년 10월 26일 있었다. 투표율은 48.6%였고, 무소속 시민단체 출신 후보가 총 유권자 837만 명 중 고작 26%에 해당하는 215만 명의 지지를 얻어 시장이 되었다. 그러면 지난 2007년 12월 19일 대선 때는 어떠했는가. 당시 인구는 4,845만 명 있었고, 그 중 유권자 수는 3,765만 명이었다. 투표율은 62.9%였고, 한나라당 이명박 후보는 총 유권자 가운데 31%에 해당하는 1,149만 명의 지지를 얻어 대통령에 당선되었다. 이 선거결과를 두고 한나라당, 특히 이명박 후보는 더블스코어로 압승했다며 엄청난 국민적 지지를 바탕으로 대통령이 된 양 들떠서 흥분했고, 언론들도 그 점에 포커스를 맞춰 보도했다. 그러나 내용을 꼼꼼하게 들여다보면 그 해석은 달라질 수 있다. 그는 그리고 그 당은 고작 전 국민의 24%, 총 유권자의 31%에 해당하는 사람들의 지지를 얻었을 뿐이다. 그것도 노무현 정권의 국정실패로 인하여 경제는 피폐해지고 온 국민이 좌파라면 진저리를 칠 때의 정치환경 속에서 겨우 총 유권자의 31%라니! 국민 셋 중에 둘은 이미 출범 때부터 무관심했다는 뜻이다.

역사에는 "만약(if)"이라는 단어가 의미가 없다고 하지만, 정말 만약 2007년 대선 당시 유권자들 가운데 좌파도 너무 싫지만 부패와 비리, 특혜와 반칙으로 인생을 살아 온 냄새가 너무 나는 이명박 후보도 대통령감으로 썩 내키지 않는다라고 생각한 유권자들이 투표장에 가지 않았더라면 어떤 결과를 낳았을까? 물론 그래도 이명박 후보, 한나라당은 그 당시 대선에서 이겼을 것이다. 그러나 역사는 달라졌을 것이다. 적어도 더블스코어 차이로 이겼다면서 그 후 3년 동안 그 정권이 보여준 기고만장한 독선적 태도는 없었을 테니까! 오히려 5년 후의 역사의 심판과 정권의 상실을 걱정하면서 좀 더 겸손하게 국민과 소통하고 공감하려고 노력하지 않았을까?


## 시장선거에 불참한 어느 변호사의 변(弁)

내가 알고 지내는 40대 초반의 젊은 변호사가 있다. 그는 대학시절 이른바 운동권이었다. 장기간 구속된 적은 없으나 경찰서 유치장에서 미결수 생활은 몇 번 한 인물이다. 그래서 그런지 지금도 그는 Jazz나 Pop Song보다는 판소리를 더 좋아한다.

지난 10월 26일 서울시장 보궐선거 직후 그를 만났다. 내가 물었다.

"투표했냐?"

"네, 투표했습니다."

"그래? 웬일로? 찍을 사람이 있던가?"

"솔직히 말씀 드리면 투표장에 가지 않았습니다. 저야 원래 박원순 편이지만 선거과정에서 드러난 몇 가지 사실은 제가 생각해 온 박원순이 아니데요. 그렇다고 나경원을 찍기는 죽어도 싫고, 그래서 투표장에 억지로 가서 마음에 내키지도 않는 사람 찍기보다는 아예 가지 않는 것이 오히려 낫다고 생각되어서 안 갔지요"라고 그가 대답했다.

그 말을 듣는 순간 나는 생각했다. "그래 맞아. 그거야!" 선거라는 것이 원래 덜 싫은 쪽 찍는 것 아니겠어? 하면서 찍고 싶은 후보도 없는 데 억지로 민주시민 노릇(?)한다고 투표장에 가서 그래도 좀 덜 싫은 쪽 또는 덜 싫은 정당을 찍고 나면 그 결과를 이용하여 그렇게 당선된 자 또는 정당은 압승을 했다느니 더블스코어로 이겼다느니 하면서 또 기고만장할 것 아닌가? 뒤늦게 아뿔사! 하면서 이 놈의 손가락을 잘라내던지 해야지 어쩌고 하면서 후회해 본들 이미 지나간 버스에 손 흔들기 아니고 무엇인가? 우리 모두는 학교 다닐 때 "정치적 무관심이 독재를 낳는다"고 배웠다. 오늘날 이것은 거짓된 신화다. 오히려 "맹목적인 정치적 관심이야말로 선거의 결과를 왜곡시킨다." 이것이 참인 세상이 되었다. 선거라는 것은 유권자의 주체적 판단으로 미래 대한민국의 지도자를 뽑는 행위이지, 붉은 T셔츠 입고 시청광장에 모여 "대한민국!"을 외쳐대는 축구 응원행위는 아닌 것이다.

## 오히려 후진국일수록 투표율이 높다

후진 독재국가가 아니고서는 모든 행정력을 동원하여 투표를 독려하는 국가는 없다. 북한에도 선거가 있는가? 아니 정당이 있기는 한가? 물론 있다. 북한이 조선노동당 1당 독재인 것으로 오인되고 있지만 그 밖에도 조선사회 민주당, 조선천도교청우당 등 정당이 있다. 북한 헌법상 최고 권력기관인 최고 인민회의(우리의 국회에 해당)의 대의원(우리의 국회의원에 해당)은 북한 인민의 선거에 의해 선출된다. 그런데 이들의 선거참여율이 어떠한가? 거의 100%이다. 그야말로 전 국민의 압도적 지지에 의해 의회가 구성되는 셈이다. 중국은 어떠한가? 러시아에서는 도대체 어떤 선거체제이길래 푸틴이 또 대통령이 될 수 있는가? 이들의 공통된 특징은 선거에 있어서 투표율이 엄청나게 높다는 점이다. 그렇다면 이들 국가가 과연 선진화된 민주국가인가? 그 인민들이 민주시민으로서의 역할을 다하고 있다고 믿는 사람이 단 한 명이라도 있는가?


## 기권은 맹목적인 투표행위보다 더 강력한
## 민주시민으로서의 의사표시이다

어떤 종류의 선거이든 찍을 대상이 없으면 투표장에 가지 않는 것이 최선이다. 투표권은 민주주의에서 가장 기본적이고 기초적인 행위이기에 기권은 단순한 투표불참 이전에 대의(代議)제도에 대한 심각한 거부를 의미하기 때문이다. 찍을 대상이 없다는 말 속에는 "왜 이 후보를 찍어야 하는가?" 아니면 "이 후보야말로 내가 희망하는 미래 대한민국을 만드는 데 최적의 후보인가"라는 생각을 정리한 다음 투표소로 발걸음을 옮겨야 한다는 뜻이다. 누가 누가 인증샷을 했다고, 아니면 누구의 선거판이 불리하다는 인터넷 기사나 휴대폰 문자가 떴다고, 아니면 나와 같은 세대가 어떤 후보 또는 어떤 당을 지지한다니 나도 그 대열에 끼어보자는 식의 투표행위가 선거의 결과를 좌지우지하는 나라라면 그 나라는 결코 진정한 의미의 선진 민주국가도 아니고 미래가 있는 국가도 아닌 것이다. 후보 모두가 대통령감으로, 국회의원감으로, 시장·도지사감으로 여겨지지 않는다면 투표장에 가지 말라!

# 아이들은 '공짜밥'보다 '문화밥'이 필요하다

**JR**

서울예술종합학교 겸임교수

## 중산층의 열망

"중산층이 몰락하면 나라가 무너진다." 이 말은 현대 민주주의 국가 어디에도 통하는 말이다. 하지만 "중산층"이란 단어가 주는 느낌은 나라마다 다르다. 4년제 대학을 나와서 10년 이상 한 직장에서 근무하며 월 400만 원 정도의 수입에 30평 이상의 아파트와 2,000cc 이상의 중형차를 소유하고 있다면 한국식 중산층이다. 한 개 이상의 외국어를 자유롭게 구사하고, 좋아하는 운동을 즐기거나 악기 하나 정도는 다룰 수 있으며, 자기만의 별미를 개발해서 손님을 대접하다가도 사회 정의가 무너질 때 이를 바로잡기 위해 행동한다면 프랑스에서 중산층이라는 명함을 내밀 수 있다. 우스갯소리 같은 이 중산층의 정의는 한국과 프랑스의 대다수 국민이 삶의 가치를, 행복을 어디에서 찾는가 여실히 보여주고 있다.

한 예능 프로그램에서 52세 이상의 다양한 직업을 가진 중장년층을 모아

합창단을 결성했다. 물론 오디션은 있었지만 선발기준은 대단한 성악가가 아닌, 그저 얼마나 소리를 낼 수 있는가를 확인하는 정도의 수준이었다. 평생 회사를 위해 일만 해온 사장님, 한때 음악으로 먹고 살던 전직 음악가, 자신의 일을 포기한 채 수십 년을 가족 뒷바라지만 한 주부, 병석에서 무리하게 일어난 암 환자 등 각계각층의 다양한 사람들이 모여서 합창이라는 것을 배우기 시작했다. 애국가 제창 정도면 모를까, 합창에 익숙한 대한민국 국민은 별로 없다. 더욱이 생전 처음 본 사람들과 합창이라니, 그 장면은 당사자들은 물론, 시청자 입장에서도 꽤 불편했다. 하지만 함께 악보를 보고, 옆 사람과 화음을 맞추면서 연습을 거듭할수록 어색하기만 했던 공기는 점점 따뜻해졌다. 자연히 음악도 활기를 띠어 '청춘합창단'이라는 공식 명칭으로 대회에 나가게 되고, 은상 수상이라는 쾌거를 달성해내면서 많은 시청자들에게 감동을 주었다. 우리가 감동한 것은 분명 은상이라는 결과물이 아니다. 최선을 다해 살아온 인생이지만 공허함 또한 어쩔 수 없는 느낌인데, 음악이라는 도구를 이용해서 삶의 질을 높이고자 한 이들 '청춘합창단' 단원들 인생에 공감한 것이다.


## 정신이 건강한 청소년이 나라의 미래

건강한 청소년 육성은 가정은 물론 국가의 미래를 위해 꼭 필요하다. 모두가 당연하다고 생각하지만 정작 가정에서 교육현장에서 그 당연한 일이 제대로 이루어지지 않고 있다. 많은 부모가 아이에게 좋은 대학입학이라는 목표를 위해 살아갈 것을 강요하며, 학교에서도 '필요한' 과목을 집중적으로 가르치기를 원한다. 한때 '엄친아' 같은 유행어가 있었다. 성적 우수하고 외모도 출중해서 언제나 나와 비교대상이 되는 '엄마 친구의 아들'이라는 의미이다. 아이들 사이에서 이런 말이 아무렇지 않게 유행할 정도로 그들은 '엄마 친구의 자녀들'과 오직 학과성적으로 노골적으로 비교를 당하며 살고 있다는 것이다. 아이들은 친구들과 비교당하고 경쟁하고 거기서 패배감과 좌절을 느낀다. 이러한 교육 속에서 자란 아이들에게 올바른 인성을 기대하기는 어렵지 않을까? 학교폭력이나 왕따 문제도 이런 가정환경, 교육환경과 무관치 않다.

## 문화인을 양성하기 위한 유럽의 노력

프랑스는 국민이 정서적으로 부족함이 없는 문화생활을 누릴 수 있도록 많은 노력을 하고 있다. 특히 주목할 것은 음악교육시스템이다. 프랑스에서는 국가와 시 주도하에 프랑스 국민이라면 누구나 어렵지 않게 음악교육을 받을 수 있도록 시 관할 시립음대 또는 국립음대를 개방하고 재정을 지원한다. 아이들은 집 근처의 공립음대에서 양질의 음악교육을 받을 수 있고, 또 각종 교수음악회나 학생음악회 등 학교나 시에서 주관하는 기획 연주회를 접할 수 있다. 프랑스 음악교육은 오직 아이들이 '문화인'으로 성장하도록 하는 데에 그 목적이 있다.

미국 역시 음악활동을 통한 전인교육을 실천하며, 대입평가에서 학생이 오케스트라 경험이 있는가, 혹은 운동부 서클활동을 열심히 했는가에 상당히 주안점을 두고 있다. 운동부와 오케스트라의 공통점은 혼자가 아닌 타인과 한마음이 되어 호흡을 맞춰야만 활동이 가능하다는 점이다. 학생들은 이러한 활동을 통해 친구와 경쟁이 아닌 협동하고 화합하는 법을 터득하며 나 혼자가 아닌 공동체로서의 자신을 자연스럽게 배우게 된다. 또한 시합이나 교내 연주회를 통해 성취감이라는 것을 느끼고, 이러한 특별한 경험이 결국은 삶의 질을 향상시키는 것으로 연결된다.

## 체계적이고 실질적인 음악교육이 필요하다

학교폭력, 왕따, 자살과 같은 청소년 문제는 임시방편에 불과한 대책으로는 더 큰 재앙을 야기할 뿐이다. 지금이야말로 입시위주교육에 밀려 뒷전이 되어버린 인성교육의 중요성을 인식하고, 교육의 근본을 바로 세울 때이다.

청소년을 넓은 교양과 건전한 인격을 가진 인간으로 육성하기 위해서는 무엇보다 학교에서 그러한 환경을 조성하는 것이 중요하다. 그러기 위해서는 교육과정 안에 있지만 허울뿐이 되어 버린 '특별활동' 시간을 유용하게 사용할 필요가 있다. 사립초등학교에서는 이미 오래전부터 음악교육의 중요성을 인식하고 특성화된 특기적성 교육프로그램을 시행 중이다. 학생들은 적성에 맞는 악기를 선택해서 저렴한 레슨비로 전문강사에게 양질의 교육을 받으며 자연스럽게 문화인으로 성장한다.

공립학교에서도 이러한 양질의 예체능 특기적성 교육프로그램을 도입해서 아이들이 올바르게 여가 시간을 보내는 방법을 가르쳐야 한다. 교육과정에 있는 음악시간 외에 적성에 맞는 악기를 골라 소규모 그룹으로 연주가 가능하도록 교육하고, 교내 음악회 등을 통해 아이들이 몸소 문화를 체험하고 즐길 수 있도록 환경을 만들어야 한다. 이런 음악교육이 이루어진다면 다음 세대의 아이들은 건전한 문화인으로 성장할 수 있다. 더불어 음악교사라는 일자리 창출을 통하여 현재 음악계가 겪고 있는 극심한 취업난도 해결될 수 있다.

물론 이러한 교육제도를 도입하기 위해서는 재정지원이 절대적으로 필요하지만, 적어도 세 끼 밥이 어느 정도 해결된 중진국가 대한민국에서는 공짜 밥보다는 공짜 문화밥이 더 중요하지 않을까? 음악이라는 것은 피라미드보다 더 오래전부터 인간의 정신건강을 위해 인류와 함께 발전해 왔다. 문화 활성화는 건강한 국민, 건강한 국가의 미래를 위해서 결코 등한시해서는 안 되는 중요한 과제이다.

# 국립공원,
# 편의시설을 확충해야

최종문

파라다이스티엔엘 대표

## 등산·레저문화의 현주소

국내 등산인구는 약 1,800만 명으로 전체 성인인구의 53%에 달한다. 또, 지리산, 설악산 등 주요 등산지를 포함한 전국 21개 국립공원을 찾는 탐방객 수는 연간 4,200만 명에 이르고 있다. 등산·레저 업계가 추산하는 국내 아웃도어 시장규모는 연간 4.4조 원으로 불과 5년 만에 440%(2006년 1조 원) 성장했는데, 주 5일제 정착과 여가수요 증대, 국토의 70%가 산악지형인 지리적 특성 등을 고려할 때 국내 등산·레저인구는 지속적으로 증가할 전망이다 (2012년 세계 2위 아웃도어 시장 부상 전망). 여기에 100세 장수시대를 맞아, 건강한 등산·레저문화의 전향적 개선책이 국가적 과제로 부상하고 있는 이유가 있다.

# 편의시설 확충은 제자리 걸음이다

등산·레저인구의 폭증에도 불구하고 이들을 위한 편의시설 확충은 '환경보전' 이슈와 맞물려 제자리 걸음을 하고 있는 것이 현실이다. 연간 380만 명이 찾는 설악산의 경우 등산객 야영장이 1개소에 불과한 실정이며, 화장실, 대피소 등 기타 편의시설도 열악한 수준에 머물러 있다. 국립공원관리공단이 탐방객 22,000명을 대상으로 실시한 설문조사 결과에 따르면 화장실 환기시설, 대피소 내 취사시설에 대한 불만이 특히 높은 것으로 조사되었는데, 이는 환경부 산하의 국립공원관리공단이 자연경관 보존을 이유로 편의시설 확충에 소극적인 입장을 취하고 있기 때문으로 짐작된다.

물론, 환경보존의 대의는 존중되어야 하지만 국민편익 증대차원에서 균형감각을 유지하는 것 또한 못지않게 중요한 일이다. 환경보전을 명분으로 시행되는 규제 일변도의 정책이 오히려 환경 훼손으로 이어지는 사례도 빈번하다. 대표적인 케이스가 화장실 문제인데 등산로를 조금만 벗어나도 탐방객들의 대·소변 오물과 악취를 쉽게 확인할 수 있을 정도로 심각하다. 또한, 해마다 반복되고 있는 기습폭우, 폭설 등 기상이변시에도 대피시설이 부족해 안타

## 국립공원 내 편의시설 설치 현황

| 구 분 | 시설 현황 | 비 고 |
|---|---|---|
| 화장실 | 지리산(50), 설악산(22), 한라산(9) 등 15개山 355개소 | 수세식 288, 수거식 66개소 |
| 대피소 | 지리산(8), 설악산(8), 한라산(8) 등 6개山 27개소 | |
| 야영장 | 지리산(11), 설악산(1), 가야산(4), 한라산(1) 등 15개山 43개소 | 연간 방문객(380만) 대비 설악산 야영시설 절대부족 |

출처: 국립공원관리공단

까운 인명사고가 발생하고 있는 상황에서 이에 대한 근본적인 대책을 논의해야 할 시점이 되었다.


## 미국의 국립공원은

국립공원의 시조는 미국이고, 세계 최초의 국립공원은 1872년 탄생한 옐로우스톤(Yellow Stone)이다. 이때만 해도 국립공원의 도입취지는 "국민의 복지와 향유"에 있었으며 그 후로 약 90년 동안 모든 공원지역은 넓은 의미에서 레크레이션 선용에 초점을 맞추었다. 적어도 1964년 원시지역법 제정을 통한 자연보호 체계가 수립되기 이전까지는 국민편익이 환경보전을 압도했던 셈이다.

국립공원에 엄격한 자연보호의 잣대가 도입된 역사는 그리 오래되지 않았다. 1920년대 자동차의 등장으로 북미의 국립공원을 찾는 탐방객수가 폭증하고, 1950년대 들어서 비로소 그로 인한 국립공원의 수난사가 사람들의 관심을 끌었기 때문이다. 급기야 캠프장에 야영객이 넘쳐 공원 내의 동·식물이 피해를 입는 불행한 사태가 발생하기도 했다. 그 결과 국립공원은 공공을 위한 야외 레크리에이션 지역이면서 동시에 자연경관과 야생 동·식물을 보호하기 위한 지역으로 재조명을 받게 된다.


## 유럽식 국립공원 운영체제

기상이변이 속출하고 환경문제가 전 지구적 관심사가 된 상황에서 물론 과거의 잣대를 고집할 수는 없다. 그래서 국민의 편익과 환경보전의 균형점을 찾는 일이 더욱 필요한 시점이 된 것이다. 그런 관점에서 유럽식 국립공원 운영방식을 참고해볼 만하다. 유럽의 국립공원은 '자연보호지역'과 '자연공원'의 두 가지 형태로 운영되고 있다. 특이지형 또는 동·식물의 원형 보전 및 보호를 위해 지정된 '자연보호지역'은 주로 오지이기 때문에 공원으로의 이용성은 적다. 반면에 자연공원은 뛰어난 풍광을 보유한 지역을 중심으로 지정되며 자연보호지역에 비해 이용자 편익 면에서 자유로운 것이 특징이다. 산림, 농지, 목야(牧野) 등 자연경관에 인공적 요소(편의시설)를 가미해 탐방객이 보다 편리한 환경에서 자연경관을 즐길 수 있도록 운영하고 있다.

우리나라도 자연공원법상(법 제2조)에 "우리나라의 자연생태계나 자연 및 문화경관을 대표할 만한 지역으로서 환경부장관에 의해 지정된 것"으로 국립공원을 정의함으로써 '환경'과 '문화' 모두를 고려하고 있으나, 운영 면에서는 그 어느 쪽도 제대로 충족하지 못하고 있는 것이 현실이다. 따라서, 현재 운영되고 있는 국립공원제도를 유럽의 그것처럼 보다 세분화해 관리할 필요가 있으며 그렇게 될 때 '환경'과 '국민편익'이라는 두 마리 토끼를 다 잡을 수 있는 기회도 열릴 것으로 보인다.

## 국민 여가문화의 전향적 개선

여러 상황들을 종합해 보았을 때 국립공원 내 국민 편의시설에 대한 현황 파악 및 개·보수, 나아가 신규시설의 확충이 시급한 실정이며, 필요하다면 국립공원관리공단의 관리기능을 환경부에서 문화관광부로 이전하는 것도 적극 고려할 필요가 있다. 즉, 국민 여가문화 개선 관점의 전향적 정책변화가 필요한 시점이 된 것이다.

이 때 중요한 것은 이런 조치들이 환경을 외면하는 일이 아니라 환경보전과 국민 편익 사이의 균형점을 찾는 일임을 국민에게 설득하는 것이며, 따라서, 입법활동 전에 여론 정지작업이 반드시 선행되어야 할 것으로 보인다.

# 정예강군의 지름길, 차등 복무제

나성호

전 육군 사단장

## 군 입대를 앞둔 청년들의 고민

군 입대 문제는 대한민국 청년들의 가장 큰 고민거리이다. 20세 전후 징집 대상 청년들은 군 입대는 언제하고, 어느 군에 입대할 것인가의 문제로 늘 고민한다. 대학진학을 용케 한 장정들은 1학년 아니면 2학년을 마치고 갈 것인가, 또 제대 후 대학 복학시기를 맞추려면 언제가 유리할까, 공군에 입대하면 어떤 특전이 있을까, 어느 병과, 어느 보직을 받으면 영어공부 하는 데 유리할까, 도대체 왜 이렇게 불안하고 불확실할까…크고 작은 고민이 교차한다.

병무청에서는 징병제도의 형평성과 자원 확보의 효율성을 조화시키기 위하여 다양한 지원병제도(모병)를 운영하고 있다. 그러나 21세기 대한민국 장정의 의식수준이나 체력상태의 다양성을 따라가지 못하고 있다.

군역을 치르는 문제는 일차적으로 장정 본인의 문제이지만, 한편으로는 장정 부모와 가족의 문제이기도 하다. 아들이 군 입대 문제로 고민할 때 부모의 고민도 깊다. 아버지들은 자신의 군대시절에 대하여 인생의 가장 큰 충격의 시간이었지만 지나고 보니 고생한 만큼 많은 것을 배우고 가슴에 남는 것도 많다는 생각을 하고 있다. 아울러 무언가 불합리한 점이 많다는 생각도 함께 갖고 있다.

## 이등병의 마음으로 이등병을 보듬어야

군 입대가 불안한 홍 이병은 입대 전 한 달여 동안 제대했거나 휴가 나온 친구들과 닥치는 대로 만나 이등병의 24시를 수없이 들었다. 지금껏 공부 안 하고 빈둥거리며 젊음을 보낸 날들이 후회도 되고, 군대 마치고 나서는 새사람이 되겠다고 결의를 다지니 마음이 편안해지기도 했다.

신병훈련소에서의 8주간 훈련은 견딜 만했다. 내무반은 다양한 삶의 배경, 연령차도 있었지만 서로 평등하게 공존할 수 있었다. 처음 해보는 집단생활은 불편함도 컸지만 그래도 괜찮았다. 신병교육대에서 참기 어려웠던 것은 한여름 더위 속 훈련이라서 늘 시원한 물을 마시고 싶었던 것이다. 맑은 벽계수가 졸졸 흐르는 강원도 산골에 있는 교육대인데, 시원한 물 한 컵이 왜 그렇게 귀했는지 이해가 안 된다.

자대배치를 받고 이병·일병·상병·병장의 계급이 있는 내무반에 홍 이병의 거처가 정해졌다. 소대장이나 중대장이 면담을 하고 '소원수리'를 하고 신병의 개별권리를 자상히게 해 주었다. 그런데 내무반에 들어오면 그 몸과 마음이 거처할 공간이 없었다. 담임선생님격인 선임병과 분대장이 한편으로는 일거수일투족을 가이드해주고 한편으로는 감시하는 듯했다. 홍 이병이 이해할 수 없는 것을 그들은 시비했다. 목소리 작다고 시비하고, 목소리 크게 하면 조용히 하라고 시비하고, 대답 빨리 안하면 군기가 빠졌다고 윽박지른다.

구타가 없어지고 군대 좋아졌다고 모두가 이야기한다. 그러나 이등병의 행복은 거대한 담론이나 먼 곳에 있지 않다. 이등병의 행복은 사소하고 시시콜콜한 데 있음을 누군가가 알아줬으면 좋겠다. 국민 소득 2만 달러 시대, 지식정보의 홍수 속에 성장한 것이 이등병 세대이다. 이것이 이등병의 문화적 배경이고 레퍼런스이다. 왜 이렇게 너희들은 나약하고 허술하냐고 바라보면 이등병의 문제는 근본부터 꼬인다. 이등병의 마음으로 이등병을 보듬어 주어야 한다. 이등병의 입장에서 병사들의 내무반을 관리해야 하듯이, 장정의 입장에서 국방의무제도를 다시 점검해야 할 시점이다.

## 병역의무자의 선택권을 넓혀주자

현행 징병제도는 국민 개병제의 우산 속에서 안주하고 있다. 국민 개병제 하의 의무복무제도는 자율보다는 통제에 중점을 두기 때문에 장정의 선발과정이나 복무기간, 병영관리 기법 등 전반적으로 현상 유지적인 관행이 답습되고 있다. 자율성의 반영이 미흡한 병영생활은 아직도 병영 내 자체사고가 끊이지 않고 국민 전반에 병역의무 이해에 대한 부정적 인식을 확산시키고 있다. 현재의 징병제도의 근간을 유지하면서 병역의무자의 자율의사가 최대한 반영된 제도로의 개선은 불가능한 것인가? 최근 연평도 도발사건 이후에도 해병대를 자원입대하는 장정들이 줄을 서는 현상을 보면서 자발적 의지가 발동될 수 있는 제도개선만 이루어지면 기꺼이 즐기며 근무하는 신세대 병영문화도 불가능한 것만은 아니라는 느낌이다.

현재 육군의 경우에는 기술병과(운전병 등)와 특기병과(어학병 등)의 상당 부분을 모병에 의해 충원하고 있다. 병역의무의 형태를 자신이 정한다는 선택적 의무이행에는 지원율이 계속 증가하고 있다. 해군, 공군과 해병대는 오래 전부터 전체 병력을 모병제로 충원하고 있다. 육군에 비해 상대적으로 복무기간이 길거나, 강도 높은 훈련 등 군무여건이 열악함에도 불구하고 지원자가 폭발적으로 증가하고 있어 필요한 병력을 차질 없이 충원하고 있다. 특히, 해병대의 경우는 육군과 복무기간이 동일하고 서해 도서 근무와 같은 어려운 여건임에도 지원자가 폭발적으로 증가하고 있다.

병역의무자에게 광범한 선택권을 부여한 모병방식은 장정의 자발적인 국방의무 이행 분위기를 촉진시킬 것이다. 젊은 층의 안보의식은 물론 장정의 가족을 포함한 일반국민들의 군복무제도에 대한 신뢰수준을 대폭 향상시킬수 있다. 모병자원으로 구성된 해·공군의 사고 발생률이 육군에 비해서 상대적으로 낮은 현상이 말해주는 것처럼 획일적인 의무부과로 발생하는 각종 병영사고를 감소시킬 수 있으며, 병사가 공감하는 병영문화의 조성에도 긍정적인 효과를 가져올 것이다.

## 차등복무제 도입할 만하다

선택권의 확대와 더불어 복무기간의 다양화도 고려되어야 한다. 우선 해·공군은 현행제도를 유지하면서 전후방의 격·오지에 근무하는 방공포병, 레이더 기지 근무자 등에 대하여는 복무기간을 단축하고 공군본부 등 정책부서 및 학교기관 근무 행정병은 복무기간을 연장해야 한다. 다음으로 육군·해병대의 특전, 특공, 수색부대와 철책·해안경계 병사는 복무기간을 단축하고, 육본·학교기관 근무자는 복무기간을 연장해야 한다. 결론적으로 부대의 위치와 성격, 복무 형태 등 각 군의 특성을 고려한 다양한 요소를 종합적으로 반영하여 병사들의 복무기간을 차등 적용하고, 향후 군복무 가산점 부여제도를 부활할 경우에는 복무의 난이도에 따라 가산점을 차등 적용하는 방안도 강구해야 한다. 이것이 정예강군의 지름길이다.

# 기업지배구조 개선, '위대한 기업'으로 가는 길

| 최종태

| 기업인

## 살아 남을 것이냐, 사라질 것이냐

바야흐로 '일상화된 위기'의 시대이다. 2008년 시작된 글로벌 금융위기의 여파가 채 가시기도 전에 2011년에는 남유럽발發 재정위기가 세계 경제를 뒤흔들었다. 60년 만에 한번씩 찾아온다며 큰 기대를 불러 모았던 흑룡의 해, 2012년에도 기업경영 환경이 그다지 호전되지 않을 것으로 보인다. 글로벌 컨설팅 업체인 맥킨지는 얼마 전 S&P 500대 기업들의 평균수명이 채 20년에도 미치지 못한다는 충격적인 조사결과를 발표한 바 있다. 국내 기업들도 예외가 아니다. 지난 10년 사이 시가총액 상위 100대 기업 중 41%의 얼굴이 바뀌었으며, 30년으로 기간을 확장해서 보면 무려 73%가 교체된 바 있다.

이러한 혼돈의 시대에 기업경영의 화두는 단연 생존(Survival)이 될 수밖에 없으며 과연 어떤 형태의 기업지배구조(Corporate Governance)가 위기극복을 통한 생존, 더 나아가 지속성장에 더 유리한가에 대해 새삼 관심이 높아지고 있다. 기업지배구조란 기업경영의 통제 시스템, 즉 경영진, 주주, 근로자 등의 이해관계를 조절하고 규율하는 제도적 장치와 운영기구를 통칭한다. 기업지배구조에는 여러 형태가 있겠으나, 여기서는 과점주주가 경영을 하는 오너형 지배구조와 투자자(주주)는 분산되어 있고 경영은 비非오너에 의해 승계되는 전문경영형 지배구조에 대해 생각해 보고자 한다.

## 전문경영 체제로의 전환은 필연적

기업의 지배구조는 자본주의 발전의 단계와 개별 기업의 성장 이력에 따라 다양한 모습을 보이지만, 장기적으로는 창립 초기의 오너경영기업(Owner-managed firm) 형태에서 전문경영기업(Agent-led firm)으로 전환되어 가는 것이 일반적이다. 우선 창업 당시 오너기업으로 출발했다고 하더라도 기업이 성장하면서 더 많은 자본을 필요로 함에 따라 주식시장 공개를 통해 오너가문의 지분이 희석될 수밖에 없다. 후대 상속의 과정을 거치게 되면 이 과정은 더욱 가속화된다. 또한 아무리 능력이 뛰어난 오너라고 하더라도 오늘날과 같은 사업규모의 대형화, 사업영역의 다양화 및 전문화 추세에 모두 대응하여 일인다역(一人多役)을 담당하는 것은 물리적으로 한계를 가질 수밖에 없다. 따라서 전문성을 바탕으로 합리적인 의사결정과 경영의 효율성을 제고하기 위해서는 정도의 차이는 있겠으나 전문경영인 체제의 도입이 필연적이다. 미국의 인텔이나 일본의 교세라의 사례에서 보듯이 창업자의 역할이 간접적인 관여 혹은 상징적인 구심점 역할로 축소되고 기업은 시스템에 의해 운영되는 전문경영인 체제로 전환하게 되는 것이다.

오너경영 기업의 '후계자 승계 리스크' 역시 전문경영 체제로의 지배구조

전환을 가져오는 데 빼놓을 수 없는 중요한 요인이다. 즉, 경영자질과 실력을 겸비한 오너가 2대, 3대까지 이어질 수도 있지만 확률적으로 그 가능성이 낮고, 다양한 CEO 후보군에서 선별하여 뽑는 것만큼 유리하지도 않다. 산요전기의 경우, 창업 2세인 이우에 사토시의 경영실패와 3세인 이우에 도시마사의 분식결산으로 창업 60년 만에 창업가 일족이 모두 경영일선에서 물러났으며, 이후 파나소닉에 매각되는 아픔을 겪었다. '부모만한 자식 없다'는 속담처럼 창의적이고 카리스마 넘치는 인물이 세운 기업일수록 창업자가 사망한 뒤 후계자 리스크를 겪을 가능성이 많게 된다.

오너경영 체제는 대체로 강한 주인정신을 바탕으로 장기적인 안목을 가질 수 있고, 의사결정의 신속화와 경영의 효율성에 장점이 있어 개발도상국에서 조속한 경제개발을 이루는 데 유리하다는 평가가 일반적이다. 반면에 소유는 분산되고 경영은 전문경영인에 의해 승계되는 전문경영인 체제는 투명성과 기업윤리 측면에서 유리하며 사회적 책임을 강조하는 최근의 트렌드에 걸맞은 제도라는 주장이 힘을 얻고 있다.


## 전문경영체제의 국내·외 롤모델

경영학의 대가 짐 콜린스(Jim Collins)의 저서 '좋은 기업을 넘어 위대한 기업으로(Good to Great)'를 보면 전문경영기업의 우수성이 명확히 드러난다. 이 책에 선정된 위대한 기업 11개사社 모두는 현재 전문경영 체제를 갖추고 있으며, 각 기업의 성장과정에서 큰 도약을 이루어 낸 11명의 CEO 중 8명이 전문경영인이다. 또한 미국 포천(Fortune)지紙의 글로벌 기업들을 대상으로 한 장수기업 분석에서도 전문경영 기업이 압도적인 비중을 차지한다. 2008년 포천 글로벌 55개 기업(100대 기업 중 공기업과 금융기업 제외) 중 창업 50년 미만 기업의 경우 오너경영 기업이 절반(53%) 이상을 차지한 반면, 100년 이상 기업에서는 전문경영 기업의 비중이 무려 3/4(77%)을 차지하였다.

우리나라에서 대표적인 전문경영인 체제라 할 수 있는 기업으로는 포스코와 유한양행이 있다. 포스코는 1968년 출범부터 소유와 경영이 철저히 분리된 주식회사로 출발하였다. 1990년대 중반 이후에는 민영화 과정을 거치면서 선진화된 기업지배구조를 제도적으로 정착시켰다. 1997년에 상장회사 최초로 사외이사제도를 시행했을 뿐만 아니라 국내 최초로 외국인 사외이사를 선임하였고, 2006년에 이사회를 대표하는 이사회 의장과 경영진을 대표하는 CEO를 분리하여 선임하는 등 선진적인 이사회 구조를 만들기 위한 다양한 제도를 도입하였다.

또 다른 예로 창업 초기 설립자에 의해 운영되다가 후에 전문경영인체제로의 변신에 성공한 유한양행을 들 수 있다. 창업자인 고 유일한 박사는 '기업은 개인의 것이 아닌 사회의 소유'라는 신념으로 1936년 유한양행을 주식회사 형태로 발족시켰고, 1971년 유일한 박사 사후부터 전문경영인 제도를 본격적으로 도입했다. 유한양행의 전·현직 최고경영자들은 모두 평사원으로 입사해 사장이 된 경우이며, 현재 1,500여 명의 직원 중에는 그의 친인척이 단 한 명도 없을 정도로 소유와 경영이 철저히 분리되어 있다.

글로벌 기업들 중 IT업계의 총아 마이크로소프트(MS)는 그룹의 오너가 최전방 경영에서 물러나고 전문경영 체제를 확립한 좋은 사례가 된다. 특히, 빌 게이츠 회장은 2000년 "경영업무보다는 차세대 PC 운영체제 개발에 온 힘을 쏟겠다"며 창업 이후 25년간 줄곧 맡아오던 최고경영자(CEO) 자리를 스티브 발머에게 넘겨준 바 있다. 이후 2008년 7월부터는 회사일에서 완전히 손을 떼고 자신이 설립한 자선단체 '빌 앤드 멜린다 게이츠 재단' 자선활동 업무에 주력하며 덕망을 쌓는 기업가의 대표적 우상이 되고 있다

## 전문경영 체제 더 많이 나와야…

2011년 기준 영업이익 1조 클럽에 가입한 국내 기업체수는 28개를 넘어선 상태이다. 또한 작년에는 우리나라가 산업화에 시동을 건 지 불과 50년 만에 전세계 8번째로 무역 1조 달러의 위업을 달성한 바 있다. 짐 콜린스의 표현을 빌자면 우리나라에도 세계 어디에 내놓아도 손색없는 '좋은 기업'(Good Company)들이 많아졌다는 것이다. 이제 남은 숙제는 이러한 체격확대에 걸맞는 체력과 체질을 갖추어서 '위대한 기업'(Great Company)으로 한 단계 더 도약하는 것이다.

최근 자본주의4.0에 대한 전세계적 논의에서도 잘 나타나듯이 위대함(Greatness)은 근시안적인 영리추구가 아니라 겸허한 사회적 책임 완수를 통해서만 달성될 수 있다. GE나 IBM과 같은 세계적인 글로벌 기업에서는 영리활동을 넘어서 사랑과 존경을 받을 수 있는 많은 덕목들이 엿보인다. 이제 오너체제와 전문경영인 체제에 대한 흑백논리식의 우월성 비교는 큰 의미도 없을 뿐더러 정답도 없다. 소모적 체제논쟁보다는 오히려 지금 이 시점에서 중요한 것은 우리나라에서도 우수한 전문경영인 체제의 기업이 더 많이 나와줘야 한다는 점이다. 미래 성장의 주축이 될 우리나라 상위 대기업들을 보면 우수한 전문경영인들이 경영의 한 축을 담당하고 있음에도 불구하고, 여전히 오너경영 중심의 지배구조에서 탈피하지 못하고 있는 것이 현실이다. 그러나 한국경제의 전세계적 위상이 높아질수록 오너경영 체제가 가지는 장점보다는 단점이 더 부각될 가능성이 높아 보인다. 특히 다양해지는 기업 생태계에서 전문경영인 체제가 오너경영 체제에 비해 중소기업과의 건전한 거래 및 육성, 기업의 사회적 책임과 투명성 제고에 더 큰 장점을 가지게 될 것이다.

향후 10년 후, 20년 후 더 많은 글로벌화된 한국기업이 포천 500대 기업과 어깨를 나란히 하기 위해서는 현재 극소수인 전문경영기업들이 오너경영기업들과 적어도 50 대 50의 균형을 이루는 것이 한국경제와 기업의 질적 발전을 위해 선행되어야 할 중요한 시대적인 과제라고 하겠다. 또한 글로벌 차원의 '위대한 기업'을 향한 경쟁에서도 앞서 나가기 위한 밑거름이 될 것이다.

# 드림 소사이어티와 문화의 가치

| 이혜정

뮤지컬 배우

## 드림 소사이어티의 출현

꺼질 것 같지 않던 산업사회는 이미 역사의 뒤안길로 지나가고 있다. IT 와 디지털이 등장하면서 세상은 정보화 사회로 급속히 편입되었다. 불과 20여 년 만에 산업사회는 완벽하게 정보사회로 탈바꿈한 것이다. 그런데 뭔가 이상한 일이 벌어지고 있다. 세상을 하나로 묶고 새로운 혁명으로 인간을 행복하게 해 줄 것 같던 정보사회의 태양이 정점을 찍고 기울기 시작한 것이다.

드림 소사이어티의 도래! 미래학자 옌센에 의하면 정보화사회의 태양은 이미 1990년대를 정점으로 지고 있다고 한다. 이제 새로운 사회의 태양이 떠오르고 있다. 그 태양은 '드림 소사이어티'(Dream Society)이다. 이 사회는 '스토리'가 중요한 사회가 될 것이다. 만일 산업사회가 '하드웨어'에 중점을 두었다면, 정보사회는 '소프트웨어'에 집중하고, 드림 소사이어티에서는 '콘텐츠'로 그 흐름이 바뀌어 갈 것이다. 이 일을 앞당긴 사람이 바로 애플의 스티브 잡스이다. 그가 세상을 바꾸었다. 그는 하드웨어에 디자인이라는 옷을 입히고, 그것에 이야기를 입히는 콘텐츠 세상을 열었다.


## 만남의 이론과 문화예술이 나아갈 방향

　신학자이자 철학자인 마틴 부버는 자신의 저서 「나와 너」에서 지상에 존재하는 가장 근원적인 언어로서 '나'와 '너'라는 개념을 도입한다. 그는 "현대인에게 스침만 있고 만남이 없다"고 주장한다. 만나기 위해서는 상대를 2인칭으로 받아들여야만 한다. 상대를 3인칭 '그것'이 아닌 2인칭 '그대'로 불러 줄 때 진정한 만남이 이루어진다는 것이다. 이제 문화를 더 이상 스침에 머물게 하지 말고, 본격적으로 만나게 하자. 이렇게 어울릴 때 드림 소사이어티를 준비할 수 있다.

　이 땅에서 문화와 예술분야에 종사하는 사람들에게 던지는 이 질문을 생각해 본다. 진보와 보수를 어떻게 구별할까? 이 둘은 정말 돌아오지 않는 강을 건넌 채 대립하는 것인가? 둘 사이에 공통분모는 없을까? 아니다. 공통분모는 있다. 바로 '원칙'이라는 것이다. 보수는 '원칙을 지키는 것'이고 진보는 '원칙을 확장시키는 것'이다. 그리고 그 원칙은 '자유민주주의하에서 국가가 국민에게 봉사해야 한다는 것' 그것이 아닐까? 그중 문화와 예술은 어렵고 고단한 세상을 위로하고 함께 웃고 울어주며 봉사할 수 있는 것이 아닌가? 설령 나뉘어져 있더라도 화합하고 치유할 수 있는 사람들이 문화·예술인이 아닐까? 문화계에 종사하는 '그것들'을 '그대여'라고 불러보자, 그리고 만나보자. "그대여! 우리의 분열을 회복시키고, 우리의 원칙을 기억하게 해 주게!"

## 문화의 진수는 '값어치'가 아닌 '가치'

진보와 보수의 문제가 지난 10년간의 골 깊은 문제였다면, 문화·예술계에 보다 뿌리깊은 모순이 하나 더 있다. 그것은 비단 문화계뿐만 아니라 우리 사회 전체에 만연한 문제이다. '가치'에 대한 문제가 바로 그것이다.

가치(value)라는 단어의 라틴어 어원을 보면 "용기와 힘, 중요한 것을 나타내는 것"이다. 우리말 사전에도 "사물이 지니는 쓸모, 대상이 인간과 관계에 지니는 중요도"라고 되어 있다. 하지만 오늘날 우리는 가치를 '값어치'(price)로 변질시켰다. 문화 예술의 가치는 그것이 얼마를 벌어들이느냐보다 더 중요한 것이 있는데도 우리 사회는 문화·예술을 가늠하는 잣대로 여전히 '값어치'만을 고려하고 있다. 국가의 문화정책 역시 '값어치'의 문화에만 온통 관심을 쏟고 있다. 문화정책이란 결국 이 '가치'를 지켜나갈 수 있도록 하는 것이 아닐까? 값어치가 얼마인지만 바라보는 근시안적 안목을 버려야 하지 않겠는가? 가치는 '무엇'의 문제이지, '얼마'의 문제가 아니다. 예술은 얼마짜리가 아니라 그 자체로 가치가 있는 것이다.

## 우리 문화모델은 '어울림'과 '두드림'

우리나라의 문화모델은 무엇인가? 거칠게 보면 지구촌의 문화정책은 크게 두 가지로 나누어 볼 수 있다. 하나는 문화부조차 없이 모두의 개별적 자발성과 자생력을 중시하는 미국식 문화정책이다. 그리고 또 하나는 문화부를 통해 강력한 지원과 정책을 펼치는 유럽 및 러시아의 문화정책이다. 두 경우 다 의미가 있고 이유가 있다. 우리의 문화는 어느 쪽을 향해야 할까? 문화·예술에 대한 정책적 접근에서 가장 중요한 것은 '교육'과의 연관성이다. 교육이 선행되지 않는 정책은 사상누각이 될 뿐이다. 어릴 적부터 감성교육을 통한 창의성 발달에 문화·예술이 얼마나 귀중한 자산이 될지는 자명한 일이다. 드림 소사이어티를 준비해야 할 스토리의 시대에 사육되는 교육이 아니라 진정한 창조적 인물을 길러내는 교육을 펼치는 것이 문화정책의 제일 급한 우선순위가 아닌가?

다음으로 한국문화가 지향할 바는 '어울림'과 '두드림'을 통한 새로운 문화창조의 길이다. 소프트 파워로서 국가브랜드 제고와 문화적 '어울림'을 통한 '두드려 새로운 문화'를 만드는 가능성의 방법을 찾는 것이다. 이미 문화라는 개념(Cultivate＝경작하다)에 무언가를 두드린다는 의미가 있음은 주지의 사실이다. 우리 문화를 '두드려' 보면 새로운 문화창조의 길을 찾을 수 있다. 이러한 새로운 문화는 세계시장을 향한 멋진 '두드림'이 되어서 문화·예술 브랜드 가치를 제고하게 될 것이다. 이러한 '어울림'과 '두드림'이 21세기 감성과 스토리를 찾아 무한경쟁에 돌입하게 될 드림 소사이어티를 맞이하는 한국문화의 좌표가 될 것이다.

# 클라우드 컴퓨팅으로 격차 없는 정보서비스를

조영임

수원대 교수


## IT의 화두, 클라우드 컴퓨팅이란?

　　스마트폰 시대에 접어들면서 요즘 클라우드 컴퓨팅(Cloud Computing)이란 말을 어렵지 않게 들을 수 있다. 클라우드 컴퓨팅이란 무엇인가? 클라우드 컴퓨팅의 개념은 1960년대 미국의 컴퓨터 학자인 존 매카시가 "컴퓨팅 환경은 공공시설을 쓰는 것과도 같은 것"이라는 개념을 제시한 데서부터 출발한다. 이는 클라우드 컴퓨팅은 IT와 관련된 기능들이 서비스 형태로 제공되는 컴퓨팅 스타일로서, 사용자들은 지원하는 기술 인프라 스트럭처에 대한 전문지식이 없거나 또는 제어할 줄 몰라도 인터넷으로부터 서비스를 이용할 수 있다는 것을 의미한다.

　　클라우드 컴퓨팅 환경에서는 지금 사용하고 있는 컴퓨터의 연산속도가 너무 느려서 특정 소프트웨어를 사용하지 못하더라도 네트워크로 연결된 서버에 설치된 소프트웨어를 원격으로 이용하면 내 컴퓨터에서 사용하는 것처럼 사용할 수 있게 된다. 클라우드 컴퓨팅은 '개인(PC)'을 '집합'으로 바꾼 개념으로, 이용자들이 별도의 소프트웨어 설치를 안 해도 웹과 PC, 모바일 연결로 언제 어디서나 온라인에 접속할 수 있다.

클라우드 컴퓨팅의 장점은 구입비용이 적고 휴대성이 높으며, 컴퓨터의 유지, 보수, 관리에 들어가는 비용과 소프트웨어 구매비용 등을 절약할 수 있어서 자원낭비도 막을 수 있다는 데 있다. 뿐만 아니라 컴퓨터 가용률을 높일 수 있는데, 이러한 높은 가용률은 그린 IT전략과도 일치한다. 반면, 단점으로는 서버가 공격당하면 개인정보가 유출될 수 있고, 재해에 서버의 데이터가 손상되면 미리 백업하지 않은 정보는 되살리지 못하는 경우도 있으며, 사용자가 원하는 애플리케이션을 설치하는 데에 제약이 심하거나 새로운 애플리케이션을 지원하지 않는다는 점 등이다. 또한 통신환경이 열악하면 서비스받기 힘들다는 점도 들 수 있다.


## 클라우드 컴퓨팅 실태

최근 성인남녀 1,000명을 대상으로 클라우드 컴퓨팅 서비스에 대한 조사를 실시한 결과에 의하면, 아직 클라우드 컴퓨팅의 대중적인 인지도와 사용률은 낮으나 클라우드 컴퓨팅을 사용하는 가장 큰 이유는 별도의 저장장치가 불필요(61%, 중복응답)하고, 파일저장과 관리가 편리하고(55.9%), 비교적 대용량인 파일들을 이용하기 편리하다(31.6%)는 응답 순이었다. 반면 클라우드 컴퓨팅을 사용하지 않는 가장 큰 이유는 서비스에 대해 잘 몰라서(66.2%, 중복응답), 다루는 파일이 많지 않고(27.6%), 해킹 등으로 개인정보의 유출이 우려(26.9%)된다는 응답 순이어서 향후 클라우드 컴퓨팅에 대한 좀 더 쉬운 접근 전략이 필요할 것으로 생각된다.

## 정보사회의 미래

　최근 유비쿼터스 스마트 도시 구축에 있어서 많은 정부지원과 계획들이 잇따라 발표되고 또 추진되고 있다. 우리나라는 세계 최고의 IT 강국이지만 반면 지역적으로 도시·농촌 간, 또는 수준별 정보격차의 정도가 심하기도 한 나라이다. 즉, 우리나라가 네트워크 등 인프라 서비스는 세계 최고수준이지만, 전 국민에 대한 고른 서비스는 아직 더 많은 개발을 필요로 한다는 뜻이다.

　최근 공공기관을 중심으로 클라우드 컴퓨팅의 활용사례가 늘어나고 있는데, 한 예로 스마트 워크 등 공공기관 근무자들의 생활을 편리하게 하는 데 많은 노력을 기울인 결과 매우 긍정적인 반응이 나타나고 있다. 공공기관뿐 아니라 일반 기업이나 가정에서도 외부장소나 이동중에도 간단한 업무를 보는 일이 많아지고 있다. 노트북, 태블릿 PC의 대중적인 이용과 함께 외장하드나 USB 등의 휴대용 저장장치 사용이 급증한 것도 이런 변화에서 살펴볼 수 있다.

　앞으로는 공공기관뿐 아니라 일반 국민들을 대상으로 클라우드 컴퓨팅을 구현해야 한다고 생각한다. 그 이유는 각 가정에서 매번 컴퓨터를 구입하고 하드웨어와 소프트웨어를 구입해야 하는 부담과 최신버전으로 업데이트해야 하는 유지보수의 불편성 등을 한 번에 해소할 수 있을 것이기 때문이다. 즉, 각 가정에서는 매달 일정 사용료만 낸다면 클라우드 컴퓨팅의 서버를 통해 맞춤형 서비스를 가정에서도 언제 어디서나 제공받을 수 있으므로 실용성, 활용성, 효율성 측면에서 매우 좋을 것으로 생각된다. 이미 우리가 추진해 온 유비쿼터스 스마트 도시는 언제 어디서나 정보를 쉽게 접근하고 이용할 수 있는 환경에 접해 있어야 가능하다. 이러한 스마트 도시를 구축하기 위해서는 무엇보다도 클라우드 컴퓨팅에 의한 전 국민에 대한 정보서비스 제공과 이용이 가능하도록 해야만 한다. 생각만 해도 매우 매력적인 미래도시가 될 것이 분명하다.

# 03

청년의 눈으로 본 미래

# 한국 법률서비스산업의 생존전략

## 이승민

호주 변호사

## 서비스산업의 중요성과 법률서비스 시장의 개방

서비스산업은 2011년 기준으로 국내 총고용의 68.6%, GDP(부가가치)의 58.2%를 차지하며 국가경제의 핵심산업으로 자리잡아 가고 있다. 특히, 서비스산업은 내수기반 확충, 일자리 창출, 대외의존도 개선 등에 있어 일석삼조의 효과를 창출하는 우리 경제의 새로운 성장동력산업으로 주목받고 있다. 서비스산업의 이러한 비중확대와 중요성은 외국에서도 마찬가지인 상황이다. 이 때문에 주요 선진국들은 일찌감치 서비스 산업의 경쟁력 강화를 위해 노력하고 있다. 따라서 인적자원 외에 별다른 천연자원을 보유하고 있지 않은 우리로서는 일자리 창출의 보고라 할 수 있는 서비스산업의 활성화가 더욱 긴요한 실정이다.

서비스산업에는 다양한 하위산업군이 존재하지만, 그 중에서도 법률서비스는 국가존립의 근간과 직결된 각종 제도를 다루는 서비스영역이라는 점에서 특별한 의미를 갖는다. 비록 매출 등의 산업규모는 다른 산업군에 비해 상대적으로 작은 편이지만, 여타 산업에 영향을 미치는 각종 규제 등과 밀접하게 관련되어 있다는 점에서 그 파급력을 숫자로 계량하기가 쉽지 않다.

그런데 오랫동안 국내의 폐쇄적 환경에서 독자적으로 생존해 온 국내 법률서비스 시장이 한·미 FTA 및 한·EU FTA의 체결을 계기로 본격적인 시장개방의 파고를 맞고 있다. 법률서비스의 영역에서 외국인들에 대한 문턱이 낮아지거나 없어지고, 유럽·미국의 법률가들이 한국에서 활발히 활동하게 될 날이 멀지 않은 것이다. 이로 인해 국내 법률시장에서 활동하던 기존 법조인들의 위기의식이 어느 때보다 고조되고 있고, 새로운 생존전략 모색에 대한 절박감도 커지고 있다.


## 외국에서의 법률서비스 시장개방 사례

이러한 변화의 시대에 한국의 법률가, 즉 터줏대감들의 대응방안은 무엇일까? 이에 대한 답은 의외로 간단하다. 바로 변화에 맞게 옷을 바꿔 입어야 한다는 것이다. 만약 그렇지 않으면 도태될 것이라는 점을 여러 외국의 사례가 반면교사로서 제시하고 있다.

특히 우리가 주목해야 할 사례로는 독일과 일본의 시장개방 사례이다. 결론부터 말하면, 독일과 일본의 경우는 법률시장 개방으로 인해 법률자문 부문에서만 약 70%를 해당 국가에 새로 진출한 외국계(특히, 영미계) 로펌에 잠식당하면서 토종 로펌들은 상당한 출혈을 겪을 수밖에 없었다.

이러한 결과가 나타나게 된 가장 큰 배경으로는 다소 엉뚱하게 보이지만, 다국적기업의 세계 경제 또는 세계 법률시장에 미치는 영향력이 그만큼 막강하다는 데 있다.

다국적기업이 성장할수록 역설적이게도 개별 국가의 힘은 약화되는 것이 하나의 인과관계로서 굳어지고 있다. 다국적기업에게 보다 많은 편의를 제공한다는 취지에서, 국제거래에서 사용되는 법규도 점차 통일되는 현상을 보이고 있다. 예를 들어, 국제물품매매계약에 관한 유엔협약(CISG)처럼 세계공통계약법이 도입되어 체약국들에게 영향력을 미치고 있고, 최근에는 아시아 통일매매법 도입이 논의되고 있는 등 법규의 통일화 현상이 뚜렷하다. 그리고 이러한 통일화 현상은 다국적기업의 힘이 세면 셀수록, 그리고 국제거래의 당사자가 많으면 많을수록 더욱 강해질 것이다.

세계의 경제관련 법규가 어느 나라의 법으로 통일되느냐는 여러 민족간 의사소통을 매개로 하는 언어와 밀접한 관련이 있다. 현재 국제거래에서 보편적으로 활용되는 언어는 거의 대부분이 영어이다. 예를 들어, 독일, 프랑스, 스페인, 핀란드 등에 본부를 둔 다국적기업도 미주, 아시아 등에 소재한 자회사와 의사소통을 하려면 영어를 사용해야 한다. 결국 다국적기업의 성장과 영어의 세계 언어화는 영미의 커먼로(common law)가 세계로 진출하는 데 결정적인 기여를 했다.

이로 인해 대륙법 체계하에 있으면서 영어 소통 인프라가 부족했던 독일과 일본의 경우 자문시장을 상당부분 잠식당할 수밖에 없었던 것이다. 그러나 이들 국가와 달리 영어가 모국어이고 영미 커먼로의 영향하에 있는 호주와 영어 인프라가 뛰어난 벨기에와 같은 국가는 개방의 물결에 잘 대처해서 그로 인한 피해가 없었거나 덜했다. 나아가 법률 시장의 양대 축이라 할 수 있는 송무/자문시장 모두 해당국의 로펌들이 주도하고 있다.

# 국내 법률서비스 산업의 생존전략

이상 살펴본 외국의 사례를 고려할 때, 우리가 고려해야 할 구체적인 생존전략은 다음과 같이 요약된다.

첫째, 외국로펌과 대등한 수준에서 협상하고, 공방할 수 있는 영어실력의 확보가 필요하다. 글로벌 법률시장에서 대한민국의 영향력을 넓히고, 새로운 성장동력을 확보하기 위해서는 법률지식뿐 아니라 언어구사력과 국제 감각을 가진 변호사들이 현재보다 더 많아져야 한다. 이러한 실력을 갖춘 법률가를 양성하기 위해서 홍콩이나 싱가포르의 경우처럼 법학학위 과정상의 평가시험이나 변호사시험을 일정부분 영어화하는 것을 고려할 필요가 있다. 그렇게 되면 영어 교과서를 쓰고, 강의도 영어로 진행될 것이기 때문에 법률영어에 대한 훈련이 자연스럽게 이루어지게 될 것이다. 이를 통해 토종 법률가들도 영미의 변호사와 대등한 위치에서 국제 거래나, 자문, 중재 등에서 경쟁할 수 있는 기반을 구축할 수 있을 것이다.

둘째, 로펌경영시스템의 선진화이다. 종래 우리의 로펌경영시스템은 합리적인 평가체계와는 다소 거리가 먼 점이 있었다. 그러나 인재에 대한 정확한 평가 및 보상이 없이는 경영효율성 제고는 요원한 일이고, 결국 우리 로펌들은 외국로펌과의 수평적인 경쟁에서 이겨낼 도리가 없을 것이다. 따라서 과학적이고 합리적인 분석방식을 통해 로펌의 경영방식을 선진화할 필요가 있다.

셋째, 공격적인 해외진출 전략이다. 대중문화계에서 불고 있는 한류가 중국, 일본, 동남아시아를 넘어 유럽과 남미로 뻗어나가고 있는 상황에서 우리 법률서비스산업도 해외로 적극적으로 진출할 필요가 있다. 이제 새로운 시대에 발맞추어 과거의 안락함을 버리고, 선구자, 개척자의 정신으로 세계의 넓은 시장으로 과감히 진출하여 우리 기업들뿐 아니라 해외기업들에게 서비스를 제공하는 자세를 견지해 나가야 할 것이다. 다시 말해 해외진출의 의지와 기상이 법조인들에게도 필요한 시대인 것이다.

# 북극해 진출,
# 새로운 블루오션

박정준

일리노이대 경제학부 졸업

## 북극해의 환경변화

온난화는 지구환경변화의 핵심 화두이다. 북극해도 지구온난화의 영향을 피해갈 수 없다. 향후 5년에서 10년 안에는 하절기에 북극항로가 열릴 것이며, 2050년 이후에는 연중 열릴 것으로 전망된다. 북극해의 환경변화는 크게 세 가지의 경제적 기회를 제공한다. 북극항로 이용, 에너지 및 수산자원 확보, 그리고 북극자원개발 관련산업의 창출이 그것이다.

북극해의 해빙은 우리나라의 북극항로 상용화 주도와 세계적 물류중심국가도약, 조선 및 해양플랜트 시장의 확대, 북극해 에너지 및 수산자원 확보 등에 기여하여 커다란 국부창출을 가능케 할 것이다. 북극해 진출을 위해 북극항로 확보방안 모색, 에너지 및 수산자원개발 지원체계 마련, 선박확보 재정지원 확대, 국내 항만 부가가치 인프라 구축 등을 추진해야 한다. 대한민국의 이익이 될 수 있도록 정부와 기업은 북극해 진출을 미리 준비해야 한다.

## 북극항로와 항만경쟁력의 변화

현재 동아시아에서 유럽으로 컨테이너를 이동하려면 수에즈항로를 통과하여 운송한다. 북극항로가 상용화되면 수에즈항로 대비 운항거리가 최대 40% 단축되며, 운항시간은 최대 10일 단축될 것이다. 컨테이너 화물운송비용을 25%나 줄일 수 있으며 탄소 배출량은 30% 감소시킬 수 있다. 2030년에는 아시아와 유럽간의 이동 컨테이너 물동량이 6배 이상 증가하여 수에즈운하의 적체현상이 심해질 것이며, 따라서 새로운 항로개척이 불가피하다. 새로운 항로의 개척에 따라 항만의 경쟁력도 변화한다. 거리 단축이란 측면에서 위도상 홍콩보다 북쪽에 위치한 항만의 경쟁력이 강화된다. 우리나라의 항만이 이에 속한다. 특히 부산항은 지정학적으로 동북아시아에 위치하여 최대 수혜지로 성장할 수 있는 잠재력을 지니고 있다. 북극항로상 부산항은 아시아~유럽 항로의 중심에 위치하고 있으며 동북아시아 항만 중 북극항로에 가장 접근해 있다. 부산항과 로테르담항간 수에즈운하 항로와 북극해 항로 운항시간을 비교해 보면 수에즈운하 통과시 2만 100km의 거리와 24일의 시간이 소요되는 것에 비해 북극항로 통과시에는 1만 2,700km의 거리와 14일의 시간이 소요됨으로써 각각 40%와 45%의 단축효과가 있다. 이에 비해 요코하마항과 로테르담항간, 상하이항과 로테르담항간의 거리단축률은 각각 35%와 23%에 불과하다.

## 새로운 자원과 산업의 창출

러시아는 자원부국이지만 최근에 기존 매장지 고갈로 북극지역에 대한 대규모 자원개발의 필요성을 갖고 있다. 그동안 러시아는 자원민족주의와 국내 에너지산업 통제정책을 펼쳐왔으나 새로운 광구개발이 미흡하여 외국기업의 참여를 확대하는 정책을 추진하고 있다.

북극해 및 주변 어장의 어획고는 3천 4백만 톤으로 전세계의 42%나 되는 수산자원이 풍부한 바다이다. 지구온난화에 따라 냉수성 어종이 차츰 북상할 것으로 예상되어 북극해는 세계 최대어장으로 떠오를 전망이다. 배타적 경제수역 조업은 유엔해양법협약(UNCLOS) 제62조에 의거 연안국과의 협력을 통하여 조업이 가능하지만, 공해 조업의 경우 UNCLOS 제87조에 의거 자유로운 조업이 보장됨으로써 북극해는 우리나라 수산업에 커다란 수익을 가져올 것이다.

북극지역 진출로 해양플랜트와 특수선박 조선산업을 더욱 발전시킬 수 있다. 극지에서 사용 가능한 특수선박과 해양플랜트를 개발함으로써 새로운 산업을 창출할 수 있다. 이를 위하여는 해저플랜트와 장비에 대한 새로운 기술개발이 이루어져야 한다.


## 북극해 진출에 대비

우선 국제협력을 강화해야 한다. 현재 정치 및 외교문제 등을 포괄하는 공동협력체계가 미비하다. 2009년 4월에는 북극이사회 임시 옵저버 지위를 획득하였으나 북극 영유권과 자원개발, 환경·과학연구에 대한 정보교환 및 접근에는 여전히 한계가 있다. 러시아가 외국국적 선박에 부과하는 통행료 해결과 국가간의 상호이익이 되는 에너지 및 수산업 협력이 필요하다. 북극이사회에 상시 참여해야 하고 자원개발과 항로공동권리를 요구하며 북극해 관련 국제적 논의 및 참여기회를 확대해야 한다. 또한 러시아 항만 연계를 추진해야 한다. 상당수의 러시아 항만시설이 미비하여 전략적 제휴를 맺어 공동개발에 착수하는 것이 필요하다. 러시아에서 항만, 조선 및 기자재 거점, 항만물류인프라 등을 공동개발한다면 커다란 이익을 볼 수 있다.

둘째, 북극해 진출을 위해 재정지원을 확대해야 한다. 특수선박은 건조비용이 높은 만큼 정부에서는 금융지원 제도를 마련해야 한다. 국내 항만인프라 구축에 재정지원을 확대해야 한다. 부산항은 새로운 물류시스템에 대비하여 항만부대사업이 조정, 보완되어야 한다. 특히 선박용품 유통센터 운영방안, 해운거래소 조기 설립, 선박관리업 범위 증진 등 부가가치 창출기반을 마련해야 한다. 북극항로의 출발항이 될 수 있는 만큼 전용 및 다목적 부두기능을 확보해야 하며 추가적인 항만수요에도 대처를 해야 한다.

북극해는 새로운 시장기회이다. 북극항로를 이용할 경우 우리나라 항만은 동아시아의 어느 항만보다 유럽과 가까워지고 저비용으로 화물을 운송할 수 있는 장점을 가진다. 북극항로의 개설은 국내항만이 동아시아의 중심항만으로 발전할 수 있는 기회를 제공한다. 또한 북극해의 에너지 및 수산자원개발에 참여하고 특수선박과 해양플랜트 산업을 확대할 수 있는 여건도 제공한다. 기회를 활용할 수 있도록 고비용 특수선박 건조 및 국내 항만시설 개발에 힘써야 한다. 나아가 북극해 관련 전문인력을 양성하고 북극해 연구를 강화해야 한다. 북극해 사업에 적극 참여할 수 있도록 외교적인 노력, 재정지원 등 정부의 지원이 필요하다. 정부와 기업은 북극해에서 보다 많은 국부창출이 가능하도록 다양한 분야에서 전략적으로 준비해야 한다.

# 성형의 나라 대한민국, 개성은 어디에

권지현

서강대 컴퓨터공학과 1년

## 성형 중독, 대한민국

우리나라는 몇 년 전부터 '성형 한류'가 불고 있을 만큼 전 세계에서 알아주는 성형의 왕국이 되었다. 이웃나라는 물론 세계 각지에서 실력 좋은 우리나라 성형외과의에게 성형수술을 받으러 원정까지 오고 있다고 한다. 이는 우리나라가 의료시장을 넓힐 수 있는 보다 좋은 기회로 작용할 수도 있지만, 반면에 세계인의 인식 속에 우리의 극심한 외모지상주의를 각인시키는 우려도 된다. 성형만능주의의 현주소에서 우리는 이런 의문을 제기할 수 있다. 사람의 됨됨이나 능력보다는 외모로 판단하고 상대하는 사회가 과연 선진국이 될 수 있을까?

언제부턴가 많은 연예인들이 당연하다는 듯 자신의 성형 사실을 밝혔다. 어떤 TV 프로그램에서는 6개월 동안 성형 수술을 20회 이상 받은 성형 중독녀가 소개되기도 했었다. 또한 대학교에 입학하는 새내기들의 절반 이상은 성형을 하는 추세다. 몇 년 전까지만 하더라도 성형은 부모님께 죄를 짓는 것이라는 인식이 조금이나마 있었지만 요즘은 오히려 자식의 성형을 제안하는 부모도 적지 않다.

## 성형의 무서운 부작용

지난 2004년 대한민국을 들썩이게 만든 '선풍기 아줌마' 사례는 많은 사람들의 인식 속에 성형에 대한 두려움을 심어주었다. 2004년 이후 지금까지도 '선풍기 아줌마'의 근황을 쉽게 찾아볼 수 있을 정도로 그녀는 개인의 상처를 넘어서 사회적 이슈가 되었다. '선풍기 아줌마' 사건은 성형 중독의 무시무시한 부작용을 세상에 알렸고 많은 사람들이 성형을 결심하기 전 다시 되돌아보게 되는 계기가 되었다.

사람들은 그 어떤 병보다도 부작용이 무서운 성형을 왜 하고자 하는 걸까? 얼마 전 어떤 프로그램에서 25세의 나이에 40세의 얼굴을 가진 노안녀의 성형 후 모습이 방송된 적이 있었다. 그녀가 성형 전, 노안녀로 소개되던 당시 친언니조차 그녀가 안타까워 눈물 흘리던 모습은 가히 충격적이었다. 성형을 허락받기 위해 부모님께 말씀드리며 속상해하던 그녀의 모습은 보는 사람조차 마음 아프게 만들었다. 그녀나 성형 부작용 '선풍기 아줌마'와 같이 외모로 인해 겪는 아픔으로 삶이 고통인 사람들을 정신적으로 치료해주고 자신감을 주기 위한 대책으로의 성형은 필요하다. 그들에게는 사람답게 살기 위한 기본적 권리와 행복 추구권이 있기 때문이다. 문제는 성형 자체가 잘못되었다는 것이 아니라 멀쩡한 사람들로 하여금 성형을 하도록 유도하는 사회적 분위기가 결국 외모지상주의의 부산물에 불과하다는 데 있다.

요즘 성형을 하지 않아도 충분히 예쁜 사람들조차 성형을 하는 경우를 쉽게 찾아볼 수 있다. 성형하지 않아도 예쁘고 잘생긴 사람들이 성형을 시작하게 되는 계기가 무엇일까? 우리는 TV광고, 전단지, 드라마, 영화, 뉴스, 일기

예보 등을 통해 흠 없이 예쁘고 잘생긴 연예인들이나 앵커, 캐스터 등을 매일 같이 접하며 산다. 이들을 통하여 많은 사람들이 성형 충동을 느끼고 성형 상담을 받는 것이 오히려 당연한 것이라고 여기게 된다.

## 선진국, 닮은 꼴의 성형미인보다는 개성미인이 사회활동 더 왕성해

미국에서 중학교를 2년 정도 다닌 적이 있는데 가장 기억에 남는 것 중 하나가 그곳의 TV광고들은 유명한 배우나 연예인을 모델로 쓰는 경우가 거의 없다는 점이다. 일기예보의 캐스터들은 주로 기상 전문가였고, 때문에 더욱 신뢰가 갔다. 특히 의류 브랜드들은 일반인의 몸매를 부각시켜 현실적인 광고를 하였다. 한국인 유학생 친구와 쇼핑을 나갔다가 의류 광고에 비현실적인 몸매의 모델들을 세우는 우리나라 브랜드들은 문제가 있다며 대화를 나눈 적이 있었다. 이는 상업적인 문제에만 국한된 것이 아니다. 홍보 전문가들에게는 CF 속 연예인들을 통해 일반인들의 허영심을 부추겨 상업적 이윤을 극대화시키는 것이 목적이 될 수도 있다. 하지만 그것은 그들의 근시안적인 생각일 뿐이다. 오히려 광고를 통해 현실적인 모습을 보여줌으로써 시청자나 소비자에게 친근하게 다가가는 것이 더 효과적이지 않을까? 그런데 우리나라는 너도나도 더 비싼 연예인을 섭외하여 브랜드 이미지 메이킹을 하기 바쁘다. 이러한 우리의 실태가 국민들의 무의식 속에 외모지상주의 말뚝을 박고 있는 것은 아닐까?

유학 시절 느꼈던 것 중 또 하나는 우리나라의 획일화된 미의 기준이다. 대한민국에서 흔히 말하는 미녀는 눈이 크고 쌍꺼풀이 짙고 코가 오똑하며 피부가 하얗고 계란형의 얼굴에 팔, 다리, 허리는 가늘고 가슴과 엉덩이는 볼륨감 있는 바비 인형 체형의 여자이다. 우리나라 대부분의 배우나 연예인들은 이 조건에 거의 다 해당되며 서로 비슷하게 생겼다. 하지만 외국의 배우들은 그렇지 않다. 각자의 개성과 매력이 있다. 그들 사이에서 공통된 미의 기준을 찾기란 여간 쉬운 일이 아니다. 마른 체형이면 가슴도 작았고 그럴 경우 콤플렉스가 되기는커녕 오히려 그것이 매력으로 어필한다. 모든 연예인들이 꿀 피부, 도자기 피부를 부러워하는 우리나라와는 달리 주근깨가 자신의 매력인 배우들도 있었다. 우리나라의 패셔니스타들은 모두 일관되게 삐쩍 마른 체형이지만 서양의 패셔니스타들의 몸매는 각기 다르다. 일반인 못지않게 통통한 스타도 있으며 오히려 깡마른 배우를 찾기가 더 힘들다.

## 개성과 다양성의 문화

아름다움을 추구하는 인간의 기본적 욕구는 잘못된 것이 아니다. 하지만 개개인의 각기 다른 특성과 개성에서 비롯된 아름다움을 느끼지 못하고 획일화된 미의 기준으로 아름다움을 평가하는 것은 잘못됐다. 개성이 없는 인형 같은 외모를 당연시하는 우리 사회의 전반적 분위기는 고쳐져야 한다. 외모지상주의를 극복하고 각자의 개성을 찾기 위해 사람들의 인식을 바꾸는 것은 아주 작은 것에서부터 비롯되어야 한다. 매일같이 접하는 광고에서 현실적인 모델로 설정하는 것부터 시작하여 기상 캐스터를 예쁜 아나운서가 아닌 기상 전문가로 대신하는 것 등으로 일상을 변화시켜야 한다. 이는 사람들의 외모에 대한 편견, 획일화된 미의 기준을 변화시킬 것이고 그 결과 외모지상주의의 폐해도 점차 줄어들 것이다. 선진국으로 나아가기 위한 첫 번째 한 걸음은 기술, 정치, 환경 등의 세계적인 것, 국가적인 것보다는 우리가 일상에서 느끼고 누구나 잘못되었다고 생각하는 평범하면서도 흔한 문제점을 개선하는 일이다.

# 한류 4.0, 세상의 중심에서 한국을 외치다

**구육오**

서울대 법학과 4년

## K-Pop에서 두뇌수출로

지구촌에 한류 열풍이 불고 있다. 한류라는 용어가 사람들에게 익숙해진 계기는 일본과 중국, 동남아시아 등지에 한국산 드라마와 예능 프로그램의 수출이 활발해져 마니아 층이 형성되기 시작한 즈음이라고 할 수 있다. 비슷한 시기에 서방 세계에서는 웰빙과 슬로우 푸드에 대한 관심이 고조되면서 비빔밥, 김치를 비롯한 나물 위주의 한국 밥상의 효용성에 대한 관심이 매우 높아졌다. 최근에는 화려한 군무를 주무기로 하고 세계 음악 시장의 트렌드에 맞춘 음악성을 겸비하면서 외국인에게는 익숙하지 않은 한국인 특유의 끈끈한 정을 바탕으로 한 팀워크까지 갖춘 아이돌 가수를 위주로 K-Pop이 세계 각지의 음악 시장으로 뻗어 나가고 있다. 한류 확산의 세 단계에서 볼 수 있듯 현재까지의 한류 열풍은 방송 콘텐츠, 음식, 음악이라는 문화 산업을 중심으로 이루어지고 있다. 이제 세계 여러 나라들과 다자간 또는 양자간 통상협정의 체결로 인한 진정한 개방과 교류의 시대라는 새로운 국면을 맞아, 한국 사회의 고질적 문제가 되어버린 청년 취업난의 대안이 될 수도 있는 새로운 형태의 한류를 제시하고자 한다.

## 두뇌, 세계시장 진출의 가능성

사실 한국의 인력 수출의 역사는 그리 유쾌한 느낌을 주지만은 않는다. 1960~70년대 독일로 진출한 광부, 간호사 분들의 노고가 한국 경제 발전에 큰 도움이 된 것은 사실이지만, 3D 업종의 인력난이 심각했던 독일로 일자리가 없는 한국 사람들이 '팔려간' 느낌은 지울 수 없기 때문이다. 그 이후에도 일자리를 찾아 미국을 비롯한 세계 각지에 진출한 소위 '이민 1세대'들은 온갖 편견과 수모를 겪어야만 했다. 이처럼 얼마 전까지만 해도 한국을 떠나 외국에서 일을 한다는 것은 맨 땅에 헤딩하는 무모한 도전의 느낌이었다.

그러나 지금은 상황이 많이 바뀌었다. 한국이라는 국가 브랜드 가치가 이전과는 비교가 되지 않게 높아져 세계 어디를 가더라도 한국을 처음 듣는 나라라고 하는 사람은 거의 없다. 단순히 모르지 않는 것에 그치지 않는다. 스포츠, 음악, 경제, 국제기구 등 다방면에 걸쳐 범지구적인 구인의 스코프가 한국이라는 나라를 확실하게 겨냥하고 있다.

국가 브랜드 가치가 높아진 사실과 더불어 세계로 진출하는데 도움이 되는 각종 정보가 축적되고 있는 점도 한국인들이 세계 무대로 진출하기 위한 좋은 여건이다. 지구촌의 스타가 된 박지성, 김연아, 반기문 등 유명 인사뿐만 아니라, 세계 각지에는 이미 수많은 한국인들이 나름의 특장을 발휘하면서 세계 무대를 활보하고 있다. 이들이 제시하는 성공비결의 공통점은 다음과 같다.

## 한국인 본연의 개성(Originality)을 원한다

비빔밥, K-Pop 등의 성공적인 한류 콘텐츠는 세계 무대에 소개된 적 없는 한국인만의 독특한 색깔이 담겨 있어 세계인들의 이목을 사로잡는 데 성공한 케이스라고 평가할 수 있다. 문화 콘텐츠뿐만 아니라 사람의 개성도 마찬가지이다. 현재 세계 모든 업종에서는 Originality를 갖춘 인력 찾기 전쟁을 벌이고 있다고 해도 과언이 아니다. 상대적으로 세계 무대에 덜 알려진 한국인들만의 매력이 세계 무대에 굉장히 매력적으로 다가갈 수 있는 포인트가 바로 여기에 있다.

> # HYE PARK. 본명은 박혜림으로 동양계 모델 최초로 명품 브랜드 Balmain의 패션쇼 무대에 오른 것을 시작으로 샤넬, 프라다 등 유명 브랜드의 최초 동양인 모델로 선정되기도 한 톱클래스 모델이다. 한 때 외모 콤플렉스 때문에 성형을 심각하게 고민했다던 그녀는 자신의 외모가 동양적인 매력을 표현하는 데 적합하다는 사실을 깨닫고 이를 어필하는 데 성공한 케이스이다.

## 한국인 특유의 성실성과 근성은 세계 어디에 내놔도 찬사를 받는다

박지성 선수가 세계 최고의 축구 클럽 중 하나인 맨체스터 유나이티드에서 살아남을 수 있는 비결은 남들보다 한 발짝 더 뛰는 데 있다고 인터뷰에서 밝힌 적 있다. 이처럼 한국인들 특유의 근성과 성실성은 어떠한 직종이든 프로페셔널이라면 갖추어야 할 기본적 덕목으로 여겨지기 때문에 높이 평가받고 있다.

> # 인터넷 조선일보 2012.01.02 사회 면에 소개된 이희원 씨는 독일 최대 은행인 도이치방크 홍콩 지사에서 증권 트레이딩 파트를 담당하고 있다. 이 씨는 소위 말하는 '토종' 인력으로 홍콩 지사에 일하는 열댓 명

의 한국인 중 유일하게 외국 유학 경험이 없는 국내파이다. 이 씨는 자신의 성공 비결을 "한국인 특유의 끈기와 노력으로 모자란 실력을 채워나가고 동료와 협동하면서 자리를 잡아가고 있다"며 "한국인 특유의 끈기와 친화력, 근성이 높은 평가를 받는다"고 평가했다.

### 한국 시장과 세계 시장을 연결하는 '미들맨' 역할의 중요성

대니얼 앨트먼은 '10년 후의 미래'에서 경제 통합의 승자는 '미들맨'이라고 언급하였다. 현재 한국에서 '중개인'은 부정적 이미지를 갖고 있다. 그러나 세계 경제가 통합되고 있는 추세에서 서로 다른 문화권을 오가며 연결고리의 역할을 하는 이들을 일컫는 '미들맨'은 글로벌 경제사회에서는 아주 중요한 역할을 할 것으로 기대된다. 내수 시장에서는 불필요한 중간 유통 과정을 생략할수록 효율성이 제고되지만, 문화권이 전혀 다른 두 개 혹은 여러 국가가 연결되기 위해서는 모종의 통로가 필요하기 때문이다.


# 세상의 중심에서 한국을 외치다

한국산 두뇌가 어떠한 분야로 진출할지는 크게 세 개의 방향으로 나누어 볼 수 있다. 이미 선배들이 발판을 닦아 놓은 다국적기업으로 진출하는 방향, 아직까지 한국인의 손길이 미치지 않은 미개척 분야로 정면돌파하는 방향, 나머지 하나는 계속해서 늘어나고 있는 국제기구에 직접적인 참여를 확대하는 방향이다. 첫 두 가지 방향의 경우, 자신도 모르는 사이 민간 사절단의 역할을 하게 된다. 국제기구로 인력 수출을 계속해서 늘려가는 방향은 글로벌 사회에서의 영향력을 직접적으로 높여 나가는 길이 된다. 이는 기존의 한류가 단순

문화 수출을 통한 이익 창출에 치중하는 것이었음에 반해, 인재의 한류 열풍은 인적 교류를 통하여 발생하는 상호 이해를 바탕으로 궁극적으로는 지구촌 사회에서 한국의 영향력을 높일 수 있는 한 차원 높은 수준의 것이 될 것이다. 이를 위한 정책을 다음과 같이 제안해 본다.

## 민간 차원에서의 멘토링 프로그램

현재 대다수 두뇌의 해외진출은 각종 동아리 활동이나 대학 차원에서 국제 경력 개발원과 연계하여 해외 연수나 유학 등에 포커스가 맞춰진 멘토링 프로그램에 의존하고 있지만 체계적이지 못하다. 각 대학이나 대기업 경제연구기관, 중소기업 진흥공단 등을 서로 연계하여 고급 두뇌의 해외 진출에 도움이 되는 프로그램을 적극 개발하여 활성화해야 한다. 또한 해외 인턴과 관련된 프로그램도 더욱 보강해 나가야 한다.

## 정부 차원의 지원

현재 외교부에서는 국제기구 진출을 위한 온라인 멘토링을 실시하고 있는데, 이 프로그램에는 UN 각 부처별 담당관, UNICEF 담당관 등 현재 국제기구에 근무 중인 한국인 직원들이 멘토로 참가한다. 이들 제도를 지속적이고 체계적인 구조로 활성화할 필요가 있다.

# 20대의 눈에 비친
# 청년실업과 소통부재의 문제

| 홍윤우

부산대 경영학과 2년

 

요즘 개그콘서트의 '사마귀 유치원'이라는 코너가 세간의 화제다. 이 프로그램은 개그맨들이 순서대로 등장해 현 사회의 비리, 외모지상주의, 청소년 비행 등 사회 전반의 문제점에 대해 재미있게 풍자하는 코너다. 대표적인 예를 들자면 이런 것이다.

> "아늑하고 예쁜 집에서 사는 방법은 그리 어렵지 않아요. 요즘 전셋값이 2억 3천만 원 정도 하는데 이 정도 돈은 월급 200만 원씩 받고 10년 동안 숨만 쉬고 모으면 되요~"

개그의 내용이 굉장히 공감되면서도 웃음을 자아낸다. 하지만 마냥 웃음만 나오는 것은 아니다. 어딘가 모르게 가슴 한쪽이 씁쓸하다. 사회 풍자적 코미디가 우리 사회의 문제를 그대로 보여주기 때문이다.

## 청년실업과 대학진학률

우리 사회에는 많은 문제가 산적되어 있다. 그 중에서도 핵심 문제는 청년실업문제와 사회 구성원간의 소통 부재의 문제다. 먼저 청년실업 문제에 대해 살펴보자. 청년실업률은 해마다 증가하는 추세인데 반해, 2012년에는 500대 대기업에서 신규 채용자수를 전년도 대비 감축하기로 했다고 한다. 청년실업 문제의 핵심에는 높은 대학진학률과 대학을 보는 학생들의 잘못된 시각이 도사리고 있다. 통계청 자료에 의하면 2011년의 대학진학률은 72.5%이다. 무려 10명 중 7명이 대학을 간다는 뜻이다. 이렇듯 대다수의 사람들이 대학을 졸업했기 때문에 직업을 보는 눈이 높아지기 마련이고 대학진학을 포기함으로써 얻을 수 있는 기회들을 놓치게 된다. 또 대학에 입학하는 학생들의 잘못된 인식도 큰 문제이다. 대학은 자신이 관심을 가지고 있는 전공분야를 골라 그에 관련된 '크고 깊은 학문(대학)'을 하는 곳이어야 하는데, 요즘 대다수 학생들에게 대학은 취업을 하기 위한 관문쯤으로 보인다. 즉, 대학이 고등교육기관이 아닌 고등취업기관으로 변질되었다는 말이다. 학생들은 자신의 전공에 상관없이 회사나 공무원취업에 필요한 과정만에 몰두하고, 전공을 통해 얻을 수 있는 많은 기회들을 스스로 잃어버리게 된다.


## 소통의 부재와 국민의식 수준

우리 사회의 또 다른 큰 문제는 구성원간의 소통의 부재이다. 최근 4~5년 동안 뉴스를 보면 각종 시위나 데모와 관련된 소식이 유난히 많았다. 이는 바로 우리 사회에 소통이라는 것이 없기 때문에 일어난 현상이다. 지도층에서는 국민들의 의견에 귀를 기울이기보다는 국민의 소리를 묵살하며 자신들의 각종 비리를 감추기에만 급급했다. 소통의 부재는 비단 지도층의 문제만이 아니라 국민에게도 문제가 있었다고 생각한다. 지도층과의 소통을 위한 방식에는 다양한 방법이 있지만 우리나라 사람들은 자신들의 이익이나 권리를 침해당하는 일이 있을 때는 거리에서 시위를 하거나 데모를 하는 등의 과격한 방식에 젖어있다. 미국의 35대 대통령인 J. F. 케네디는 '국가가 나에게 무엇을 할 수 있는지를 묻지 말고 내가 국가를 위해 무엇을 할 수 있는지를 물어야 한다.'는 명언을 남겼다. 이는 국민들이 자신의 이익에 반한다고 무조건적으로 불평하고 반대할 것이 아니라 국가의 발전을 위해 자신이 지금 무엇을 해야 하는지도 깊이 생각해 보라는 뜻이다. 이는 또한 국민들이 지도층과의 소통을 위해 좀 더 성숙한 자세를 가지기를 요구하는 말이기도 하다.

## 대학의 숫자는 줄이고 직업교육전문학교는 확대와 지원이 필요해

그렇다면 이러한 청년실업문제와 소통부재의 문제를 해결하기 위해 정부와 국민, 특히 20대인 우리 대학생들이 해야 할 일은 무엇일까? 우선 청년실업문제의 원인과 관련해서 대학의 숫자를 크게 줄일 필요가 있다고 본다. 최근 각종 신문기사를 통해서도 문제가 제기되고 있듯이 우리나라는 대학의 숫자가 너무 많다. 이 문제를 해결하기 위해 정부가 적극 나서야 한다. 또 대학이 취업의 관문으로 여겨지는 사회 풍조를 없애기 위해서는 현재 시행되고 있는 직업교육전문학교 등을 확대하고 이에 대한 정부의 적극 지원이 필요하다. 시간이 지나면서 굳이 대학을 가지 않아도 사회에서 성공한 경우가 많아진다면 점차 '누구나' 대학을 가는 풍조는 없어지고 대학이 비대해지는 것을 막을 수 있을 것이다. 이와 더불어 절실하게 필요한 것이 대학생들의 주체적인 인식변화이다. 대학을 '취업사관학교'로 생각하는 것이 아니라 자신의 이상을 실현하며 좋아하는 분야에 대한 좀 더 심화된 학습을 통해 자신을 갈고 닦는 곳으로 생각해야 한다. 대학생들은 인생에서 가장 활동성이 강한 푸른 20대이다. 이제 갓 사회의 문턱에 들어선 20대의 파릇한 대학생들에게는 '취직, 취업, 공부, 학벌' 이런 냉소적인 생각보다는 '꿈, 이상, 주체적인 태도'와 같은 생각들이 훨씬 더 20대로서 어울리는 것들이 아닐까?

## 소통의 부재는 지도층만의 문제가 아니다

소통부재의 문제와 관련해서 지도층에서는 국민들과의 개방적인 소통을 위해 SNS, 신문, 라디오 등 각종 매체를 잘 활용함과 동시에 소통이 없이는 어떠한 문제도 해결할 수 없다는 '소통 우선' 의식을 가질 필요가 있다. 국민들은 지도층을 무조건적으로 불신하기보다는 지도층과의 소통을 통해 자신의 문제, 나아가 우리 사회의 문제를 해결하는 데 더 힘써야 할 것이다. 국민들이 지도층과 소통을 하는 데 있어서 가장 필요한 매체가 요즘 활발히 이용되고 있는 SNS라고 생각한다. SNS는 최근에 치러진 선거에서 그 힘이 증명되고 있는데 특히 대학생들의 활발한 SNS 참여는 더욱더 필요하다고 생각한다. 대학생들이 SNS에 적극적으로 참여함으로써 대중의 의식과 태도의 변화를 이끌어내고 우리 사회의 소통의 흐름을 만들어 나간다면 사회의 여러 가지 문제를 해결하는 데 있어 큰 역할이 될 것이다.

# 대학생들의 주체성 확립이 답이다

우리나라는 지난 60년간 엄청난 경제성장을 이룩했지만 경제 외적인 부분과 관련해서는 많은 문제들을 안고 있다. 그 중에서도 대학생들과 밀접하게 관련된 것이 청년실업문제와 사회구성원 간의 소통의 부재문제이다. 대학생들이 이러한 문제를 해결하는 데 일조하기 위해서는 주체성이 가장 필요하다. 대학생들은 현실에 대해 올바르게 인식하되, 자신의 미래와 꿈·사회변화에 대한 분명한 목표의식을 가지고 현실을 점차 변화시켜 나갈 수 있는 주체적인 태도를 가져야 한다. 현실은 긍정적인 부분보다는 부정적인 면이 많기 마련이다. 하지만 대학생으로서 올바른 태도는 현실의 부정적인 면에 솔깃하기보다 좀 더 진취적인 자세를 가지고 부정적인 면을 긍정적인 쪽으로 변화시키고자 하는 노력이 필요하다. 이렇듯 대학생들이 주체성을 가질 때 학교가 변화하고 지역이 변화하며 나아가 국가가 변화할 수 있다.

# 17살 학생이 기대하는 대한민국 교육

최수인

숭의여고 2년

초등학교 6년, 중학교 3년 그리고 현재 고등학교 생활을 하면서 우리나라의 현실에 대해 회의를 느낀다. 요즘 대한민국의 내부 상황은 청렴해야만 하는 고위 공직자들의 비리와 유명인들의 탈세 등 눈살을 찌푸리게 하는 사건·사고들로 가득하다. 어른들은 무시할지도 모르지만, 요즘은 초등학교 4학년생이라도 세상 돌아가는 이치를 다 알 뿐만 아니라 누가 정치를 어떻게 하고 교육제도가 어떠한지를 웬만한 어른 못지않게 생각하고, 알고 있다. 세상이 점점 커지면 커질수록 어린이들의 시선도 더 커진다. 어른들은 알아야 한다. 대한민국의 미래는 이제 이들의 시선에 보이는 대로 성장하거나 쇠퇴할 것이라는 사실을! 17살 학생의 눈에 비친 우리나라의 가장 큰 문제점은 '교육'에 있다. 우리들의 시간은 입시경쟁이 아닌 입시전쟁으로 1950년 6·25전쟁 때 얼어붙었던 한반도처럼 꽁꽁 얼어붙어 있다.

# 공교육에 대한 믿음 회복이 필요할 때

우리가 직면한 교육문제 중에 그나마 가장 활발하게 논의되고 있는 부분은 사교육 대책이다. 국가는 사교육비를 줄이려고 온갖 애를 쓰고 있다. 사교육 대책으로 '방과후학교' 개선, 외국어고 입시 개선, 과학고 입시 개선 등에 노력을 기울이고 있는 것처럼 보인다. 그러나 '사교육 대책'에서 눈을 돌려, '무너진 공교육'에 대해 먼저 짚고 넘어가야 할 필요가 있다. 우리나라는 OECD 국가 중 공교육비 민간부담률이 2.9%로 가장 높고, 이는 OECD 국가 평균 0.8%보다 약 3.5배 많은 수치이다. 우리나라는 사교육비뿐만 아니라 공교육비까지 OECD 국가 중 최대이다.

점점 추락하는 교권, 대학 입시를 위한 학원이라는 타이틀로 변해버린 학교, 공교육비 최대 등 무너지는 공교육에 대한 신뢰를 잃고 사교육을 찾는 많은 학부모와 학생들…. 과연 사교육을 억압하는 정책을 펼친다고 해서 무너진 공교육이 다시 일어설 수 있을까? 나는 고등학교 입학 후 수학 수업시간에 선생님께서 "이거 학원에서 다들 배웠지?"라는 말을 들으면서 우리나라의 공교육이 무너지고 있다는 말이 사실이라는 것을 깨달았다. 많은 사람들이 사교육에 의존하는 이유가 무엇일까? '만족도'의 문제인 것 같다. 공교육만으로 따라잡을 수 없는 어려운 학교시험 문제, 수능 등이 학부모와 학생들을 공교육만으로 만족할 수 없게 만들었다. 공교육을 살리기 위해 무턱대고 사교육을 억압만 한다면 학생이나 학부모들의 불만은 더 늘어날 것이며, 어떤 다른 방식을 써서라도 사교육을 받으려고 할 것이다. 현재 우리나라의 상황에서는 사교육과 공교육을 완전히 따로 분리시켜 생각할 수는 없는 실정이다.

# 대학 입시만을 위한 학교?

학교에서는 우리에게 무엇을 가르치려 하는가? 단순히 대학입시를 위해 존재하는가? 우리들은 대학입시만을 위해 존재하는 학교를 원하지 않는다. 체육시간에 운동경기도 하고 경기방법을 배우며 30년 후에 내 아들딸에게 농구 경기장에서 규칙을 설명해 줄 수도 있고, 음악시간에 노래도 부르고 음악사를 공부하여 나중에 데이트할 때 예술의전당에서 멋지게 남자 친구한테 설명해 줄 수 있는 교육을 원한다. 그러나 현재 우리나라 교육은 국·영·수 외의 과목은 필요 없는 과목으로 취급한다. 우리나라의 교육은 미래의 '멋진 생활'을 허락하지 않는다. 국어·수학·영어만 잘하는 사람이 과연 세상이 원하는 인물일까? 이렇게 우리나라의 교육은 대학입시에 목을 맨다. 학교는 과도한 경쟁으로 배움터가 아닌 전쟁터로, 반 친구들은 모두 적군이 되어 대학이라는 목표 하나에만 치중하고 있다.

이제 대학입시에 주력한 교육을 버려야 할 때다. 개인의 재능을 인정해 주고, 키워주는 교육을 펼쳐야 할 때다. 지금 많은 학생들에게는 꿈이 없다. 입시 위주의 공부로 진정한 자신의 꿈과 자아를 찾지 못했다. 때문에 입시 위주의 교육제도는 폐지되어야 하며 대신에 우리나라의 교육원칙은 '경쟁'에서 '협동'으로, '나만 살자'에서 '나도 살고 너도 살고 우리 모두 살자'라는 방향으로 전환되어야 한다. 또한 학교의 진정한 의미에 대해 생각해 보고 대학이라는 꼬리표에 대한 인식변화가 있어야 한다.

# 한국인이 한국사를 모르면 어떡해?

또 하나 문제가 되고 있는 것은 바로 국사교육이다. 사실 미술·체육 등 예체능 과목이 아닌 우리나라의 역사까지도 편식 대상이라는 점이 참 아이러 니하다. 중학교 3학년 때 국사를 주 2시간 배운 이후 지금껏 배운 적이 없다. 사실 부끄럽지만 몇 가지 역사적 사실을 제외하고 내 머릿속은 백지상태이다. 여름방학 이후 이건 아니다 싶어서 한국사 교과서를 서점에서 구입하여 학교 0교시 자습시간에 읽은 적이 있다. 그때마다 친구들은 "너 서울대 가려고?" 하 며 물어보았다. 화가 났다. 수학만, 영어만 공부할 게 아니라 우리나라 역사에 대해서 배워야 하는 게 아닌가? 부끄럽게도 OECD 국가 중 유일하게 우리나 라만 역사가 필수과목에서 제외되어 있다고 한다. 또한 OECD 국가 중 가장 낮은 수치의 역사수업 비율을 차지하고 있다고 한다.

주변 나라들이 우리나라 역사를 왜곡하는 일이 빈번히 일어나고 있다. 일 본과 중국의 잇따른 역사 왜곡에 대해 우리나라는 한발 늦게 대책을 마련하고 또 뒤늦게 저항한다. 우리나라 국민 모두가 우리 역사에 대해 관심을 갖고 교 육을 받았다면 과연 중국과 일본의 역사 왜곡에 뒤늦게 반응했을까? 중국과 일본은 역사교육이 필수이며, 수업비율도 우리나라의 2배 가까이 된다고 한 다. 우리가 우리의 역사를 알아야 지킬 수 있고 그들의 거짓됨에 반박하며 목 소리를 높일 수 있다. 남을 알고 나를 알면 백번을 싸워도 백번을 이긴다고 했 거늘, '나'를 모르는데 어떻게 다른 사람을 이길 수 있을까? 다행히도 2012년 부터 국사과목을 필수로 지정한다고 한다. 늦은 감이 있긴 하지만 지금이라도 심각성을 알게 된 것이 다행이라고 생각된다. 그러나 무엇보다도 중요한 것은 한국 역사에 대한 사람들의 인식의 문제이다. 특정 '서울대지망생'만 배우는 국사가 아니라 우리 모두가 알고 배우고 지켜나가야 할 유산이라고 생각하는 인식이 필요하다.

## 교육제도를 실질적으로 바꿔나가야

얼마 전에 인터넷으로 '나라별 시험 망쳤을 때 반응'이라는 이미지를 보았다. 아시아계 학생들이 98점 시험지를 들고 시험을 망침과 더불어 인생도 망쳤다고 생각하는 이미지를 보고 씁쓸했다. 사실이기 때문이다. 이 글을 쓰기 전에 많은 기사를 보고 책도 읽었다. 교육제도에 대한 불만과 대책을 이야기한 많은 글들을 하나씩 읽어 보니, 모두가 바로잡아야 할 점을 알고 있고 같은 생각을 하고 같은 어려움을 겪고 있다는 생각이 들었다. 그러함에도 '개선이 요구되는 문제점들이 도대체 왜 현실에선 받아들여지지 않을까?'라는 의문이 들었다. 결론은 하나이다. 이제 정치인과 교육자들이 먼저 생각을 바꾸고 교육제도를 변화시켜 나가야 한다. 지금부터라도 늦지 않았다. 조금씩이라도 생각을 바꾸고 교육제도를 바꾸어 나간다면 10년 후, 20년 후에는 변화된 우리나라를 기대해 봐도 좋지 않을까?

# 포퓰리즘을 경험한 어느 대학생의 시장경제 이야기

## 김남수

한국항공대 경영학과 4년

## 조별 과제 수행의 문제점

대학생들이라면 한번쯤 조별과제를 수행해본 적이 있을 것이다. 우리 학교에서도 이번 학기 강의에서 조별과제를 수행했다. 그런데 이상하게도 매번 조별과제를 통해 완성도 있거나 만족할 만한 결과물을 얻지 못했다. 시장경제의 원리를 소개하는 강좌를 통해 배운 것들을 토대로 왜 조별과제에서는 만족할 만한 결과물을 만들기 힘든가에 대해 생각해 보았다. 오늘날 우리 사회는 고령화가 빠르게 진행되는 가운데 한편에선 무상급식을 비롯한 각종 대중 인기영합적인 정책들이 복지를 표방하면서 범람하고 있다. 포퓰리즘으로 인한 사회적 폐해를 나는 강의실에서도 경험하고 있다. 조별과제가 진행되는 모습을 보면 사회주의경제의 모습과 매우 흡사하기 때문이다. 친구들끼리 '조별과제는 공산주의가 왜 망했는지를 보여주는 좋은 사례다'라는 말을 종종 하곤 한다. 여러 구성원이 정보를 공유하고 협동하여 좀 더 완성도 있는 결과물을 만들어 내는 것이 조별과제의 목적일 것이다. 하지만 서너 명씩의 학생들이 조를 이루어 과제를 하다 보면 개개인의 관여도에 따라 무임승차를 하는 학생들이 자연스럽게 생겨난다.

## 무임승차를 허용하는 성과배분이 과연 공정한가?

왜 무임승차가 발생할까? 여러 가지 이유가 있지만 그 중 하나는 인센티브가 없기 때문이다. 참여와 기여도가 아닌 최종 결과물로 모두 같은 평가를 받기 때문에 학생들에게 동기부여가 되지 않는 것이다. "나 말고 다른 사람이 하겠지"라는 생각을 가지고 책임감이 약해지는 것도 또 다른 이유이다. 조별과제는 사회주의경제에서 말하는 '공정한 생산과 분배'가 이루어지지 못한 것과 같다. 학생(노동자)-교수(정부) 모두 만족할 만한 성과를 올리지 못하는 것이다. 반면 개인과제의 경우는 철저하게 시장경제원리에서 말하는 경쟁의 원리에 입각하여 과제가 수행된다. 교수님의 규제나 개입이 없기 때문에 개개인이 발휘할 수 있는 역량을 발휘하여 좋은 점수를 받기 위해 경쟁하게 된다. 조별과제 출제자의 의도는 말 그대로 출제자가 원하는 결과일 뿐이다. 공정한 분배는 가능할지 모르지만 분배할 결과물을 만드는 생산과정은 결코 공정하지 않다. 그렇다면 이러한 문제를 해결하고 가장 효율적인 과정과 결과를 얻어 낼 수 있는 방법은 무엇일까?

# 경쟁이 효율이다

바로 '경쟁'과 '효율적인 제도'의 도입이다. 우선 '경쟁'이라는 측면에서 보면 조별과제 자체를 개별과제로 대체하거나 과제의 수행에 대한 기여도를 학생 상호간에 평가하게 하여 점수에 반영하는 방법 등이 고려될 수 있다. 개인마다 성과의 인센티브를 제공하여 경쟁을 하도록 만드는 것이다. 경쟁이 사회의 발전과 편익에 있어 필수적인 요소라는 것은 무수히 많은 사례들을 통해 검증되었다. 대한민국이 한국전쟁 이후 전 세계가 놀랄만한 급속한 경제성장을 이룬 것부터 우리가 싼 값에 학생식당을 이용할 수 있는 것도 모두 경쟁 덕분이다.

또 경제적 효율성을 높이기 위해서는 효율적인 제도가 필요하다. 경제학자 노스(D. North)는 서구가 경제성장에 성공한 이유는 바로 최초로 효율적 시장경제제도 창출에 성공했기 때문이라고 하였다. 효율적인 제도란 자원(물적, 인적)이 생산적으로 사용될 수 있도록 하는 제도이다. 베네치아의 예를 들면, 베네치아는 법의 엄정한 공정성, 엄밀한 재산권의 보호, 신용 있는 국제통화 등을 기반으로 '콜레간차'라는 효율적인 제도를 만들었기 때문에 16세기 최고의 황금기를 누릴 수 있었다.

# 경쟁과 인센티브가 성장 동력이다

제도란 개인의 경제활동의 기회와 유인체계를 결정하는 게임법칙이라고 볼 수 있다. 그렇다면 어떻게 효율적인 제도를 창출할 수 있을까? 과거 개개인에게 인센티브의 법칙을 적용하여 정확한 측정법을 만들 수 있었듯이, 개인적으로 이익이 되는 행위가 사회적으로도 이익이 되도록 사회적 유인체제(social incentive structure)를 조직함으로써 창출할 수 있다. 유념해야 할 부분은 기득권층에게만 효율적인 제도나 경쟁을 할 수 있도록 하는 것은 자유시장경제의 원칙에 맞지 않는다. 이 대목에서 정부의 역할이 필요하다. 모든 사람들에게 '기회의 평등'을 주고, 누구에게나 적용될 수 있는 제도를 창출하여 공정한 경쟁이 이루어질 수 있게 하는 것이 정부의 역할이다. 그렇다고 '기회의 평등'을 넘어서 '결과의 평등'을 제공한다거나 규제를 강화하자는 것은 아니다. 자칫 인센티브를 사라지게 할 수 있기 때문에 정부는 주어진 최소한의 역할만을 수행하여야 한다.

대학의 조별과제에서 경험하듯이 사회의 구성원들마다 자신의 이익을 위해 개인의 역량을 충분하게 발휘할 수 있도록 '경쟁'과 '인센티브'가 주어지고, 거기에 규제가 아닌 공정한 경쟁을 할 수 있도록 효율적인 제도를 확립할 수 있다면 효과적으로 경제적 성과를 창출할 수 있지 않을까? 국가적으로 제공되는 복지 역시 경제주체들이 창출한 사회적 부를 사회빈곤층에게 베풀어 주면서도 사회적으로 파이를 더욱 키울 수 있도록 인센티브를 동시에 향유할 수 있는 범위로 한정되어야 할 것이다. 선거철마다 일단 베풀고 보자는 정치권의 포퓰리즘을 보면 조별과제의 폐해가 먼저 떠오른다.

# 04

따뜻한 사회를 위한 디자인

# 도심 속 갤러리를 꿈꾸며

허정

건축 디자이너

## 공해 수준의 도시 조형물

　서울도심 속 길거리를 걷다 보면, 빌딩마다 늘어선 수많은 조형물과 마주하게 된다. 오래전에 제정된 건축 관련 도시미관법규에 따라 건축비용의 일정비율을 조형물에 투입해야 한다는 규정 덕분이다. 삶의 질이 높아짐에 따라 문화·예술적인 측면에 대한 배려와 공공디자인에 대한 관심을 가진 점은 지극히 당연하고 바람직하다 할 수 있다.

　하지만, 거리마다 특색 없는 동어반복적인 조형물의 난립은 오히려 도시미관을 해치는 요소로 지적되고 있다. 어느 공공디자인 전문가가 지적했듯이 현재의 서울거리 모습에서 미관을 개선하는 길은 기존에 설치된 조형물들을 전부 없애는 것이 가장 효과적이라 할 수 있을 정도로 그 시각적 공해수준이 심각하다. 수준 이하의 조형물과 일부 특정된 작가에 집중된 작품으로 인해 당초의 목적인 갤러리를 벗어난 다양한 작품들의 감상기회와 공공디자인 요소로서의 역할 어느 것도 제대로 수행하지 못하고 있다. 뿐만 아니라, 조형물시장이 건축시장의 규모에 따라 커지면서 조형물만을 목적으로 하는 전문작가가 난립하여, 거리의 성격을 파악하고 도시미관 전체를 고민하는 과정보다는 일회성으로 조형물을 수주하는 데에만 치중하다 보니 결국 그 결과물에 대한 작품성의 조악함과 부조화에 대한 불편함은 고스란히 시민의 몫으로 남겨지게 되었다.

## 조형물의 난립으로 인한 피해

작품이라는 특수성 때문에, 선정된 작품의 제작과정이나 기법, 표현방식에 대한 검수나 관리도 매우 애매한 상황이다. 인천국제공항 개항 5주년을 기념하기 위해 인천공항공사에서 발주한 공항 진입도로 조형물을 예로 들자면, 제작과정에서 형태가 일부 변형되고 마감방법도 구체적 계획 없이 진행되어 완성이 된 이후에야 그 조악함이 드러났다. 관련부서는 완료 전까지 조형작품에 대한 전문성이나 이해도가 부족하여 적극적으로 보완지시를 하지 못했던 것이다. 물론, 행정담당자가 조형물의 특수분야까지 알고 있기는 힘들지만, 일반 시민뿐만 아니라 우리나라를 방문하는 모든 외국인들이 감상하는 관문에 위치한 조형물이라는 점을 감안하면, 비전문적일 수밖에 없었다는 상황만으로 넘어가기에는 아쉬운 면이 없지 않다. 30억 원이라는 고비용이 투자된 디리 호된 여론의 질타를 받으면서도 쉽사리 철거를 못하는 점, 또한 조형물 설치의 중요성을 반증한다.

조형물은 단순히 조각작품을 넘어 도시와 거리의 성격을 표현할 뿐 아니라 그 나라의 미적 수준을 가늠케 한다. 따라서 건축물이 단순히 거주의 기능만을 하는 것이 아니라 도시의 환경요소로서 중요한 영향을 미치듯 조형물 또한 그 도시 또는 그 거리의 랜드마크적인 상징체계로서 중요한 의미를 갖는다고 할 것이다.

## 외국의 도시 조형물

파리 하면 누구나 에펠탑을 떠올릴 것이다. 이는 산업혁명과 박람회 개최, 경제성장 등의 다양한 의미를 가지고 있지만 현 시점에서는 파리를 상징하는 하나의 조형물로 자리잡았고, 스페인의 빌바오에 있는 '구겐하임' 역시 유사한 사례라 볼 수 있다. 구겐하임이 건립되기 이전 빌바오는 도시전체가 1차 산업에 의존하여 살아가는 경제회생의 기미가 보이지 않는 상태였으나, 구겐하임이 들어선 이후의 '빌바오'라는 도시 브랜드 가치는 비교 자체가 불가할 정도로 괄목할 변화를 가져다 주었다. 구겐하임을 보기 위해 수많은 사람들이 몰려들었고, 당연히 숙박업을 비롯한 쇼핑, 식당, 기념품, 교통 등 지역경제에 미치는 파급효과가 엄청났을 뿐 아니라, 시민의 삶의 형태를 바꾸어 놓았으며 지역주민들의 자부심 또한 무형 자산의 일부가 되었다. 누군가 스페인을 방문한다면, 바르셀로나 마드리드처럼 접근성이 좋은 것도 아니고 4시간에 걸친 기차이동을 감수해야 하지만, 그렇더라도 반드시 들러야 하는 필수 코스로 포함되는 핵심 관광 콘텐츠로 자리매김한 것이다.

물론 거기에는 세계적 거장 프랭크 게리라는 건축가와 스페인 정부의 결단력이 있어 가능했다. 좋은 환경콘텐츠가 탄생하기까지는 그러한 결과물이 잉태될 수 있는 사회적 기반과 제도적 장치가 절실하다는 점을 보여주는 대목이다. 이처럼 하나의 조형물은 도시의 성격을 규정짓고 도시경제 활성화에 이바지할 수 있으며 관광 콘텐츠로서의 발전 가능성을 충분히 내포하고 있다.

# 도시 조형물은 그 도시의 랜드마크다

　도시 조형물이 건물앞에 의무적으로 세워지는 물체가 아니라 시민의 감성을 충족시키고 나아가 활기넘치는 생활환경으로서의 예술작품이 되기 위해서는, 보다 장기적이고 체계적인 도시계획적 차원에서 접근하는 방안이 필요하다. 건축물마다 정해진 요율의 조형물 투자비용을 행정구역단위별로 비영리재단법인을 설립하여 적립하는 방안이 있을 수 있다. 일정기간 동안 누적된 적립금으로 보다 포괄적이고 규모있는 조형물의 설치가 가능하게 될 것이다. 이렇게 되면 조형물 작가들의 일회성 수주에 대한 과열이 방지되고, 보다 신중한 도시의 정체성 분석과 조형미를 고민하게 될 것이다. 또한 국내뿐 아니라 국제 조형물 공모를 통해 우수한 작품을 선정한다면, 세계인들로부터 관심을 유도하고 보다 수준높은 조형물의 감상기회를 담보할 것이다.

　소규모의 작품성 없는 조형물이 난립하는 것을 방지하고, 거리 전체를 상징하고 생명력을 불어넣을 수 있는 랜드마크를 체계적으로 설계하여 보다 장기적인 안목으로 오래 지속될 수 있는 조형물이 들어설 때, 시민이 누릴 수 있는 문화적 향유의 폭은 넓어질 것이다. 조형물관련법규의 새로운 검토를 통해 보다 살기 좋은 도시, 활력 넘치는 거리의 우리나라를 기대해 본다.

# 육아, 국가에서 책임져야

이화영

LG Display 과장

## 취업여성의 최대 어려움은 육아

청주시의 최근 보육서비스 수요실태 조사 결과에 따르면, 영유아 보육 취업여성의 84.9%가 취업모의 어려움으로 '자녀양육'을 꼽았다. 이들의 육아문제해결방법은 친정부모(32%), 시부모(22.5%), 시설이용(21.6%), 베이비시터(11.7%), 이웃 또는 가사도우미(6.3%) 순으로 나타났다. 가장 큰 원인은 비용적 측면도 있겠으나, 믿을 만한 기관이나 육아도우미를 찾기 어려워서가 아닐까 싶다. 자녀세대의 육아부담이 고스란히 할머니, 할아버지에게 넘어가 이들의 편안한 노후를 발목잡고 있는 셈이다.

또한 최근 심각한 저출산 현상의 주요 원인으로 '자녀양육의 어려움'이 항상 손꼽히는 것을 보면 육아문제를 더 이상 가정 내에서 해결해야 할 문제로만 치부할 수는 없을 듯하다. 이런 맥락에서 최근 다양한 육아지원정책들이 나오고 있으나, 크게 피부에 와 닿는 내용은 찾아볼 수 없다.

# 믿을 수 있는 어린이집의 확충

각종 매체를 통해 어린이집 보육교사의 폭행이나 불량한 위생상태 등의 소식을 자주 접하게 된다. 물론 소수의 어린이집에서 일어나는 일들이라 믿고 싶지만, 내 아이를 맡기기에는 여전히 불안하다. 다른 대안이 없어서 아이를 맡기기로 결심했다 하더라도, 늦은 밤까지 아이를 믿고 맡길 수 있는 곳은 절대적으로 부족하다. 정부의 지원으로 그나마 관리가 잘되어 있다는 국·공립 어린이집은 입소 경쟁이 상상을 초월한다.

모 기업에서 운영중인 어린이집은 매년 엄마들 사이에서 선호도 1위의 보육시설이다. 깨끗하고 쾌적한 환경에 아이를 고려한 안전한 시설이 가장 큰 장점이고, 해당 기업에서 직접 관리하는 믿을 수 있는 음식재료를 사용하며, 아동연구팀을 운영하여 교육 및 보육 프로그램을 개발한다는 것이 그 이유다. 또한, 연 2회 이상 회계, 위생, 시설안전점검을 시행하여 지속적 신뢰를 준다. 이 어린이집을 통해 '믿을 수 있는 어린이집'의 조건을 찾아볼 수 있다. 안전하고 쾌적한 시설, 믿을 수 있는 음식재료, 좋은 보육 프로그램, 지속적인 점검활동이 그것이다.

단순히 어린이집의 수를 늘리는 것이 능사가 아니다. 이 네 가지 조건을 만족하는 '믿을 수 있는 어린이집'이 많아져야 한다.


## 육아도우미의 신원관리와 '도우미 보증제도'

출장이 잦거나 퇴근이 불규칙한 맞벌이 부부는 주변에 어린이집이 있다 하더라도 이용하기가 쉽지 않다. 그래서 바쁜 맞벌이 부부들은 내 아이를 일 대일로 돌봐줄 뿐 아니라 간단한 가사일도 해결해주는 육아도우미를 선호하 게 되지만, 비용문제가 만만치 않아 조선족 육아도우미를 찾게 되는 경우가 많다. 하지만 '믿을 수 있는' 조선족 도우미를 구하기는 결코 쉽지 않다. 조선 족 육아도우미를 몇 명 면접해 본 일이 있는데, 과거경력 등의 정보는 본인 말 을 제외하고는 확인할 길이 없다. 신분증이라 할 만한 여권이나 외국인등록증 을 복사하자고 하면 꺼려하는 기색이 역력하다. 신분이 불확실하니 언제 그만 둬도 손쓸 길이 없다. 그래서 한국에선 지인의 소개가 가장 믿음직한 육아도 우미의 구인수단이다. 유능한 여성들이 믿고 맡길 육아도우미를 찾기 어려워 집에 들어앉는 경우도 많다. 그들에게는 아이가 태어나 유치원에 들어가기 전 까지 영·유아 시기를 해결할 수 있는, '신분이 확실하고 월급이 과도하지 않 은' 육아도우미의 지원이 절실하다. 이런 지원만 보장된다면 출산, 교육도 알 아서 하고 아이를 둘·셋까지 낳을 수도 있는 것이 바로 그들이다.

홍콩에는 필리핀 도우미가 있다. 한 달 보수는 3,800홍콩달러(한화 약 60 만 원)로, 법으로 정해진 액수다. 또한 필리핀 도우미들은 처음 비자를 받거 나, 2년마다 비자를 갱신할 때 고용주의 보증이 필요하다. 고용주의 직장·월 급·은행잔액 등을 보고 이민국에서 비자를 내준다. 출입국관리가 엄격한 데다 고용주가 보증하지 않으면 추방당하기 때문에 성심성의껏 일을 한다. 다른 데 가봐야 월급이 똑같으니 옮기는 경우도 드물다. 우리나라도 홍콩처럼 고용주의 '도우미 보증제도'와 엄격한 출입국 관리, 법정임금제도를 통해 도우미를 안정적으로 쓸 수 있도록 하는 지원이 필요하다. 한번에 적용이 어렵다면 육아도우미에 대한 최소한의 정보관리와 고용주의 평가 공유만이라도 빠른 시일 안에 제도화될 필요가 있다. 알 방법이 없다는 이유로 언제까지 내 아이를 믿을 수 없는 육아도우미의 손에 맡겨둘 수는 없는 노릇이 아닌가.

# 입양 정책의 허와 실,
## 국내입양이 우선이다

전경희

법무법인 대륙아주 변호사


## 해외 입양률이 최고인 부끄러운 나라

2011년 대한민국은 세계 9번째로 무역규모 1조 달러를 달성하였다. 또한 전 세계 70억 인구 중 1%에도 못 미치는 5,000만 명으로 세계 11위의 경제대국, 전 세계 수출 7위, 세계 8위의 외환보유국, 하계올림픽, 월드컵, 세계육상선수권대회 등 스포츠 그랜드슬램을 달성한 6번째 국가, 아시아 최초의 G20 회의 개최국, OECD 33개국 가운데 유일하게 10분기 연속 GDP 성장률 플러스 등 각 분야에서 대한민국은 높은 위상을 달성하였다.

그런데 2011.11.19. 미국 국무부가 발표한 "2011 회계연도 연례 국제입양 보고서"에 따르면, 지난 1년간 미국 가정에 입양된 외국 어린이 2,047명을 국가별로 분류한 결과 한국이 734명이나 차지하였다고 한다. 이는 전 세계에서 가장 높은 비율을 차지하는 것으로 필리핀, 우간다, 인도, 에티오피아가 그 뒤를 따르고 있다. 국외입양은 가난의 산물임에도 불구하고, 우리나라 해외 입양은 세계 최고 수준을 보이고 있다. 이는 출산과 양육에 대한 국가와 사회의 책임 회피라는 점에서 국제 사회에서도 무척 불명예스러운 일이다. 이토록 해외 입양률이 높아서는 제 아무리 경제성장률이 높다한들 진정한 선진국이라고 말하기 어렵다.

## 독신 남·녀도 양부모가 될 수 있다

정부는 최근까지 국외입양을 줄이고, 국내입양을 늘리기 위하여 많은 정책을 시행해 왔다. 양친될 자격 조건을 완화하여 독신 가정도 입양이 가능하도록 하였다. 입양에 필요한 수속비를 지원하고, 입양 가능한 부모와 자녀의 연령 차이도 60세까지로 높여 놓았다. 또한 입양아동 양육비를 매월 10만 원씩 지원하며, 입양아동의 의료보호 1종 지원, 입양아동등록금 면제 등을 추진하였다. '국내입양 우선추진제'로 입양 대상 아동은 국외 입양을 결정하기 전 5개월 간 우선 국내에서 입양가정을 찾도록 하는 제도를 실시해 왔다. 금년 (2012.8.4)부터 시행하는 개정된 입양특례법의 주요 부분은 국내입양 우선 추진 및 국외입양의 감축, 해외입양아에 입양관련 정보접근권 보장, 국가기관 허가절차인 '가정법원 허가제' 도입, 성폭력·가정폭력 경력자에 입양제한 등으로 요약된다. 국내입양 우선 추진제는 우리나라의 입양정책의 대전제이자 목표이다. 국내입양이 활성화되기 위하여는 입양부모의 자격에 대한 제한을 풀어야 한다. 특히 독신 남녀에게 양부모 될 자격을 줌으로써 어느 정도 시대변화를 반영한 것으로 보여진다. 결혼하지 않고 혼자 세대를 구성하면서 활발히 사회활동을 하고 능력과 인품을 갖춘 독신 남녀는 급진적으로 늘어가고 있다. 이들에게 입양을 통하여 미래동량을 양육할 수 있는 기회를 부여한다는 것은 개인적으로 큰 행복이자 국가의 품격을 높이는 길이기 때문이다.

또한 개정 입양특례법은 입양아의 인권과 권리 보호를 한층 강화하기 위하여 세계적 추세인 법원허가제를 도입하였다. 기존에 입양은 정부로부터 지정된 입양기관을 통해서 입양을 하도록 되어 있고, 입양기관은 입양을 신청한 사람이 부모로서 적당한 자격을 갖추었는지를 조사해서 입양을 승낙하고 있는데, 개정 입양특례법은 입양 여부에 관한 결정권을 입양기관으로부터 가정법원, 즉 국가에게 이전하겠다는 것으로서, 국가가 나서서 양부모의 자격을 더 꼼꼼하게 심사하고 입양에 관한 기록을 제대로 남기겠다는 취지이다.

다만 법원허가제가 실시되면 친생부모(미혼모)는 가족관계등록부에 아동을 친자로 등록한 후에 법원에 입양신청을 하여야 하고, 양부모 역시 아이를 입양했다는 기록을 남겨야 한다. 즉, 입양에 관한 기록이 뚜렷하게 남게된다. 그러나 미혼모는 아이의 출생기록이 남겨지는 것을 꺼려하고, 양부모도 입양에 관한 기록을 남기기 싫어하는 것이 현실이다. 이미 양부모의 90% 이상이 입양아를 자신의 친자로 출생신고를 하고 있는 것이 현실이다. 불법 입양임에도 불구하고 입양에 대한 사회적 편견 때문에 사회적으로 용납되고 묵인되고 있는 것이다. 미혼모의 경우 결혼을 하지 않은 사람이 아이를 출산한다는 것 자체가 일반적인 현상이 아니므로, 자신의 신분을 드러내면서 법원에 입양신청을 할 수 있을지 의구심이 든다. 앞으로 이런 점까지 보완할 수 있는 제도적인 장치가 필요하다.


## 혈통에 대한 사회적 편견 바로잡기

개정 입양특례법의 취지와 방향은 훌륭하다. 앞으로 좋은 법을 잘 운영하는 것이 남은 과제이다. 우리 사회의 다양한 변화와 욕구들을 잘 반영하여 죽은 법이 아니라 살아있는 법으로 국민들의 삶의 질을 높이고 국가발전에 이바지해야 할 것이다. 무엇보다 이 법의 취지를 살리기 위하여는 입양에 대한 사회적 편견을 바꾸어야 한다. 자기 핏줄만 고집하는 전근대적인 사고방식은 변화되어야 한다. 또한 입양특례법을 널리 알려 다양한 욕구를 가진 국민들에게 선택의 기회를 널리 주어야 한다. 국내 입양을 늘리고 해외입양을 줄여 좁게는 대한민국의 다양한 가정이 각자 행복을 추구할 수 있게 하고, 나아가 미래 국가경쟁력을 확보함으로써 대한민국의 위상을 세계에 떨치게 하여야 한다.

# 노인보험과 보건의료,
## 비빔밥이 되어야

| 장현재

의사

세간에는 '9988234'란 말이 있다. "99세까지, 팔팔하게(건강하게) 살다가 큰 병 없이, 행복하게 생을 마감하자"는 의미를 담고 있다. "질병의 예방과 관리를 통해 조기사망과 기능장애의 발생을 최소화함으로써 건강수명(health life expectancy)을 연장하자"는 '보건의료'와 '9988234'의 지향점은 같다.

정부는 2008년 7월 1일 급격한 노령화와 저출산, 그리고 핵가족화로 인한 노인 부양의 어려운 현실을 감안해 사회가 공동으로 노인요양의 부담을 덜어주기 위한 노인장기요양보험제도(이하 노인보험)를 도입했다. 집에서 가족의 수발을 받거나 요양원에서 별다른 돌봄을 받지 못한 채 누워서 죽음을 기다려야 했던 노인들이 사회적 부양의 혜택을 받을 수 있게 되었다. 이 제도는 노인보험 도입 이전에 수발에 매달려야 했던 부양가족들의 삶의 질에도 긍정적인 영향을 미치고 있다. 경제활동과 사회활동 기회가 증가했으며, 신체적·심리적 부담을 줄여주는 긍정적 효과를 거두고 있다. 노인보험을 처음 도입한 2008년 7월 노인보험 이용자는 7만 명에서 2년 만인 2010년 26만 명으로 무려 19만 명이 증가했다. 노인보험은 사회서비스 일자리 창출에도 기여하고 있다. 요양보호사·간호인력·교육기관 종사자·건보공단 운영 및 관리인력 등을 합해 약 24만 명 가량이 취업전선에서 활동하고 있다.

## '수발'과 '의료'를 분리하는 제도의 문제점

하지만 안타깝게도 노인보험은 '수발'과 '보건의료'를 분리한 채 제도를 설계했기 때문에 예방이나 재활 등 보건의료 서비스를 적절한 시기에 제공하지 못하는 한계가 있다. 정부는 노인보험 도입 당시 "고령이나 노인성 질병 등으로 인하여 혼자의 힘으로 일상생활을 영위하기 어려운 대상자에게 요양시설이나 재가기관을 통해 신체활동 또는 가사지원 등의 서비스를 제공하는 제도"라며 '보건의료'와 '노인보험' 사이에 굵은 선을 그었다. 그렇지만 의료와 수발을 단절하고 있는 현행 노인보험을 개선하지 않고는 노인 건강증진과 질병관리, 기능유지와 재활, 독립적 생활 연장 등 의료서비스를 통한 '9988234'는 기대할 수 없게 된다.

## 일본의 경험을 '타산지석' 삼아 시행착오 줄여야

우리나라보다 노인보험을 먼저 도입한 일본도 적지않은 시행착오를 겪었다. 일본은 노인보험(개호보험) 실시 이후 의존적인 경증 노인이 현저히 증가하고, 보험재정이 급격히 늘어나는 양상을 보이자 2005년 개호보험법을 개정하여 복지시설과 병원·노인보건시설·노인홈 등이 연속성을 갖고 포괄적으로

서비스를 제공하는 보건·의료·복지 복합체를 운영하고 있다. 지방 단위에서는 노인요양병원, 중소병원, 의원(보건소) 등을 중심으로 복지와 재가 서비스를 연결하는 다양한 복합체를 운영하고 있다. 이러한 일본의 경험을 타산지석으로 삼는다면 시행착오를 줄일 수 있을 것이다.

## 노인이 행복한 나라, 이렇게 만들자

노인이 오래도록 건강하게 살기 위해서는 임신 단계에서부터 소아청소년기, 장년기, 노년기와 사망에 이르기까지 연속성 있는 평생건강관리의 틀을 구축해야 한다. 우선, 민간자원이 대부분인 우리나라의 경우, 공공과 민간의 보건-의료-복지 전달체계를 구축할 필요가 있다. 민간과 공공의 의사, 간호사, 사회복지사, 보건관계자 등 노인관련 인력이 협력할 수 있는 모델을 설계해야 한다. 둘째, 노인보험의 급여서비스인 방문간호·주야간보호 등을 제공하는 재가 장기요양 서비스를 1차 의료기관을 중심으로 제공할 수 있도록 정책적인 변화가 필요하다. 셋째, 노년증후군과 노인성질환을 예방하고 관리하기 위해서는 노인의학 전문인력을 양성해야 한다. 1차 의료를 중심으로 노인의 건강관리를 포괄적이고, 지속적으로, 조정역할까지 담당할 수 있도록 해야 한다. 넷째, 방문진료(왕진)를 제도화해야 한다. 노인인구가 늘어날수록 방문진료 요구는 더욱 높아질 수밖에 없기 때문이다. 다섯째, 노인요양병원과 장기요양기관을 비롯한 노인 보건·의료·복지시설에 대한 의료서비스의 자율적인 질적 평가작업을 병행해야 한다. 질적 평가는 노인의 기능향상과 안전에 중점을 두고 진행하는 것이 타당하며, 자율 인증형태가 바람직하다.

# 자유 대한민국의
# 첫날밤은 불안했다

나성호

전 육군 사단장

## 북한이탈주민 증가 추세

2011년 말로 북한 이탈주민은 약 23,000여 명에 이른다. 대략 5,000여만 명이 거주하는 우리나라에 숫자상으로는 큰 의미가 없어 보인다. 그러나 남북 대치상황 속에 있는 우리로서는 이 문제가 점차 사회 안정의 중요변수로 부각되고 있다. 김정일의 갑작스런 사망 이후 대량탈북의 가능성도 배제할 수 없는 상황인 데다 통일이 실현될 경우 통일의 연착륙을 위해 탈북자가 무슨 역할을 해야 하는가 하는 문제도 고민해야 할 시점에 이르렀다. 이들의 탈북동기를 보면 과거에는 체제에 대한 불만이었으나 지금은 북한의 극심한 경제사정 악화에 기인하고 있다. 대다수는 좋지 않은 건강상태로 근로의욕이 대단히 약하며, 북한의 피폐해진 생활에 지친 데다가 탈북과정에서 영양상태가 불량하여 질병으로 고통받는 이가 많은 편이다. 또한 이들은 북한체제의 국가의존적인 생활에 학습되어 있어서 자율적으로 경쟁하는 한국사회의 기본구조에 낯설다. 이들이 자율사회의 메커니즘에 익숙해지려면 5~10여 년 정도의 기간이 걸린다고 한다.

## 다양한 정착지원제도의 운영

　　정부가 주도하고 있는 정착지원제도의 목표는 경제생활에 있어서 안정적 정착(생계＋좋은 직장＋안정적 소득기반), 우리 사회에서의 건전한 자리매김과 생산적 기여자로 활약하도록 함과 동시에 통일과정에서의 주도적 역할을 담당하도록 하는 데 있다.

　　정착지원은 4단계로 구분하는데 1단계(초기 입국단계)는 대상자가 보호신청을 하면 임시보호조치를 하는 과정이다. 2단계는 심문조사단계를 거쳐 보호대상자 여부를 결정하는 과정이고, 3단계는 하나원의 사회적응교육과정으로 이루어진다. 입소 초기에는 긴장감으로 인해 다른 동포처럼 보이던 대상자들이 한주 한주 지날수록 자유대한민국의 보통 얼굴로 변화되고 있음을 피부로 느낀다고 한다. 4단계는 거주지 보호 및 사후지원 단계로 하나원 퇴소 후 주택배정을 받아 각 거주지의 사회안전망에 편입시키는 단계이다. 이 단계부터는 지자체(거주지 보호), 경찰(신변보호), 노동부(고용지원) 등이 취업알선, 취업장려금 지급, 1종의료급여, 기초생활 생계급여를 담당하는 등 우리나라의 일반국민으로 정착시키기 위한 다양한 제도가 시행되고 있다.


## 어느 북한이탈주민의 정착 첫날밤의 모습은
## 정책의 실상을 잘 보여주고 있다

　　A씨는 2005년도에 한국으로 와서 2006년에 한국사회에 첫발을 내디뎠다. A씨는 1,000만 원의 주택지원금과 300만 원의 생활지원금을 받아 1,200만 원으로 셋집을 구하였고 그의 손에는 100만 원만 남게 되었다. 살림도구를 구입

하니 30만 원만 남았고 석 달 후에 100만 원이 나오는데 그때까지 30만 원으로 견뎌야 했다. 아무것도 할 줄 모르는 상태에서 누구를 만나야 할지, 어디를 가야 할지를 몰랐다. A씨는 적응 초기에 겪어야 하는 심리적 불안과 고통은 상상을 초월한다고 말한다

잘해 주었는데 왜 제3국으로 떠나려는 사람이 많냐고 의아해 하지만, 한국에서의 자신들의 미래에 대한 희망은 없다는 판단을 하는 북한이탈주민이 생각보다 많다는 것이다. 이탈주민을 감싸안을 근본적인 대책이 아쉽다고 그들은 주장한다.


## 정부와 국민 각계의 협력체제를 강화하는 것만이 해결책이다

수많은 정착지원제도가 성공하기 위해서는 북한이탈주민이 우리 사회의 '생산적 기여자'가 될 수 있음을 확신하고, 이들이 통일시대에 이루어질 사회통합의 길의 예비자이며 통일의 미래를 열어가는 향도라는 인식을 갖고 보다 적극적으로 이해하고 포용할 필요가 있다.

또한 북한이탈주민 스스로의 자정노력도 필요하다. 남한사회의 진입장벽을 마약거래나 범죄를 이용하여 쉽게 돌파하려는 그릇된 접근방식을 택할수록 한국사회의 주류로 진입하는 것은 불가능해진다.

아울러 정착지원 제도의 왜곡을 가져오는 요인에 대한 철저한 진단이 필요하다. 자치단체에서 지원정책의 우선순위가 밀리는 이유가 주무부처가 행안부가 아니기 때문이라는 주장에도 귀 기울일 필요가 있다. 자치단체의 업무계획서에서 지원제도를 다문화업무의 일환인 것으로 취급하는 것도 문제다.

지자체별로 운영되고 있는 지역협의회는 지원제도나 서비스의 효율성을

좌우하는 기본틀이다. 그러나 실제로 효과적인 제도로 운영되고 있는지 자세히 검토해야 한다. 지역협의회의 구성에 자치단체장이 관심을 갖는 것이 매우 중요하다. 어느 자치단체장은 자신의 자치단체에 지역협의회가 있는지 조차 잘 모르는 경우도 있다. 재원과 인력확보를 위해서뿐만 아니라, 협의회가 실질적인 기능을 수행하는 데 단체장의 의지는 매우 중요한 역할을 하기 때문이다.

# 도박중독의 죽음이 없는 행복한 사회 만들기

| 허정옥

서울과학종합대학원 교수

## 사행산업, 죽음의 산업인가

　　사람은 내재적으로 사행심을 갖고 있고 이를 충족시키기 위해 도박을 한다. 도박을 하는 사람들은 게임을 통해 경제적 이익을 얻음으로써 만족을 느끼는 동시에 일상의 스트레스에서 탈출하는 해방감을 누린다. 우리나라의 경우 카지노, 경마, 경륜, 경정, 복권, 체육진흥투표권(스포츠토토) 등 6종류의 사행사업이 국민들의 사행심을 기반으로 경제적 이득을 창출하고 있다.

　　하지만 내국인 카지노인 강원랜드에 가보면 사행산업의 폐해를 적나라하게 볼 수 있다. 2010년을 기준으로, 가산을 탕진해서 집으로 돌아가지 못하는 '카지노 앵벌이'들이 2천여 명으로 추산된다. 감사원에 의하면 빈번한 카지노 출입으로 기초생활보장 수급자가 된 사람이 6~7백여 명이고, 지난 5년간 이 일대에서 자살한 사람들이 40~60명에 이른다니, 결국 '도박은 죽어야 끝이 난다'는 속설을 입증하는 셈이다. 비록 카지노 매출액이 1조 3,000억 원에 달해 국가와 지역에 1,700억 원의 조세이익을 제공했다 하지만, 사행에 휘말려서 죽어간 생명의 값을 대신할 수 있을까? 이처럼 지독한 도박중독의 문제는 카지노만의 얘기가 아니다. 바로 도심 한가운데서 버젓이 호객하는 장외발매소야말로 그 온상이다. 우리나라 사행산업의 맏형 격인 마사회는 업계 총매출액의 44%를 차지하는 가운데 '질주하는 경마중독'이란 빈축을 사고 있다.

## 사행산업, 현주소는?

그러면, 왜 이렇게 사행사업체들이 국민의 소리에 귀 막고, 고객의 신음에도 눈을 감고 있는가? 그저 '잘못했다'고 꾸중을 들으면 그만, 회초리가 없기 때문이다. 일확천금을 상징하는 복권과 함께 경마, 경륜 등 우리나라 6개 사행사업체의 총매출액은 2010년 기준 약 17조 원으로, 세계 10위권을 자랑(?)하고 있다. 1999년 4조 원에서 2008년에 이르러 16조 원을 초과했으니, 10년 만에 약 4배로 증가한 셈이다. 이는 2000년 이후 강원랜드 개장, 경정 및 지방경륜 시행, 온라인복권(로또) 발행, 스포츠토토 등 신규업종 진출, 장외발매소의 지속적 확장 등에 기인한다.

게다가 불법도박의 규모는 합법의 약 3배인 53조 원에 달하는 것으로 추정된다. '도박공화국'이란 표현이 무색할 정도이다. '바다 이야기'로 촉발되어 드러난 불법도박지대에서는 물류창고 10억 원 사건, 마늘밭 120억 원 사건, 인터넷도박 260억 원 사건 등이 지뢰처럼 터지고 있다. 아침마다 펼쳐지는 언론매체의 사행산업 바다에서는 신종 내지 특종으로 진화하는 사행 사건들이 꼬리를 물고 솟구쳐 오른다. 특히 우리나라의 도박중독률은 전체 성인의 9.5%로, 약 350만 명에 이른다. 이 중에서 270만여 명은 상담이 필요한 수준이고,

80만여 명은 당장 치료를 요하는 심각한 상태로, 미국과 유럽 등의 2~4%에 비해 대단히 심각한 수준이다.

## 사행산업, 어떤 방향으로 나가야 하나

정부는 사행산업의 부작용을 최소화하고 건전하게 발전시켜 나가기 위한 목적에서 사행산업통합감독위원회(사감위)를 설치했다. 그러나 사감위는 사행산업에 대한 통제와 제재수단은 없다. 단지 권고만을 할 수 있다. 이제부터라도 사감위가 제대로 된 역할과 기능을 수행해 사행산업이 건강하게 지속될 수 있도록 해야 한다. 그러려면 첫째, 사감위법을 시급하게 개정해서 실질적인 도박중독 예방 및 치유기능을 제대로 수행할 수 있도록 해야 한다. 이를 위해 사행사업체 순매출액의 1%로 중독예방치유부담금을 신설해야 할 것이다. 그리고 현행 중독예방·치유센터를 '국립도박문제관리센터'로 법인화해서 도박중독자 치유사업을 효율적으로 전개해야만 한다. 둘째, 신규 사행산업 진입 등에 대해서는 '사전협의제'를 도입해야 한다. 사감위와 관계부처가 공동의 방화벽을 구축해서 과열되는 사행산업의 확산을 사전에 차단해야만 하는 것이다. 셋째, 사행산업 이용자들의 도박중독 위험을 사전에 예방하기 위해 전자카드를 도입해야 한다. 기본적으로 과도한 베팅을 금지하고, 중복발급을 방지하며, 본장과 장외 매장의 구매한도를 차등화하는 등의 원칙을 지킬 경우, 전자카드는 책임도박시대를 여는 열쇠가 될 것이다. 넷째, 사감위 스스로가 불법사행산업의 바다로 뛰어들어 감시·단속의 레이더를 작동시켜야 한다. 이는 합법산업에 대한 감독이 강화될 때마다 떠오르는 '풍선효과'를 가라앉히는 명령어에 해당한다. 불법도박 문제가 표출될 때만 임시조치로 검찰의 특별감찰

반이나 경찰의 기동타격대가 등장해서 해결할 문제가 아니다. 도박의 문제를 상시 점검하고, 감찰하고, 통제하고, 제재할 수 있는 시스템이 필요하다. 다섯째, 사행산업 시행기관별로 건전화 정도를 평가하여 총량제 등에 반영함으로써 사행산업 전체의 건전성을 제고해야 한다. 사행산업은 기본적으로 여가로서의 유희성과 도박으로서의 내기성, 즉 긍정과 부정의 양면적 측면을 내포하고 있다. 사행산업을 즐기는 문화로 인식하고 실제로 건전한 오락으로서의 순기능인 여가·레저 기능에 주목하도록 제도적인 뒷받침을 해주어야 할 것이다.

더 이상 도박중독의 문제, 불법도박의 그늘을 방치하지 말아야 한다. 도박과 관련된 범죄, 자살, 노숙, 사기, 은닉 등의 어두운 말들이 지면을 장식하는 일도 없어져야 한다. 물론 대박, 횡재, 인생역전 등과 같은 거짓말들도 폐기처분해야만 하리라. 도박으로 인해 한숨짓고 눈물 흘리는 사람이 없는 곳, 도박중독의 아픔과 고통이 없는 사회, 그런 행복한 나라를 꿈꾸어 본다.

# 아파트공동주택 관리 선진화 시급하다

김경한

컨슈머타임즈 대표

## 공동주택 관리에 부정이 많다

우리의 주거형태는 이제 아파트가 대세다. 이러한 추세는 앞으로 더 확대될 것으로 보인다. 가장 많은 사람이 모여 사는 서울시 주택의 43.2%가 아파트이고, 전국적으로 2000~2009년에 건축된 주택의 57.3%가 아파트이다. 이들 공동주택의 관리비 규모는 3조 8,000억 원에 이른다. 관리 인력도 7만여 명에 달한다. 지난 20년 동안 아파트 거주가구는 89만 2,000가구가 증가했다. 이기간에만 아파트 거주가구비율이 22.7% 늘었다.

공동주택 거주 실태가 이러함에도 입주자대표회의와 주민자생조직 간의 마찰, 관리업자 선정 및 계약행위시의 담합, 입주자대표회의에 대한 주민의 무관심 등의 문제점은 계속 발생하고 있는 실정이다. 아파트관리 업무는 '사적 자치'라는 인식이 강해 관련 법 등이 전무한 상태다. 지방정부 역시 아파트 관리업무를 방치하고 있으며 입주민도 아파트 관리에 대한 관심과 참여가 부족한 실정이다.

실제 아파트 관리는 입주자대표회의에 전적으로 의존해 운영되고 있기 때문에 입주자대표회의가 전횡을 하기도 하고 입찰과정에서 비리를 저지르는 사례도 빈번하다. 게다가 아파트관리가 재산권에 기초해 운영됨으로써 세입자는 동별 대표자 선출권은 있으나 동별 대표자가 될 자격은 없다. 입주민의 3분의 1에 달하는 세입자들이 관리업무에 대해 무관심한 이유이다. 장기수선계획과 충당금의 적립은 입주민의 사유재산을 보전하고 사회적 비용을 감소시킬 수 있는 제도임에도 불구하고 장기수선에 대한 입주민의 공감대가 부족하다.

## 선진국의 아파트 관리 어떻게 하나?

미국의 공동주택 관리와 관련된 주요 법률은 '통일 콘도미니엄법'이다. 소유자조합의 조직, 개별 소유자 및 조합의 책임과 의무, 관리조합회의, 관리규약, 집회 등을 모두 규정하고 있다. 콘도미니엄 관리는 대체로 주택소유자로 구성된 주택소유자 조합이 하며, 정부의 통제를 받지 않고 자율적으로 운영된다. 커뮤니티조합 관리자 역시 민간협회(CAI)가 설립한 위원회(NBC·CAM)에서 선발한다.

일본의 공동주택관리 법률은 '건물의 구분소유 등에 관한 법률'과 '맨션 관리 적정화 추진에 관한 법률'이다. 맨션은 관리조합이 중심이 되어 입주민 자율로 이루어지고 있다. 중앙정부, 지방정부 민간단체는 관리조합을 보조·지원한다. 중앙정부는 맨션관리에 관한 각종 법률과 표준관리규약 등을 제·개정함으로써 맨션관리가 적정하게 이루어질 수 있도록 유도한다. 지방정부는 맨션관리와 관련된 문제점과 분쟁에 대한 상담과 정보를 제공하는 역할에 중점을 두고 있다. (사)고층주택관리업협회와 (재)맨션관리센터 등 민간단체가 공동주택

관리를 지원한다. 관리전문가 자격인정, 연수, 맨션관리 및 수선에 대한 지도와 상담, 세미나 개최, 수선 적립금에 대한 정보제공, 채무보증 등이 그 예다.


## 아파트 관리제도 개선을 위한 제안

우선 입주자대표회의 관련 개선방향은 입주민 간의 활발한 사회적 상호 작용, 공동의 이상과 결속감의 형성, 상호부조를 위해 입주자대표회의를 법인 화하거나 조합형으로 유도하는 것 등이 고려될 수 있다.

장기수선과 관련된 개선방향은 시설 및 설비의 정기적인 점검, 장기수선 계획의 수립과 장기수선충당금의 적립에 대한 인센티브 부여, 세금을 감면시 켜주는 등의 규정 등이 포함된 법령 또는 제도를 마련할 필요가 있다. 지방정 부는 아파트 관리 전문가 또는 민간단체와 협력하여 지침을 마련하고 보급하 며, 입주민 교육을 실시해 이들의 참여를 이끌어 내어야 한다. 충당금 요율의 최소기준을 마련하고 주기적으로 장기수선계획을 수정·보완하였는지, 적립금 이 적정한지 등에 대한 점검이 필요하다.

공동체 활성화와 관련된 개선방향은 공동생활에 따른 많은 문제들이 발 생하지 않도록 하거나 발생하더라도 자연스럽게 치유될 수 있도록 공동체를 형성하는 것이다. 이를 위해서는 입주민이 참여의식과 공동체의식을 형성할 수 있는 계기가 필수적이다. 세입자가 아파트 관리에 관심을 갖고 참여할 수 있도록 동별 대표자가 될 수 있는 자격을 부여하는 등의 방안에 대한 검토도 필요하다. 더 나아가 아파트 관리에 있어서 유지관리와 생활관리를 통합하면 서 시민 주도적으로 아파트 관리를 할 수 있는 조직을 설치해야 할 것이다. 아 파트단지별로 지역자치가 이루어질 수 있도록 지역자치에 대한 권한을 부여 하는 조례를 만드는 것이 선행되어야 할 것이다.

# 그린벨트를
# 주말주택지로 활용하자

| 김정호

| 자유기업원 원장

## 다차가 있어 행복한 러시아 사람들

풀들이 고요히 춤춘다.

속삭이는 바람의 멜로디에 몸을 맡긴 채

백초처럼 우아하게.

마리나 스테파노바라는 12살짜리 러시아 소녀가 적은 '다차'라는 제목의
동시이다. 어디 산속이나 공원이 아니라 자기 부모 소유의 모스크바 근교의
다차(Dacha)에서 지내면서 쓴 글이다. 다차란 러시아 대도시의 근교에 있는
별장을 말한다.

서울로 따지면 양평 정도의 거리라고나 할까. 자동차가 없는 대부분의 러
시아인들은 기차를 타고 주말마다 다차로 향한다. 금요일 저녁부터 모스크바
시내에서 사람을 찾기 어려운 것은 사람들이 다차로 주말여행을 떠나기 때문

이란다. 통계에 의하면 러시아 인구의 1/3이 별장인 다차를 소유하고 있다.

별장이라고는 하지만 대부분의 다차에 지어져 있는 건물(주택)은 허름하기 짝이 없다. 다차의 대지면적은 150~200평 정도의 크기인데, 러시아 사람들은 여기다가 채소도 가꾸고, 화단도 가꾸고, 친지들을 초대해서 바비큐 파티를 벌이곤 한다. 다차 주변의 산으로 하이킹도 간다. 그들은 이 행복한 다차생활 덕분에 외환위기의 혹독함도 쉽게 이겨낼 수 있었다고 한다.

## 우리도 다차를 즐길 수 있다

우리도 행복한 다차생활을 하고 싶다. 그러나 그럴 만한 땅이 어디 있느냐고 반문하는 사람이 있을 것 같다. 결론부터 말하자면 있다. 우리가 집과 학교와 상가와 공장과 도로용지로 사용하고 있는 면적은 전 국토의 6%에 불과하다. 나머지 94%는 농지와 임야와 하천 같은 것인데 규제가 풀리기만 한다면 언제든지 다른 용도로 사용할 수 있는 것이다.

그 중에서도 가장 유망한 땅은 그린벨트다. 그린벨트란 도시를 도너스 모양으로 둘러싸고 있는 개발이 제한된 땅이다. 전 국토의 5.4%인 16억 평이 그린벨트로 묶여 있다. 그린벨트는 도시와 바로 접한 녹지들이다. 도시 내의 녹지 중에도 그린벨트가 아닌 것이 많은데, 그런 녹지들은 시설녹지나 공원녹지 지역 등으로 지정되어 있다. 서울의 남산, 동작동 국립묘지, 서울 숲 공원 같은 것은 그린벨트가 아니라 공원이다. 서울의 송파구 장지동 일대, 서초구 내곡동 일대는 녹지지역이다.

이 그린벨트들 가운데 보존가치가 없는 땅을 이용하면 얼마든지 도시인구의 1/3이 다차의 행복을 누릴 수 있다. 그린벨트의 토지 중에서 임야는 62%

이다. 나머지 38%는 농경지이거나 대지, 공공용지, 잡종지 같은 것들이다. 농경지는 대부분 비닐하우스나 축사 같은 것으로 이용되기 때문에 특별한 보존 가치를 가지지 않는다. 이 38%를 가지면 도시인구의 상당수가 다차를 가질 수 있다. 수도권만을 가지고 아주 간단한 산수를 해 보자. 수도권의 그린벨트는 4.7억 평이다. 그 중에서 최소한 2억 평은 평지인데, 이 땅들은 대부분 비닐하우스나 축사 같은 용도로 이용되고 있기 때문에 그린벨트라기보다는 오히려 비닐벨트나 가건물벨트라고 부르는 것이 나을 지경이다.

러시아처럼 수도권 인구의 1/3이 다차를 가질 수 있으려면 수도권 가구 수가 대략 500만이니까 그것의 1/3은 170만 가구다. 170만 가구가 100평씩의 땅을 소유한다면 1억 7천만 평이면 된다. 수도권 비닐벨트만으로도 모두 감당하고 남는다.


## 문제는 규제다

그러나 한국에 다차가 생길 수 없는 이유는 법이 그것을 막고 있다는 것이다. 그린벨트법과 농지법, 산림법 등이 땅을 신주단지같이 모시도록 강요하고 있다. 농민으로 위장하지 않고는 농지를 소유할 수 없고 주말농장을 가질 수도 없다. 땅은 존재하기는 하되 없는 것이나 별로 다를 것이 없는 지경이 되어 버린 것이다.

그린벨트를 풀어서 다차 단지를 만든다면 많은 사람들이 혜택을 볼 수 있다. 첫째는 그곳에서 풍요롭고 목가적인 주말을 보내게 될 수백만 명의 도시민들이다. 텃밭도 가꾸도 부부간의 대화도 나누고 친구도 불러 즐길 수 있으니 한국인의 행복지수가 훨씬 높아질 것이다. 두 번째는 대다수가 농민인 그린벨트의 소유자들이다. 지금보다 훨씬 높은 값에 땅을 팔 수 있으니 땅 판 돈으로 노후를 편히 지낼 수 있을 것이다. 마지막으로는 환경을 중시하는 사람들이다. 그린벨트라고는 하지만 지금 농사용으로 쓰이고 있는 땅들은 비닐벨트라고 부르는 것이 더 정확하다. 비닐과 농약과 비료, 축산분뇨로 인해 오히려 환경에 부담이 되는 존재라는 것이다. 그것들이 주말농장으로 바뀌게 되면 경관도 훨씬 좋아질 것이고, 오염물질의 배출도 훨씬 줄어들 것이다. 그린벨트에 대한 고정관념만 버린다면 국민들을 훨씬 더 행복하게 만들 수 있다.

# 05

다 함께 잘 사는 상생의 경제질서

# 대기업이
## 중소기업의 하청업체가 된다?

**| 김초영**

**|** 워싱턴 D.C 기업인

## 미국의 중소기업법

- 전체 기업체의 99.7%
- 민간부문 고용의 50%
- 지난 17년 간 65%의 신규 일자리 창출
- 43%의 첨단기술 종사자(과학자, 기술자, 프로그래머 등)
- 대기업보다 16.5배 많은 특허출원율
- 전체 수출업자의 97.5%, 31%의 수출실적(2008년 기준) 창출

미국 경제에서 중소기업이 얼마나 중요한 역할을 하고 있는지를 증명해 주는 수치들이다. 중소기업이 이처럼 중요한 역할을 할 수 있는 이유는 중소기업만이 가진 노하우와 실력 때문이기도 하지만 그 중요성을 인식하고 정책을 만들어 시행한 덕분이다. 미국 정부는 세계 어느 나라보다 중소기업 보

호와 육성정책을 철저히 제도화하여 시행하고 있는 나라이다. 예를 들어, 연방정부는 중소기업법(Small Business Act)을 통해 전체 정부계약의 일정 비율(23% 이상)을 중소기업에 할당하고 있으며, SBA(중소기업청: Small Business Administration)를 통해 각종 특혜제도를 시행하고 있다. 연방 정부뿐 아니라 주·지방정부에서도 다소 불리한 조건에 있는 중소기업들의 성장과 발전을 위해 여러 혜택을 마련하여 시행하고 있다. 이러한 다양한 중소기업 정책들은 대기업과 중소기업 간의 격차를 최소화하고 함께 성장하고 공존할 수 있도록 돕고 있다.

한국 사회에서는 '대기업이 중소기업의 하청업체가 된다'는 것이 불가능한 일이라고 하겠지만, 미국에서는 실제로 일어나고 있는 일이며 충분히 가능한 일이다. 미 연방조달청 멘토 프로그램이 바로 그것이다. 이 프로그램의 가장 큰 특징은 중소기업이 주계약자가 되고 대기업은 하도급 기업이 되는 것이다. 물량을 받은 중소기업이 전체를 책임지고 하도급 기업으로 참여한 대기업이 경영자문, 교육, 자금조달, 기술지원을 맡는다. 이 프로그램의 목적은 중소기업에게 물량을 더 많이 주어 자립능력을 키우는 일차원적인 것이 아니라 그들을 또 다른 대기업으로 키워내는 것이다. 또한 대기업의 50만 달러(건설 100만 달러)를 초과하는 주계약에 대해서는 23% 이상의 하도급 계획 제출을 의무화한다. 뿐만 아니라, 이러한 정책들을 철저히 감시하고 실행하는 정밀 감사시스템도 마련되어 있다. 만약 대기업의 횡포나 중소기업의 불법이 발견되면 계약은 즉각 취소되고 해당 기업은 다른 모든 정부입찰에서 철저히 배제된다. 이러한 제도와 시스템들은 막연히 중소기업 보호만을 목적으로 하고 있는 것은 아니다. 실질적인 효과 없이 이름만 앞세운 허울좋은 정책은 더더욱 아니다. 미국의 중소기업과 대기업의 상생 정책은 서로가 뗄래야 뗄 수 없는 존재이며 또한 함께 해야 서로가 더욱 성장할 수 있다는 사실을 바탕으로 하고 있다.

# 대기업과 중소기업이 상생할 수 있는 공정한 무대를 제공하자

그렇다면 우리나라의 대기업과 중소기업 간의 상생의 실상은 어떨까? 대기업 상생협력 현황조사를 보면, 주요 대기업의 97%가 상생협력 프로그램을 추진하고 있는 반면, 담당부서 임직원 평가시 상생협력 실적을 반영한다는 응답은 68%에 불과하다. 위에는 한다고 말을 해놓고도 현장에서는 제대로 움직이지 않고 있다는 뜻이다. 또 다른 문제점은 수십 년간 굳어온 대기업 중심의 경제정책이다. 정부가 지난 수십 년 동안 중소기업과 같은 경제적 약자를 지원하기 위한 다양한 지원정책들을 개발했다지만 그 내용을 들여다 보면 대기업들의 대량생산시스템 유지를 위한 부품공급처로서 중소기업이 필요했을 뿐 진정으로 그들을 위한 실질적인 정책은 아니었던 것이다.

주요 경제부처의 초점 역시 대기업 지원에 쏠려 있고 불공정거래를 감독하는 공정거래위원회조차도 중소기업을 보호하기 위한 실효성 있고 강제력을 띤 규제를 내놓지 못한 채 여론의 눈치보기에만 급급한 정책을 쏟아냈을 뿐이다. 이런 상황에서 대기업은 실효성 없는 법을 교묘히 피해가며 중소기업을 압박해 제 살만 불려왔다. 혹자는 상생이란 궁극적으로 법과 제도만으로는 안되고 문화와 마인드 개선으로 풀어야 한다고 한다. 이 또한 맞는 말이다. 하지만 여기서 유의해야 할 것은 공정한 무대와 기회를 제공받지 못한 채 형성된 문화와 마인드는 결국 강자들의 입맛에 맞게 회귀할 뿐이라는 점이다.

대기업과 중소기업이 1:1로 만나 자유롭게 협력하는 시장에서는 법의 규제가 미치는 범위에 한계가 있다. 이런 점에서 정부가 주관하는 프로그램을 통해서 그 둘의 무대를 좀 더 공정하게 만들 필요가 있는 것이다. 국가 전체를 주관하는 '정부'의 특성상 그가 주관하는 사업 및 시장은 일반시장보다는 공정성을 가지고 있으며 그 규모도 크다. 이런 정부 주관 시장에 대기업과 중소기업이 함께 참여할 수 있는 프로그램을 만든다면 공정성을 바라는 중소기업이나 커다란 시장을 바라는 대기업 모두에게 만족을 줄 수 있을 것이다.

정부는 법규와 정책적 압박만으로 시장에 개입할 것이 아니라, 좀 더 주체적으로 대기업과 중소기업이 동시에 만족할 수 있는 프로그램을 개발하여 상생하고 함께 성장할 수 있도록 해야 한다. 이것이 국가경쟁력이다. 미국의 정부조달시장에서 엿볼 수 있는 상생정책은 우리가 나아가야 할 방향키인 것이다.

# 무역 2조 달러 가능하다

정인교

인하대 교수

## 무역 1조 달러의 의미

2011년 12월 스위스 제네바에서 세계무역기구(WTO) 각료회의가 개최되었다. 세계무역의 확대를 위하여 추진되고 있는 도하개발의제(DDA)의 조속한 협상재개에 대해 논의하기로 했지만, 세계 경제가 금융위기 이후 성장 모멘텀을 찾지 못하고 있는 데다가 협상타결을 주도할 만한 국가도 없어 별다른 결실을 보지는 못했다. 이처럼 글로벌 통상환경이 악화된 상황에서도 우리나라는 무역 1조 달러라는 획기적인 위업을 달성했다. 세계에서 9번째로 1조 달러 클럽에 가입했고, 통상대국으로서의 위용을 갖추게 되었다. 1조 달러는 1달러 지폐를 가로로 늘어놓으면 지구를 3,370바퀴 돌 수 있을 정도의 길이에 해당하고, 100달러를 차곡차곡 쌓으면 8,848미터 에베레스트산의 136배 높이에 해당한다고 한다.

# 한국경제발전은 세계경제사의 기적이다

무역 1조 달러를 달성함으로써 우리나라는 세계 경제발전사에서 새로운 이정표를 세웠다. 1962년 최초 수립된 '경제개발 5개년 계획'의 이행으로 세계 최빈국에서 탈출하여 개발도상국으로 발전한 '한강의 기적'에 이어, 점진적 개방과 개혁정책으로 국제경쟁력을 높여 이제 우리나라는 세계 통상 무대에서 '주연'으로 우뚝 설 수 있게 되었다. 세계에서 내노라하는 선진국과 13억 인구를 가진 중국만이 기록했던 무역 1조 달러를, 해외원조로 연명하던 신생독립국이었던 우리나라가 세계경제 역사상 처음으로 이루어낸 것은 많은 개발도상국가에게 귀감이 될 수 있다.

이러한 무역규모를 기록하기까지는 우리 국민, 기업과 산업역군의 땀과 노력이 절대적인 역할을 했다. 또한 단계적인 개방과 개혁정책을 추진해 온 정부의 역할이 컸고, 자유로운 국제통상환경의 덕을 많이 봤다.

## 우리나라의 수출입 발전 추이

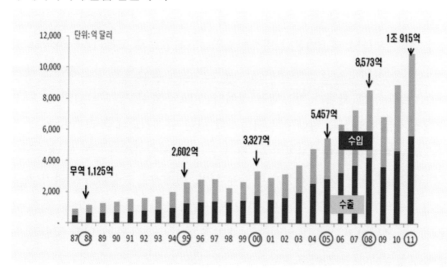

# 무역 2조 달러 가능하다

1988년 서울올림픽을 개최하던 해에 우리나라는 무역 천억 달러를 기록했고, 이듬해 베를린장벽 붕괴로 냉전체제가 와해되면서 우리나라는 상호 호혜적 개방체제에 입각한 무역을 하지 않을 수 없는 상황에 처하게 되었다. 당시 협상이 진행중이던 우루과이라운드(UR)는 우리에게 국제적 수준의 개방의무와 더불어 통상국가로 발전할 수 있는 기회를 갖게 해주었다.

지식경제부 등 산업통상당국은 벌써부터 1조 달러를 넘어 무역 2조 달러 달성목표를 설정하고 있다. 2010년 기준으로 무역 2조 달러를 기록한 국가는 미국(2조 6천 억 달러), 중국(2조 2천 억 달러), 독일(2조 달러) 3개 나라에 불과하다는 점에서 보면, 2조 달러는 벅찬 과제일 수 있다. 그러나, 세계 최저개발국가에서 세계 7위 무역국가로 발전한 우리의 역량으로 해내지 못할 과제도 아니다.

## 서비스업이 관건이다

무역 1조 달러를 넘어 2조 달러, 세계 5대 무역국가로 발전하기 위해서는 우리나라 서비스산업이 획기적으로 발전해야 하고 경제통상체제도 발전되어야 한다. 오늘날 제조업은 서비스산업의 융·복합으로 고부가가치화되고 있는데, 현재의 물량중심 수출구조에서 고부가가치 상품으로 발전해야만 세계시장으로의 진출 확대가 가능해질 것이다. FTA와 같은 양자간 협정 및 다자간 통상자유화에 적극 참여하여 서비스에 대한 규제완화에 주력해야 하고 동시에 국민적 인식을 개선시켜야 할 것이다. 또한 통상이슈가 정쟁의 대상으로 확대되지 않도록 사회적 역량이 커져야 하며, 세계 9위 통상국가가 과거 저개발국 수준의 보호무역조치를 유지하면서 세계시장을 공략해 나가는 것을 국제사회가 용납하지 않음을 인식하고 개방적 통상체제 구축에 대한 국민적 공감대를 형성해야 할 것이다.

### 산업기반 강화해야

앞으로 수출을 지속적으로 늘려나가기 위해서는 산업기반을 확충해야 할 것이다. 무엇보다 산업구조 고도화 및 수출의 고부가가치화, 부품소재의 수입 의존도 완화, 서비스 경쟁력 제고 등을 서둘러야 한다. 중국 등 특정국가에 대한 지나치게 높은 수출의존도를 점차 줄여 수출지역 및 수출상품을 다변화해야 한다. 또한 창의력을 가진 이들의 창업 활성화를 위한 공공지원을 강화해 나가야 하며, 기업인들의 기업의지가 고양되는 사회적 분위기를 조성해야 할 것이다.

### FTA 허브화로 경제이익을 극대화해야

미국, EU 등과의 FTA를 차질 없이 이행하고 FTA 경제실익을 극대화하는 데 정부당국의 노력이 뒤따라야 할 것이다. FTA 체결노력에 비해 그 활용실적은 부진한 상황이다. 글로벌 FTA 네트워크의 상당부분을 달성한 현 시점에서는 우리나라를 'FTA 허브'로 발전시켜 국내외 기업들의 투자대상국이 되도록 해야 한다. 이제 글로벌 네트워크의 구축으로 한국에서 생산하면 전세계로 무관세 수출할 수 있는 길은 열었다. 문제는 국내의 투자환경인데, 그동안 규제완화 노력에도 불구하고 우리나라 투자환경은 OECD 회원국 가운데 꼴찌수준을 면하지 못하고 있다. FTA 네트워크가 투자확대로 이어지기 위해서는 투자환경 개선에 주력할 필요가 있다.

그동안 우리나라의 수출실적은 대기업이 이룬 성과라 해도 과언이 아닐 것이다. 특히 10여 년 전 동아시아 금융위기를 겪으면서 체질을 획기적으로 개선시킨 국내 굴지의 대기업들은 '수출 한국호'를 이끌어 왔다. 하지만, 보다 넓은 수출기반을 다져나가기 위해서는 우리 경제의 절대다수(기업수의 99%, 취업자의 88%)를 차지하는 중소기업의 수출역량이 개선되어야 할 것이다.

# 공정경쟁사회를 만들자
## 전통과 성실성이 존중되는 사회

**| 권정호**

| 인천대 교수

## 짝퉁이 판치는 사회

### #사례 1. 원조? 진짜 원조?

전에 살던 동네 근처에는 먹자골목이 있었다. 여러 개의 아구찜 집이 성황리에 영업을 하고 있었다. 그런데 어느 날, 못 보던 아구찜 집이 하나 생겼다. 아주 요란한 간판에 TV 맛집에 방영된 유명한 명소라는 선전이 곁들여 있었다. 분명 신장개업인데 '30년 전통의 ○○아구찜' 집이라는 간판에 손님을 북적이게 한 것이다. 거기에서 별로 떨어지지 않은 곳에 위치한 어느 아구찜 집 사장은 손님을 뺏겨 가슴을 치며 불평을 털어놓더니, 어느 날 가게 간판을 새로 내걸었다. 일명 '원조 ○○아구찜'이란 간판이었다. '30년 전통'에 맞서기 위해 '원조'를 내세운 것이다. '30년 전통'을 주장하던 아구찜 집 사장은 다시 '진짜 원조 ○○아구찜'이란 간판으로 바꾸었다.

### #사례 2. 서울상회? 새서울상회?

미국의 한 한인촌에서 있었던 일이다. 좋은 쌀을 저렴한 가격에 팔아 신뢰를 얻어 장사가 잘 되는 '서울상회'라는 쌀가게가 있었다. 그런데 '서울상회'가 쌀장사 잘 된다는 얘기를 듣고 바로 서울상회 길 맞은편에 '새서울상회'라는 쌀가게가 문을 열었다. '서울상회'와 '새서울상회'는 서로 경쟁을 하면서 가격을 계속 낮추었고, 두 가게의 쌀을 헐값에 대량으로 사다가 큰 이득을 본 것은 이웃에 있던 일본 쌀가게였다. 결국 두 가게는 파산을 했고, 불공정거래로 고발을 당했다.

### #사례 3. 한국·대한? 협회·연맹?

전통과 비전을 갖고 구성원이 열심히 활동하는 한국○○학회가 있다. 그런데 이와 유사한 대한○○학회가 어느 날 결성되었다. 같은 ○○학을 공부하지만 새로운 관점에서 달리 연구하는 모임을 만들어 보려는 경우라면 상관없다. 하지만 그렇지 않은 경우도 많다. ○○학회를 운영하는 대표집단이 마음에 안 들거나, 아니꼽다는 생각에서 몇몇이 다시 대한○○학회를 만들었다면 이것은 큰 문제다. '한국'을 '대한'으로, '한국'을 '전국'으로, '협회'를 '연맹'으로 무언가 조금 다른 짝퉁을 만들어 독립을 선언한 예는 비일비재하다.

## 전통과 성실이 존중되는 사회

유사단체나 유사상호의 업체들이 만들어지고 큰소리칠 수 있는 사회는 결코 선진사회라 할 수 없다. 남의 생업이나 노력을 송두리째 빼앗아 버리고도 버젓이 큰소리치면서 지낼 수 있는 사회, 그런 사회는 우리가 바라는 한국이 아니다. 한국 사회처럼 주위 사람에게 관심을 표명하고 간섭하면서 사는 사회도 드문 것 같은데 정작 다른 사람의 역사와 전통을 존중하는 바람직한 관심은 부족한 것 같다. 남에 대한 배려까지는 아니더라도 함께 더불어 사는 공정한 경쟁의 규칙은 존재해야 한다. 자유주의 시장경제에서는 경쟁의 승자와 패자를 알 수 없는 상황이기 때문에, 기본적으로 상대방의 삶의 기본조건만은 인정하고 손상시키지 않는 범위에서 경쟁하는 것이 원칙이다. 보수의 기본이념은 원래 이렇듯 쌓아온 사회적 기본가치와 질서를 유지하면서 개혁하자는 데 있다.

그런데 급격한 발전과 그 발전의 역기능에 시달리는 우리는 자유주의적 경쟁과 전통을 존중하고 남을 배려하는 진정한 보수의 의미를 잃어버린 것 같다. 새로운 것, 창의적인 것, 경쟁에 이기는 것에만 가치를 부여한 것 같다. 그러나 아무리 창의적인 것이 필요하고 틈새시장을 노려야 성공한다고 하지만 기본이 무너져내린 몰염치와 혼돈을 방치해서는 안된다. 힘 있고 돈 있는 대기업이 영세한 떡볶이 가게 옆에 분식체인점을 열어 경쟁이란 이름으로 이들의 삶을 강탈하는 것을 그대로 보고만 있어서는 안된다. 그렇지 않으면 '국민소득 2만 달러'는 힘 있고 약삭빠른 대기업이나 특정 업종을 영위하는 사람들의 이야기일 뿐, 현실의 서민들의 삶의 기준은 되지 못하기 때문이다.


## 공정 경쟁을 위한 사회적 지원체계의 구축

끊임없는 불공정 경쟁은 승자보다 훨씬 많은 패자를 만들어 낸다. 공정한 경쟁은 승자만이 아니라 패자에게도 생존의 가능성을 남겨놓아야 한다. 우리나라에서는 무한경쟁에서 성공한 극소수의 승자를 보수라고 생각하는 경향이 있지만, 진정한 보수는 전통을 이어가는 올바름의 선택이다. 변화하는 시대에 어떤 사회적 가치가 옳고 얼마나 오래 지속될 것인지 장담하기는 어렵지만, 공정한 경쟁의 규칙을 통해 쌓아온 부와 명성은 존중되고 이어져 나갈 수 있어야 한다.

약삭빠르고 남을 모방하고 상대방을 짓눌러서는 성공하지 못한다는 생각이 뿌리내려야 온 국민이 행복해질 수 있다. 몰가치적 경쟁, 결과만을 따지는 태도, 한번 경쟁에 패배하면 더 이상의 희망이 존재하지 않는 사회가 되지 않아야 한다. 이러한 공정한 경쟁사회를 정착시키기 위해서는 사회적 약자가 불공정 경쟁을 극복할 수 있도록 하거나 그 피해를 지원받을 수 있는 사회적 제도가 만들어져야 한다. 공정한 사회는 개인의 힘이나 법률적 구제만으로 만들어지기 어렵다. 부당한 유사 상호나 유사 단체명의의 사용을 시정하거나 조정하는 등 사전적, 예방적으로 공정경쟁을 지지하고 지원하는 제도를 구축함으로써만이 가능하다.

# 소세 선납할인이 미래의 선택이다

## 오늘의 1원 ≠ 내일의 1원

| 서문훈

| 공인회계사

## 납세자는 봉인가?

모든 국민은 헌법상 납세의무를 지고 있다. 정부는 세목별로 신고납부기한을 정하여 관련세금을 징수하며, 납부기한을 경과한 경우에는 미납부가산세를 부과 징수하고 있다. 미납부가산세는 납부를 강제하는 징벌적 성격이 있음과 동시에 화폐의 시간적 가치를 고려한 시장원리를 반영하여 통상 하루 늦게 납부할 경우, 미납세금에 대하여 일변 1백분의 3의 비율(연 10.95%)로 가산세를 부과하고 있다.

그러나 납부기한 전에 납부할 경우에는 이에 대한 화폐의 시간적 가치를 전혀 고려하지 않고 이자상당액을 공제해 주지 않고 있어 가산세 징수와 형평에 맞지 않는 게 현실이다.

# 세금을 2달 후에 분납하려 했으나 연체로 이어질 줄이야

제조업을 하는 A씨는 2008년 1월에 벤처기업을 설립한 친구의 권유로 1억 원을 들여 친구회사의 비상장주식을 액면가로 취득했다. 그런데 자금사정이 악화되어 2011년 4월 5일에 보유주식을 10억 원에 양도하였고, 받은 양도대금으로 아예 양도소득세를 납부할 계획으로 회계사에게 양도소득세 금액과 납부기일을 문의하였다. 중소기업주식을 양도한 경우, 양도소득세는 양도차액의 10% 세율이 적용되므로 대략 9천만 원이 나오고 양도세 신고기한은 양도일이 속한 분기말로부터 2개월 후이므로 8월 말까지 신고하면 되고 납부세액이 1천만 원 이상이므로 분납이 가능하여 2011. 8. 31에 4천 5백만 원을 납부하고 두 달 후인 2011. 10. 31에 4천 5백만 원을 납부하면 된다는 연락을 받았다.

빨리 세금을 내고 잊어버리고자 했던 A씨는 "지금 바로 세금을 전부 내도 별다른 혜택이 없다"는 말을 듣고, 납부기일까지 은행에 넣어두면 이자라도 나오는데 미리 내면 바보라는 생각이 들어 나중에 납부하겠다고 했다.

8월 말에 신고납부기한을 챙겨 일부 세금을 납부하였으나 9월이 되어서 운영하는 회사에 자금난이 닥쳐 결국 분납분 양도세를 낼 자금까지 회사운영 자금으로 사용하게 되었고, 결국 양도소득세를 일부 체납하게 되었다. 바로 이같이 자산을 양도하고 돈 있을 때 세금을 미리 납부할 수 있는 유인책이 없기 때문에 체납이 일어나는 경우가 비일비재한 것이다.


# 오늘의 1원과 내일의 1원은 같지 않다

얼마 전 B씨는 4만 원짜리 주차위반 과태료통지서를 받았다. 일정 날짜까지 납부할 경우에는 20%를 할인하여 3만 2천 원에 납부할 수 있다는 안내문을 보고 바로 3만 2천 원을 납부했다. 이는 시장경제에서 화폐의 시간적 가치를 반영한 당연한 결과다. 선납할인 대신 세금포인트로 환산해 다양한 우대혜택이 적용될 수 있도록 하는 방안도 고려해 봄 직하다.

비록 조세 선납할인제도를 시행하는 외국의 사례는 드물겠지만, 우리나라는 전자결제에 관한 한 IT강국이므로 과감히 도입하여 오늘의 1원과 내일의 1원의 가치가 다름을 새로운 제도로 보여주는 것도 IT강국다운 면모일 것이다.

## 조세 선납할인이 합리적인 미래의 선택이다

간접세나 원천세를 제외하고 종합소득세, 양도소득세, 상속증여세 같은 직접세를 전자로 납부할 경우에 한해 납부기한 이전에 납부한 선납일수만큼 일정비율(가산세율 또는 가산세보다 다소 낮은 율)을 적용하여 선납할인을 하여 전자납부할 수 있도록 함으로써 화폐의 시간적 가치를 고려한 조세행정을 도입하면 국민의 편익을 증대시킬 수 있고 세금연체를 방지할 수 있다. 또한 사업자의 경우에 전자어음으로 세금을 납부할 수 있도록 허용하고 어음의 만기일을 세금납부기한으로 해서 세무서장 앞으로 발행하면 징세기관으로서는 분납세금을 관리할 필요성이 없어지고 납세자로서는 분납제도의 정책지원효과를 그대로 받을 수 있어 모두에게 도움이 된다.

결론적으로 조세 선납할인제도 도입효과를 다음과 같이 정리해 본다.

• 조세 체납 방지: 종합소득세, 양도세, 상속세, 증여세를 신고와 동시에 바로 전자납부할 경우, 선납할인을 적용해 준다면 선납할인을 받고자 신고와 동시에 바로 세금납부가 이루어져 체납방지에 매우 효과적이다.

• 화폐의 시간적 가치 반영으로 미납부가산세와의 형평성 제고: 미납부가산세에 대한 조세저항을 완화하고 선납에 따른 금리혜택을 납세자에 제공하므로 화폐의 시간적 가치를 반영한 합리세정의 기틀을 마련한다.

• 다른 선납할인제도와 형평성 유지: 아파트 분양대금을 선납할 경우 일정비율의 선납할인이 적용되는 것과 같이 조세도 이와 같은 선납할인의 적용으로 타 제도와의 형평성을 제고할 수 있다.

• 조세 징수액 파악에 효율적: 납부기한 전에 전자납부하는 세금을 신속하게 파악할 수 있어 세정관리에 도움이 된다.

# 다양한 SOC 확충이 진정한 서민복지다

손봉수

연세대 교수

## 정부의 SOC 투자 현황과 문제점

최근 정부는 SOC 시설이 충분하다는 인식하에 관련 재정투자를 축소하였다. 2011∼2015년 국가재정계획에서 12개 분야 중 SOC만이 유일하게 연평균 −1.7% 축소되었다. 2012년도 총지출규모는 금년대비 5.5% 증가한 326.1조 원이 편성되었는데, 모든 사업부문의 예산은 증가했지만, SOC 예산만 유일하게 22.6조 원으로 −7.3% 감소했다. 이러한 예산편성의 기조는 정부가 2015년까지 녹색성장, R&D, 보건, 복지, 노동, 교육 등 우리 경제의 성장기반을 강화하고, 서민 취약계층의 복지서비스를 확충하는 데 집중할 계획을 세웠기 때문이다. 전반적으로 과거 대비 현재의 경제성장률이 정체된 상황에서, 국가의 SOC 재정투자의 축소는 어느 정도 예상할 수 있지만, 이러한 추세가 장기화될 경우, 여러 부문에서 우리 사회의 성장과 안정을 저해시킬 것으로 우려된다.

첫째, 정부가 국토의 성장잠재력을 극대화하기 위해 발표한 제4차 국토종합계획 수정계획(2011~2020)에서 제시한 광역경제권 전략과 초광역권 전략 모두 SOC 예산부족으로 초기부터 추진이 매우 미흡하게 된다. 둘째, 정부의 SOC 예산이 축소하는 상황에서, 재정자립도가 낮은 지자체의 복지예산이 지속적으로 증가할 경우, 지역개발을 위한 SOC 예산의 축소는 불가피하게 된다. 이는 곧 해당지역을 더욱 낙후시키고 재정자립도를 더욱 약화시키는 악순환으로 이어지는 부작용을 초래할 것이다.

## 지속가능한 사회복지 실현을 위한 SOC 정책

다양하고 지속가능한 사회복지서비스의 제공 여부는 관련된 SOC 시설의 확충 여부에 좌우된다. 향후 20~30년의 미래를 바라보고 지역 발전에 필요한 SOC 시설을 미리 구축해야 한다. 이를 위해서는 SOC 예산의 적정수준을 지속적으로 유지하고 SOC 투자재원을 다양하게 확보하는 것이 절대적으로 필요하다.

### 소멸성 복지서비스는 자제해야 한다

최근 우리 사회에 큰 논란을 불러온 무상급식과 같은 복지제도는, 이 제도의 도입취지의 건전성과는 무관하게, 지속가능한 사회복지서비스를 구현하고자 하는 관점에서 바람직하지 못하다. 무상급식은 소멸성 복지서비스이기 때문이다. 한 번 새롭게 도입된 복지제도를 취소하기란 거의 불가능하다. 게다가 우리 사회의 고령화 속도는 세계 최고수준이라서, 복지서비스의 대상자도 급속히 늘어나고 있다. 따라서 좋은 취지의 복지서비스일지라도 소멸성 복지는 우리의 미래세대에게 막대한 재정적 부담을 지우게 된다. 그래서 우리 사회에 건전한 사회복지를 정착시키기 위해서는 추가적인 예산투자 없이도 복지서비스를 서민들에게 지속적으로 제공할 수 있는 근본적인 틀을 마련해야 한다. 이러한 목적에 가장 적합한 대상이 SOC 시설의 확충이다. 한 번 구축된 SOC 시설은 유지보수에 필요한 소규모 예산만 투자하면 시설의 수명이 다할 때까지 활용할 수 있기 때문이다.

### 지속가능한 SOC의 예, 양재천 정비사업

정비사업 이전의 양재천은 콘크리트 블록으로 둘러싸인 치수(治水) 목적의 하천이었다. 5급수인 양재천은 주민이 접근조차 꺼릴 정도로 정화능력을 상실한 상태였다. 이러한 양재천에 지속가능한 SOC 개발에 해당하는 자연형 하천복원을 시행한즉 이에 따른 효과는 단순히 수질의 개선에만 그치는 것이 아니라 추가적인 파급효과도 발생하고 있다. 생태학습장으로 충분한 역할을 수행할 뿐만 아니라 매일 만 명 이상이 산책과 운동을 즐기는 명소가 되었다. 또한 이용주민과 외지인에 의하여 인근 상권의 활성화가 도모되고, 여기서 발생한 수익을 다시 양재천 주변의 환경개선에 투입함으로써 지속적인 관리 및 운영이 가능하게 되었다.

### 도로건설사업

도로건설사업은 가장 대표적인 SOC 사업이면서 지속가능한 복지의 일환이다. 도로건설은 낙후지역을 발전지역으로 도약시키는 역할을 한다. 도로의 건설로 인하여 발생하는 1차적인 효과는 지역간 이동시 수송비의 절감과 수송시간의 단축이다. 2차적 파급효과는 도로주변지역의 개발과 토지이용에 따른 환경개선효과, 공장입지 확대에 따른 생산성 증대효과를 들 수 있다. 이러한 도로건설사업의 선순환적 파급효과로 인하여 지역경제 활성화가 가능하게 되며 지역주민의 생산성 및 가계경제의 증대효과를 가져다 줄 수 있다.

결론적으로, 단순히 일정 금액의 보조금을 지급하거나 이에 상응하는 물품을 제공하는 차원에서 끝나는 복지정책은 1차원적인 것에 해당된다. 제공된 복지의 혜택이 특정집단 및 계층에 한정될 경우 복지정책의 파급효과는 미미하기 때문이다. 지속가능한 복지의 실현을 위해서는 2차, 3차의 파급효과를 유발할 수 있는 SOC 사업에 대한 투자를 반드시 포함시켜야 한다.

# 중소기업증권거래소 설립으로
# 중소기업의 돈 가뭄 해소를

| 이장우

| 부산대 교수

중소기업 시절을 거치지 않은 대기업은 없다. 이는 유년기와 청소년기를 거쳐야 비로소 어른이 될 수 있는 것과 같은 이치이다. 중소기업의 협조 없이는 어떤 대기업도 존속할 수가 없다. 중소기업 없이는 고용문제도 해결이 안 되고 국민경제 자체의 존립도 불가능하다. 우리나라 전체 기업 중에서 중소기업의 업체수 비중은 99.9%, 종사자 수 비중은 87.7%(약 1,200만 명)이다(『전국 사업체조사』 중소기업청, 2009년). 우리나라 서민의 대부분이 중소기업에 삶을 의존하고 있음을 짐작할 수 있다.

## 중소기업의 자금조달 실태와 직접금융의 어려움

그럼에도 불구하고 영업 및 금융에 있어서 중소기업이 활동할 수 있는 여건은 매우 열악하다. 자금조달도 장기적, 안정적으로 조달할 수 있는 직접금융 수단(증권시장)보다는 간접금융 수단(은행 등)에 의존하여 힘겹게 운영되고 있다. 중소기업의 자금조달 원천을 보면, 은행자금 71.9%, 정책자금 24.8%, 기타 3.3%이며, 주식(0.3%)과 채권(0.4%)에 의한 자금조달은 극히 미미하다 (2006년). 2010년 말 중소기업의 직접금융(주식, 채권)은 대기업(52조 원)의 7.7%에 불과하다. 중소기업들이 자금조달에 있어서 어려움을 겪고 있음을 보여주는 지표들이다. 중소기업의 금융거래 및 상장에 있어서 가장 큰 문제는 투자자와 기업 간의 정보불균형의 문제이다. 정보불균형이 존재하면 시장은 결국 붕괴한다. 금융시장에서의 중소기업의 고통은 바로 이 점에서 출발한다. 일반적으로 중소기업들은 투자자들과 애널리스트들의 관심 밖에 있다. 중소기업은 불확실하고 위험이 높은 거래자인 것으로 인식되어 있다. 따라서 중소기업은 금융기관과 투자자들로부터 외면당할 수밖에 없다.

## 중소기업증권거래소의 도입 움직임

미국의 OTCBB, 일본의 MOTHERS, 영국의 AIM은 중소기업 주식을 전문적으로 거래하는 시장이다. 우리나라에서도 신설 움직임이 있는 가칭 '중소기업증권시장'은 성장기에 있는 중소 벤처기업이 자본시장을 활용하여 자금조달을 할 수 있는 중소기업주식전문투자시장이다. 대상은 매출액 50억 원 미만이기나 자기자본 5억 원에서 15억 원 정도 되는 기업을 진입대상으로 하고, 투자는 전문투자자나 벤처캐피탈만 할 수 있도록 하는 방안이 검토되고 있다. 중소기업 자금조달의 어려움에 비추어 보면, 바람직한 대안이 될 수 있다. 다만, 이 시점에서 중소기업증권거래소는 어떻게 설립하는 것이 바람직한가 검토해 볼 문제이다. 이론적 관점에서 보면, 전술한 바와 같이 정보불균형의 갭을 메워줘야 한다. 누군가가 중소기업의 실질을 제대로 평가하고 보증해 준다면 정보불균형에 따른 문제는 해소되고 중소기업을 위한 금융시장은 활성화될 수 있다. 그렇다면 누가 그것을 해줄 수 있을 것인가? 하나의 좋은 대안은 '기술보증기금(기보)'의 역할을 확대하는 것이다. 기보는 중소기업의 기술가치를 평가해서 보증해 줌으로써 금융거래가 가능하도록 하는 기술금융전문 지원기관이다. 기보는 KTRS라는 기술평가시스템을 가지고 있다. KTRS는 유형자산이나 재무실적이 아닌 기업이 보유한 기술력·사업성 등 미래가치 위주의 평가를 통해 기술평가보증 및 기술혁신기업에 대한 보증 여부를 평가하는 시스템이다. 그런데 놀랍게도 기보의 보증실패율이 5%(2010년도)에도 미치지 않는다는 것이다. 손쉽게 평가할 수 있는 유형자산이 거의 없는 벤처·중소기업의 평가로는 매우 성공적이라 할 수 있다. 2010년도 우리나라 벤처기업의 수는 24,645개에 이른다. 기보가 보증해 주고 있는 5만 1천여 개의 벤처·중소기업 중 AAA~A의 기술사업평가등급을 가지고 있는 벤처·중소기업이 4.6%(2010년)에 이른다. 그 중에서도 고르고 골라 상위 1% 이내의 500개 정도의 최우수 벤처·중소기업은 시장 및 투자자에게는 잘 알려져 있지 않지만 그 내용은 매우 훌륭한 기업임을 짐작할 수 있다. 이런 우수 벤처·중소기업에 대해 기보가 가치평가를 수행하고 이를 근거로 주당 이론적 가치를 평가하여 중소기업증권거래소에 상장시킨다면 매우 성공적일 것으로 기대된다. 상장 이후에는 유상증자 및 채권발행도 가능해질 것이다.


## 기대효과 및 프리보드와의 차별화

상장을 통해 주식 및 채권을 매개로 양질의 장기자금을 조달한다면 많은 우수 중소기업들이 새로운 성장동력을 확보할 수 있게 될 것이다. 이는 미래의 강소기업, 중견기업, 대기업의 씨앗을 키우는 것이요, 우리 경제의 미래를 굳건하게 하는 것이다. 기보의 평가시스템을 잘만 활용하면 투자자도 전문 투자자나 벤처캐피탈만으로 국한시키지 않고 개인투자자도 참여할 수 있도록 허용해도 될 것으로 생각된다.

중소기업증권거래소 설립이 기존의 제3시장(프리보드)처럼 되어서는 안된다. 현재의 프리보드는 원래 코스닥으로 가기 전단계의 시장으로 고안되었으나 정보불균형 문제를 해결하지 못해 마치 도박의 장처럼 변질되고 말았다. 이 지경에 이르면 프리보드 주식은 무조건 저급의 주식으로 인식되어 궁극적으로는 시장이 붕괴될 수밖에 없는데, 실제로 프리보드는 37개 기업만이 지정되어 있는 거의 고사상태의 시장이 되고 말았다. 중소기업증권거래소에 기보의 평가시스템에 의해 엄선된 500여 개의 우수 벤처·중소기업만을 상장시켜서 거래한다면 프리보드와 같은 시장과는 확실히 차별화되고 성공적인 시장을 창출할 수 있을 것이다.

# 우리나라에는
# 왜 Apple이 없을까?

김병배

전 공정거래위원회 부위원장

## Apple, 과연 어떤 회사인가?

지난 2011년 10월 5일 Apple사의 창립자이자 CEO였던 스티브 잡스가 췌장암으로 56세의 젊은 나이에 세상을 떠났다. 전 세계는 "에디슨 이후의 가장 혁신적인 발명가" 등의 찬사로 그의 죽음을 애도했다. 현재 세계에서 가장 혁신적인 기업으로 평가되는 Apple사가 스티브 잡스 이후에도 혁신을 계속하며 발전할 수 있을지 여부 등, 그의 죽음과 관련된 다양한 보도를 접하면서 Apple사가 오늘날 세계 경제에서 차지하는 비중이나 위상을 다시 한번 느끼게 된다. 그럼 과연 Apple은 어떤 회사인가?

Apple은 1976년 4월에 스티브 잡스가 다른 동료 2명과 함께 캘리포니아 Cupertino에서 창설한 기업이다. Apple이 1980년에 주식을 상장하였을 때는 약 300명의 Apple 종업원이 1백만 달러 이상의 부자가 되었는데, 이는 미국 기업공개 역사상 최대 규모였다. Apple의 시가총액은 약 3천억 달러(약 345조

원, 2011년 1월 기준)로서, 이는 삼성전자(약 140조 원)의 2.5배 수준이고, 우리 나라 코스피 상장기업 922개 전체의 시가총액(약 1,141조 원: 2010년 말)의 약 30%에 해당되는 것이다. 미국에서는 2010년 5월 말에 Apple사의 시가총액이 마이크로소프트사(MS)의 시가총액을 추월하여 세계 제1위의 IT 기업이 되었으며, 모든 업종을 기준으로 볼 때 ExxonMobil에 이어 세계 제2위가 되었다. 1976년에 창업한 Apple이 iPod, iPhone 등 신제품과 새로운 Business 모델 (App.Store)로 불과 34년 만에 세계 최대의 IT 기업이 된 것이다. 파산 일보 직전까지 갔던 1995년부터는 불과 15년 만이다.

## 우리나라는 왜 Apple과 같은 세계적 IT 기업이 없을까?

IT 강국임을 자랑하는 우리나라의 경우, 2010년 말 코스피·코스닥 시가총액 상위 10대 기업을 보면 모두 재벌 소속 기업 또는 대형 공기업(삼성전자, Posco, 현대차, 현대중공업, 현대모비스, LG화학, 삼성생명, 기아차)과 대형 금융·생명(신한지주, KB금융)이고, 독립된 IT기업은 하나도 없다. 10년 전인 2000년 말의 코스피·코스닥 시가총액 상위 10대 기업도 역시 마찬가지로서, 재벌그룹 소속 기업 또는 대형 공기업(삼성전자, SKT, 한국통신공사, 한국전력, Posco, 한통프리텔, 담배인삼공사)과 대형 금융·생명(국민은행, 외환은행)이고, 역시 독립된 IT 기업은 하나도 없었다. IT 기업으로는 Naver.com의 운영기업인 NHN이 2010년 말 현재 24위(11.9조 원), 그리고 게임업체인 엔씨소프트가 59위(4.5조 원)로 100위 내 기업으로 겨우 명맥을 유지하고 있다.

미국에는 불과 20~30여 년 전에 설립된 후 세계적인 IT 기업으로 성장한 Apple, MS와 같은 기업이 있는데, IT 강국임을 자부하는 우리나라에는 왜

Apple, MS와 같은 세계적 IT 기업이 없는 것일까? MS의 창업자 빌 게이츠, Apple의 창업자 스티브 잡스는 아이디어와 모험정신, 기술력을 바탕으로 맨손으로 창업하여 불과 10~20여 년 만에 세계 최고의 부자반열에 올랐고, 이들은 기업공개 과정에서 수천, 수만 명의 종업원을 백만 달러 이상의 부자로 만들었으며, 수많은 미국의 젊은이들로 하여금 제2, 제3의 빌 게이츠나 스티브 잡스가 되겠다는 꿈을 갖게 했다. 그런데 왜 우리나라에는 맨손으로 창업하여 세계적인 갑부가 된 IT 기업의 CEO가 없는가? 젊은이들에게 꿈과 희망을 주고 도전과 열정을 자극하는 빌 게이츠, 스티브 잡스와 같은 창업자가 없는 것일까?

기술과 모험정신을 바탕으로 세계적인 IT 기업으로 성장한 Apple, Google, MS와 같은 기업이 우리나라에 없는 이유는 여러 가지가 있겠지만, 가장 큰 이유는 세 가지라 정리해 볼 수 있다. 첫째, 지난 30~40년 간 취해온 대기업과 재벌 중심의 성장정책으로 인해 창의적 아이디어와 기술 그리고 모험정신을 가진 IT 분야의 중소기업이나 벤처기업이 대기업으로 성장할 수 있는 여건이 조성되지 못했던 점과, 둘째, 창의와 기술, 모험을 바탕으로 하는 IT 분야의 중소기업이나 벤처기업의 성장에 필요한 투자 자금을 지원하는 금융시스템이 부족하였던 것, 셋째, 대기업의 기술 탈취와 물량 몰아주기 등 불공정거래와 경쟁을 제한하는 각종 규제로 인해 IT 분야의 중소기업이나 벤처기업이 시장에서 공정한 경쟁을 통해 대기업으로 성장하기 어려웠다는 것 등이다.


## Apple의 탄생을 위해 무엇이 필요한가?

우리나라에서 세계적인 IT 기업들이 나오기 위해서는 우선, 이제까지의 재벌이나 대기업 중심의 각종 경제정책을 수정하여 중소기업이나 독립적 IT 기업이 성장할 수 있는 여건을 마련해야 한다. 수출지원을 위한 저환율정책도 수정되어야 하며, 대기업과의 관계에서 협상력이 약할 수밖에 없는 소비자나 중소기업의 협상력을 제도적으로 강화시켜 주기 위해 집단소송·단체소송 제도의 도입을 확대하여야 한다. 부의 대물림 방지를 위해 상속·증여세제를 개편하고, 재벌의 형성·유지·강화를 억제하기 위해 지주회사에 대한 규제를 강화하고, 대그룹 형성을 억제하는 방향으로 소득세제도가 개선되어야 한다.

또한 혁신형 IT 기업에 대한 벤처 캐피탈이 원활히 공급되게 하려면, 이제까지의 담보 위주의 대출관행을 지양하고 신용과 기술력을 바탕으로 하는 금융환경이 조성되어야 한다. 다양한 형태의 금융기관과 금융상품이 출현하고 금융기관 간 경쟁이 촉진될 수 있도록 금융관련 규제도 완화되어야 한다. 아울러 혁신형 IT 기업의 성장을 저해하는 대기업의 기술 탈취, 단가 인하 등의 불공정거래 행위와 재벌기업의 IT 분야 계열기업에 대한 물량 몰아주기와 같은 부당지원을 억제하기 위한 제도개선을 하고, 이 분야의 조사강화를 위한 공정위의 권한과 인력도 강화되어야 한다. 대기업과 중소기업 간 주요한 거래 내용을 공시토록 하는 공시제도의 도입, 불공정거래를 당한 기업이 직접 법원에 불공정거래의 금지를 청구할 수 있는 사소(private action) 제도의 도입, 불이익을 당한 중소기업이 소송을 통해 충분한 보상을 받을 수 있게 하고 대기업의 불공정거래 행위에 대한 억제효과가 큰 3배 손해배상 제도(Treble Damage System)의 도입 등이 필요하다. 중소기업이나 IT 기업의 생성·성장을 저해하는 경쟁제한적 규제도 완화·철폐하고 과도한 규제의 도입을 억제해야 한다.

수십 년 간 형성되어 온 재벌이나 대기업 위주의 경제정책을 단기간에 바꾸기는 쉽지 않을 것이다. 금융 시스템의 개혁, 대기업의 불공정거래 행위 시정, 경쟁 제한적 규제의 개선도 상당한 시간이 소요될 것이다. 그러나 이제까지의 재벌 중심, 대기업 중심의 경제정책을 독립기업, 중소기업, 혁신형 창의기업 중심의 경제정책으로 전환한다는 것을 분명히 하고, 이의 실현을 위한 장·단기계획을 수립하고 일관성 있게 추진해 나가야 할 것이다. 그러면 우리나라에서도 머지않아 Apple, Google, MS와 같이 아이디어와 기술력을 바탕으로 창업하여 세계적인 IT 기업으로 성장하는 기업이 나올 수 있을 것이며 그 과정에서 많은 고용이 이루어져 청년실업과 '고용 없는 성장'의 문제도 축소되고, 많은 'IT 백만장자'들이 나올 수 있을 것이다. 양극화와 높은 청년실업으로 희망과 꿈을 잃은 우리의 젊은이들에게, 재벌 2세가 아니라도 성공하고 부자가 될 수 있다는 꿈을 갖게 하고 도전정신과 목표의식을 갖게 하기 위해서도 이는 중요하고 시급한 정책과제인 것이다.

# 태양광 산업의 도약을 위하여

박기주

기업인

## 태양광 산업, 위기인가?

최근 태양광발전산업이 위기라는 말을 자주 듣게 된다. 독일의 태양광 대표기업인 큐셀은 작년 2분기 약 5,000억 원의 적자를 기록했고, 미국의 대표적인 태양광 업체인 에버그린솔라와 스펙트라솔라 등은 경영난으로 파산했다. 국내도 예외가 아니어서 지난 2분기 태양광 대표업체들의 순이익이 -5% 이상 악화되고 있다. 이런 이유는 중국을 비롯한 세계 각국이 모듈 생산량을 늘렸지만 세계 금융위기와 더불어 태양광 시장은 작년과 유사한 수준에서 유지되다 보니 기업마다 재고가 늘어나고 있기 때문이다. 이런 위기 속에 국내 태양광 산업은 미래의 신성장동력으로서 날갯짓도 못해보고 사라질지도 모른다는 걱정의 목소리가 높아지고 있다.

하지만 이런 위기상황이 우리에게 나쁘기만 하다고 생각하지 않는다. 오히려 태양광산업의 후발주자인 우리나라가 선진기술과 선발업체들을 따라잡을 수 있는 도약의 기회로 삼을 수 있지 않을까? 위기를 극복하고 태양광 산업이 도약하기 위해서 내수시장을 확대하는 것도 중요하지만 이것만으로는 세계시장에서 성장의 도약을 이룰 수 없다. 내수시장 확대와 더불어 핵심 경쟁력 확보를 위한 정책과 기술개발만이 태양광 산업의 미래 도약을 보장할 수 있을 것이다. 이런 관점에서 지금은 냉철하게 국내 태양광 산업의 경쟁력을 되돌아보고, 우리에게 필요한 정책과 기술이 무엇인지 깊게 성찰해야 한다.

## 태양광산업, 무엇이 문제인가?

국내의 경우, 기존의 발전차액지원제도(FIT)가 시행될 때 설치된 태양광 발전설비 대부분은 특별한 지식 없이 고액의 지원금을 받아 설치·운영되었다. 하지만 태양광 발전에 의한 순이익은 고가 설비구입, 잦은 고장, 효율감소, 설비방치 등으로 "물가상승률＋은행금리"보다 다소 높은 수준에 머물고 있다. 왜냐하면 설치 당시에는 모듈 수요가 부족하여 품질은 떨어지고 가격은 상대적으로 높은 제품을 적용하다 보니 모듈 중심으로 가격을 낮추고자 하는 노력만 가중되어 발전량이 설계된 것보다 적게 나오는 것을 막을 수 없었다. 실제 발전량은 모듈뿐만 아니라 태양광 발전시스템 전체의 효율에 의해 결정된다는 사실을 몰랐기 때문이다.

국내 한 지방자치단체의 자체 조사에 따르면 2009년 이전에 설치된 태양광 발전설비의 경우, 약 40%가 고장 및 효율 저감 상태로 운영되고 있다고 한다. 한편 미국

EPRI 조사에 따르면 태양광 발전시스템 발전량 저하현상은 모듈에 의한 고장보다는 인버터 등의 모듈 외 설비의 고장 및 효율감소에 의한 영향이 상대적으로 높게 나타나고 있다. 선진국의 경우 시스템 전체의 효율을 높이기 위한 다양한 방식을 제안하고 있는데, 대표적인 예로 태양을 따라가며 발전하는 트래킹 방식이 있다. 코트라(KOTRA) 자료에 따르면 트래킹 태양광 발전시장은 2011년 전 세계시장의 약 22%인 21억 달러 시장이 형성될 것으로 예측하고 있고 2008년 대비 약 4배 이상의 성장이 기대된다는 것이다. 하지만 국내의 경우 트래킹 태양광 발전시장은 전체의 약 3% 이하로 상대적으로 미미한 편이다.

## 태양광산업 시스템의 경쟁력 강화를 위해

이처럼 태양광 발전은 개별 부품에 의존해 에너지를 생산하는 것이 아니라, 복합적이고 종합적인 구성을 통해 에너지를 생산하는 독립된 발전시스템으로, 전체 시스템을 효율적으로 관리하고 향상시키기 위한 정부와 기업 그리고 사용자 모두의 생각전환과 노력이 필요하다. 따라서 시스템 효율을 높이고 경쟁력을 확보하기 위한 세 가지 방안을 모색할 필요가 있다.

첫째, 단순히 태양광 모듈 효율향상이 아닌 고효율 태양광 발전시스템에 대한 기술지원과 정책적 지원이 필요하다. 에너지 기자재의 경우 고효율 에너지 기자재 인증제도를 통해 정책적으로 지원하는 것처럼 고효율 태양광발전시스템 인증제도를 도입하고 정책적으로 지원하여 실제 발전량이 높은 태양광 발전시스템이 국내에 보급되도록 하여야 한다. 만약 국내에서 2012년 시행될 신재생에너지 의무공급제도(RPS)에 10%의 효율향상을 이룰 수 있다면 정부가 추진하는 1.2GW 목표 발전량을 조기에 달성할 수 있을 것이다.

둘째, 기존 태양광 발전 설비의 유지보수에 대한 정책 지원이 필요하다. 현재 체계적인 관리가 되고 있지 않은 태양광 발전설비의 경우, 약 3년이 지나면 효율이 떨어지고, 약 5년이 지나면 고장이 발생하기 시작한다. 대부분의 경우 태양광 발전의 발전량 저하가 설비의 효율저하 및 고장에 의한 것인지, 아니면 일사량 및 구름 등 환경조건에 의한 것인지를 파악하기는 매우 힘들다. 따라서 태양광 발전 설비에 대해 유지보수를 의무화하고 효율이 많이 떨어진 태양광 발전에 대해서는 부품을 교체하고 수리하여 활용하는 리뉴얼 엔지니어링을 지원하는 정책과 이를 뒷받침하는 기술개발이 필요하다.

셋째, IT기술을 접목한 컨버전스 태양광 발전시스템을 추진하는 것이다. 대한민국의 강점인 IT기술을 태양광 발전에 결합하여 고효율, 최적 유지보수, 가격경쟁력 등을 극대화할 수 있는 콘텐츠를 개발한다면, 기계적인 태양광 발전산업에 생명과 지식을 불어넣을 수 있게 된다. 또한 기존 발전사업자와 태양광 발전시스템 간의 양방향성을 강화하여 국내 전력상황에 따라 전력요금을 차등화하고 전력부족시 피크전력에 공급하는 용도로 활용한다면 부수적으로 전국적인 정전사태의 방지도 가능할 것이다.

# 스마트 한류,
# 모바일 게임시장을 키우자

윤갑용

청주대 교수

## 고속 성장하는 스마트폰 게임시장

    문화콘텐츠는 21세기 키워드 중의 하나이다. 그 중에서도 디지털콘텐츠는 지식 및 기술과 창의력이 융합되어 만들어지며 다양한 형태로 고부가가치를 창출할 뿐만 아니라 인종과 국경을 초월하여 동시적으로 향유가 가능한 문화 상품이다. 이에 선진국들은 디지털영상산업을 비롯한 문화콘텐츠 산업을 국가 경쟁력을 좌우하게 될 핵심적인 전략산업으로 선택하고 세계시장의 주도권을 확보하기 위해 지속적인 투자와 지원을 통해 콘텐츠산업의 활성화에 총력을 기울이고 있다.

    지난 몇 년은 IT업계의 패러다임쉬프트가 가장 극심하게 일어난 시기이다. 기존의 닷컴기업으로 대변되던 인터넷 서비스 기반의 IT산업은 애플의 '아이폰' 등장 이후 스마트폰 디바이스라는 시장배경 속에서 '앱(app)'이라는 콘텐츠와 소프트웨어가 융합된 시장으로 급격히 패러다임이 변화되고 있는 양상이다.

Strategy Analytics(2011)가 최근 발표한 자료에 의하면 스마트폰의 출하량이 2010년 4분기를 기점으로 2009년에 비해서 75%가 성장한 총 9천4백만 대에 이르렀다고 한다. 그리고 이러한 스마트폰의 성장은 2012년경 그 출하량이 PC출하량을 앞지를 것으로 예상된다. 굳이 애플의 앱스토어의 예를 들지 않더라도 애플리케이션 시장 규모는 기하급수적으로 성장하고 있는 것이 현실이며 절반 이상이 스마트폰용 게임인 점은 주목해야 할 사실이다.

## 국가브랜드 강화로 코리아 프리미엄을!

현재 세계 시장경쟁은 주로 브랜드경쟁의 형식으로 나타난다. 세계 소비 트렌드는 "상품소비"에서 "브랜드소비"로 변화하고 있으며 브랜드와 국가 이미지의 연관성이 높아지고 있다. 즉, 국가브랜드는 한 국가의 경쟁력과 성장 잠재력을 가늠하는 중요한 지표라 할 수 있다. 한국은 어떤가? 코리아 디스카운트(Korea Discount)가 여전하지 않은가 싶다. 국가 경쟁력과 상품 경쟁력은 세계 10위권 안에 포함되지만 아시아를 제외한 지역에서 국가브랜드 인지도는 매우 낮다. 이것이 코리아 디스카운트의 실체다. 이제는 단순 경제 지표나 수치 위주의 경제 발전 정책 프레임에서 탈피하여 국가브랜드 강화를 통한 거시적인 과제를 국가발전지표로 삼아야 한다. 앞으로는 "코리아 디스카운트"를 "코리아 프리미엄"으로 전환케 할 수 있는 국가브랜드 강화를 위한 산업정책 육성을 중점화하여야 한다.

## 국내 모바일 게임 개발시장의 비즈니스 환경 악화

전체 게임 시장의 성장세와는 다르게 국내 모바일 게임 개발 시장은 비즈니스 환경이 악화되고 있다. 기존 모바일 업체의 경우, 구형 피처폰의 게임 개발시장에서 스마트폰 게임 개발시장으로의 패러다임변화에 발 빠르게 대응하지 못하고 있는 실정이다. 스마트폰의 불법 복제 문제가 새로운 이슈로 대두되어 아이폰은 해킹 문제가, 그리고 안드로이드는 해킹 이전에 불법 다운로드 문제가 각각 개발사들의 진입을 주춤하게 만들고 있다. 게다가 여성부의 압박 등으로 게임법이 계속 계류 중에 있다 보니 게임법과 해외 스마트폰 애플리케이션 오픈마켓과의 충돌 문제 때문에 2011년 11월에 들어서야 국내 스마트폰 게임 업계의 숙원이었던 애플 앱스토어의 게임 카테고리가 국내에 처음으로 개방되었을 정도이다.

## 스마트 한류 사업 전개로 게임 수출 대국의 지위 확립

드라마, 음악, 영화 같은 콘텐츠의 경우 지역적, 문화적 특성이 내재되어 글로벌 시장에서의 성장에 한계가 존재하나 게임은 탈지역적, 탈문화적 특성을 가지고 있기 때문에 콘텐츠 자체 경쟁력만 확보한다면 범세계적인 한류열풍을 불러일으킬 잠재력을 지니고 있다. 따라서 스마트폰 게임산업 육성을 통한 "스마트 한류(Smart Korean Wave)" 사업의 전개가 필요하다.

스마트 한류 사업을 위해서는 신성장 동력으로서 스마트폰 게임산업을 육성하고, 글로벌 문화콘텐츠화로 국가브랜드 이미지를 향상시키는 데 노력할 필요가 있다. 스마트 한류 사업은 궁극적으로 게임산업의 신시장개척을 통해서 일자리 창출 및 청년실업 해소에 기여하게 되고, 궁극적으로 대한민국 게임산업의 비즈니스 다변화로 게임 수출 대국의 지위를 확립할 수 있게 할 것이다.

# 06

9988한 건강한 사회

# 100세 시대, 건강과 행복

## 정현숙

한국여성스포츠회 회장

## 건강한 삶을 위한 세 가지 제안

요즘 들어 '잘 사는 것'이 그 어느 때보다 중요한 가치로 여겨지고 있으며, 그 가치는 더 이상 경제적인 것에 국한되지 않고, 보다 건강하고, 보다 행복한 삶을 사는 것이 중요해졌다. 이러한 변화의 분위기 속에서 사회적 이슈로 급부상하고 있는 것이 바로 고령화와 아동비만의 문제이다.

특히 우리나라는 세계 여러 나라들 가운데 고령화 속도가 가장 빠른 나라인 것으로 나타나고 있다. 통계청(2008) 조사결과에 따르면 2018년에는 고령인구의 비율이 14.9%로 증가하여 고령사회로 진입하게 되고, 2026년에는 20.8%에 도달하며, 2030년에는 23.1%로 급증하여 초고령사회에 들어설 것으로 추정된다.

한편, 빠른 고령화 사회 진입문제와 더불어 중요하게 대두되는 또 하나의 문제는 비만 아동인구의 증가를 들 수 있다. 보건복지부에 따르면 2000년 들어와서 남자아동 비만은 15.4%, 여자아동 비만은 15.9%로 조사되었다. 학습 부담이나 컴퓨터 게임 등 갈수록 신체활동이 적어지는 환경 속에서 자연스럽게 아동들의 비만비율이 증가하고 있는 것이다.

21세기의 새로운 트랜드로 '건강한 삶', 즉 웰빙(Wellbeing)의 가치가 높게 조명받고 있는 지금, 고령화 사회로 인한 노인인구의 건강문제와 아동비만 비율의 증가문제는 우리가 함께 우선적으로 고민하고 해결해야 할 과제이다. 이를 위한 해법으로 세 가지, 즉 「그린카드 제도 시행」, 「아동 및 청소년의 스포츠 활동 생활화」, 「공공 체육시설의 신축 및 경기시설의 개방」 등을 제안한다.


## 그린카드(Green Card) 제도 시행

국민의 보다 건강한 삶을 위하여, 현재 시행중인 국민건강검진과 더불어 생활체육활동과의 연계프로그램이 필요하다. 그린카드(Green Card) 제도가 바로 그것이다. 그린카드 제도는 현재 실행중인 국민건강검진에서 성인병을 앓고 있거나 위험군에 속한 것으로 판정받은 성인들을 대상으로 의사의 처방 이외에도 운동 처방사들의 운동처방을 의무적으로 실시하고, 대상자들에게 그린카드를 발급하여 지역사회 내의 생활체육 프로그램에 참여할 수 있도록 유도하는 것을 말한다. 많은 국민들이 건강검진 이후에 자발적으로 혹은 의사의 권유에 의해 운동의 필요성을 느끼지만, 어떠한 운동을, 어디에서, 어떻게, 어느 정도로 해야 하는지를 본인이 알고, 결정해서 시행에 옮기는 데는 어려움이 따르는 것이 사실이다.

그린카드 제도는 적극적인 생활체육활동을 유도하기 위한 프로그램이다. 건강검진을 통한 의사의 처방 이외에도 운동처방사의 운동에 대한 처방과 생활체육활동 연계서비스를 통해 국민들이 보다 쉽고 편하게 생활체육활동에 참여할 수 있게 하는 데 그 목적을 두고 있다. 건강검진 이후 본인에게 어떠한 운동이 적합한지에 대한 상담과 함께, 운동기구의 구입에 대한 안내 및 지역 생활체육시설의 소개와 생활체육 지도자를 연계해 주는 서비스를 시행한다면, 생활체육을 활성화시킬 수 있는 효과적이고도 획기적인 방안이 될 것이다.

## 아동 및 청소년의 스포츠 활동 생활화

스포츠 활동은 아동 및 청소년들의 비만을 예방하는 데 가장 효과적이고 효율적인 방법이며, 개인의 건강증진과 사회성 함양, 건전한 여가문화 조성 등 다양한 부수적 효과도 뒤따른다. 또한 이러한 스포츠 활동 문화의 정착은 평생체육과 엘리트 체육의 기반이 되기 때문에, 자라나는 아이들에게 체육활동의 기회를 제공하는 것은 균형 잡힌 성장과 건강한 생활, 그리고 행복한 사회의 기반을 다지는 매우 중요한 요소라 할 수 있다. 일본이나 호주, 싱가포르와 같은 스포츠 선진국의 경우, 아동과 청소년을 대상으로 국가차원의 체력검사 및 체력증진 프로그램을 실시하거나 신체활동 시간을 규정하는 등 적극적인 스포츠 활동의 생활화를 꾀하고 있다. 우리나라의 경우, 스포츠 선진국에 비해 스포츠 참여환경이 다소 부족하다고 볼 수 있지만, 제도적인 뒷받침을 통해 스포츠 선진국들과 같이 아동 및 청소년들의 적극적인 스포츠 참여는 얼마든지 확대할 수 있다. '스포츠 강사제도의 확대 실시' 및 '클럽스포츠 활성화', '스포츠 데이 활성화' 등이 바로 그것이다.

모든 초등학생이 1인 1기 스포츠를 생활화 할 수 있도록 초등학교 스포츠 강사 제도를 확대시행하고 이를 정착시키는 것은, 장기적으로 중·고등학생들의 자연스러운 스포츠 활동 참여율을 높일 수 있는 방안이 될 것이다. 또한 초·중·고등학교의 방과 후 스포츠 활동을 학교체육법과 연계하여 활성화시키는 것 또한 스포츠 활동 참여증진을 높일 수 있는 좋은 수단이 될 것이다. 또한 학교의 시설과 지도자, 프로그램이 부족할 경우 현재 취약계층을 대상으로 시행하고 있는 '스포츠 바우처' 제도를 확대하여 지역사회 내의 우수 스포츠 시설이나 기관, 클럽스포츠 단체를 이용하는 방안도 모색이 가능하다고 할 수 있다. 이러한 영리 스포츠단체를 이용할 경우, 초·중·고등학생의 스포츠 시설 이용 및 스포츠 활동 교습시 영리 스포츠단체 및 시설의 세금감면을 추진함으로써 체육활동 참여로 인한 학부모들의 경제적 부담 경감을 유도하는 것도 필요하다. 더불어, 올해 2012년부터 시행되는 주 5일 수업의 조기 및 안정적 정착을 위하여 현재 추진하고 있는 '스포츠 데이' 등의 스포츠 활동 프로그램을 적극적으로 실행하는 방안도 효과적인 대안이 될 것이다.

## 공공체육시설의 신축 및 경기시설의 개방

대표적인 스포츠 선진국인 독일의 생활체육시스템은 세계 최고수준이라 할 수 있을 만큼 잘 조직되어 있다. 독일연방스포츠과학연구소 등이 2008년에 발표한 자료에 따르면, 2006년 현재 독일에는 90,467개에 달하는 스포츠 클럽이 있고, 여기에 등록된 회원의 수는 2,700만 명을 넘어섰다고 한다. 독일의 전체 인구가 8,300만 명임을 감안하면 상당히 높은 비율인 것을 알 수 있다. 전국 어디에나 생활체육시설이 균등하게 분포되어 있고, 시설을 중심으로 9만 개가 넘는 스포츠 클럽이 결성되어 있으며, 전 국민의 3분의 1 이상이 회원으로 가입하여 여가생활을 즐기고 있는 것이다.

우리나라도 스포츠 강국을 넘어 스포츠 선진국으로 도약하기 위해 참여정부 들어 걸어서 15분 거리에 공공체육시설을 이용할 수 있도록 하는 정책을 추진해 왔지만, 성과는 기대에 못 미치고 있는 것이 현실이다. 그동안 많은 국민체육센터들이 신축되었지만, 전체의 비율로 보았을 때는 여전히 많이 부족한 실정이다. 지역주민센터들을 살펴보더라도 주민들의 참여욕구와 인원에 비해 스포츠 교실 및 프로그램은 포화상태에 이른 것을 쉽게 확인할 수 있다.

이와 더불어 대형 스포츠 이벤트 경기장의 주민 활용문제 또한 적극 검토할 필요가 있다. 현재 올림픽 시설이나 월드컵 경기장의 경우, 관리·경영상의 문제로 일반인들에 대한 공개가 제한되어 있는 실정이다. 경기장 대여는 주로 영리 위주의 공연이나 콘서트, 교회 이벤트, 경기단체 위주로만 운영되고 있고, 경기단체의 경우에도 경기장 이용비율이 10~15% 정도에 머무르고 있다. 일반인들을 상대로 한 경기시설 대여는 이루어지지 않고 있는 것이다. 스포츠 토토 기금의 조성이유를 근본적으로 묻게 되는 아이러니한 현실이다.

가까운 일본의 경우, 동호회와 같은 일반 생활체육 단체들도 신청서만 작성하면 자유롭게 경기시설을 이용하고 있다. 올림픽이나 월드컵이 열렸던 경기장을 사용함으로써 자긍심을 느끼고, 선수들의 고충도 이해하는 차원에서 개방을 하고 있는 것이다. 우리나라가 일반인들에게 개방을 하지 않는 상황과는 상당히 대조적인 것을 알 수 있다.

우리가 세계 10위권의 엘리트 체육 성과에만 자만하고 있었던 것은 아닌지 반성해 보며, 독일이나 일본처럼 보다 근본적인 여가정책 차원에서 생활체육시설 확충에 좀 더 예산을 투자하고, 경기시설의 개방과 같은 기본적이고도 근본적인 부분에 충실해야 할 것이다. 스포츠 선진국, 그것은 엘리트 체육이 아닌 생활체육으로부터 이루어진다는 사실을 잊지 말아야 한다.

# 국민연금의 지속가능성을 위하여

**김영배**

한국경영자총협회 상임부회장

## 국민연금의 현주소

우리나라 국민연금은 1988년 1월 10인 이상 사업장을 대상으로 시작되었고, 점차 확대되어 1999년 4월 전국민연금제도를 실현하였다. 가입자수는 올해 8월 현재 1,961만 명이며, 사업장가입자는 1,081만 명, 지역가입자는 860만명, 임의계속가입자는 20만 명에 이르고 있다.

국민연금 수급자는 2011년 8월 현재 303만 9천 명에 이르며 이 중 96.7%(293만 8천 명)가 연금급여를 수급하고 있다. 연금수급자의 월평균 급여액 중 노령연금액은 28만 원 정도이다

국민연금 기금규모는 시가기준으로 총 345조 1,776억 원이며, 기금의 99.3%가 주식, 채권 등 금융부문에 투입되고 있다. 2011년 기금운용 수익률(1~10월)은 2.14%로 예년에 비해 하락하였으며, 여타 기금에 비해서도 저조한 수준을 기록하고 있다. 국민연금이 도입된 지 20여 년이 지났지만 아직도 많

은 문제점들이 내재하고 있어 국민연금의 장기적 지속가능성에 장애요인으로 작용할 것이 우려된다.

## 국민연금이 안고 있는 네 가지 문제

첫째, 국민연금 개혁이 미흡하여 재정고갈의 위험을 지속적으로 안고 있다. 2007년 7월 국민연금법 개정을 통해 소득대체율을 인하하였으나, 기금의 고갈시점을 2047년에서 2060년으로 연장하는 데 그쳤다. 한편 2011년 12월 7일 통계청이 발표한 장래인구추계에 따르면 당초 추계보다 기대수명이 늘어나 노인인구가 크게 증가할 가능성이 높은 것으로 나타났다. 그 결과로 향후 국민연금의 고갈시기가 크게 앞당겨질 것으로 예측된다.

둘째, 국민연금의 노후소득보장 기능이 미흡하다. 현재 국민연금은 기준소득월액의 상한을 월 375만 원으로 규정하고 있는데, 소득상한 이상의 소득구간에 속한 가입자들의 경우 실제 소득대체율이 크게 저조할 수밖에 없는 구조이다. 소득구간별 가입자 현황을 보면 375만 원 이상 소득구간에 속한 가입자가 전체 가입자의 13.8%로 소득구간 중 가입자 비율이 가장 높게 나타나고 있다.

셋째, 소득파악의 부정확성으로 인해 보험료부담의 직역 간 불평등이 내재되어 있다. 국민연금은 소득재분배를 위해 기여가 적은 가입자에게 상대적으로 높은 급여액이 지급되도록 설계되어 있다. 그러나 우리나라는 외국에 비해 자영업자 비율이 매우 높아 소득의 은폐·탈루가능성이 크다. 2010년 말 기준 지역가입자 867만 4,492명 중 41.2%(357만 4,709명)만이 소득을 신고하고 있을 뿐이며, 동 비율은 2001년 말(56.0%)에 비해서도 크게 하락한 수치이다.

결국 소득신고 문제로 인해 연금보험료 및 연금급여액을 둘러싸고 직역 간 불신이 가중되고 있다.

넷째, 국민연금의 사각지대 문제가 발생하고 있다. 현재 국민연금 가입률은 38.6%로 다른 사회보험 가입률에 비해 매우 저조한 상태이다. 이러한 현실은 전 국민을 대상으로 하는 국민연금의 도입취지에 부합하지 않는다. 한편 현재 베이비붐 세대 중 국민연금 가입이력이 없거나 기간미달인 사람(500만 5천 명)은 전체 베이비붐 세대(758만 2천 명)의 66.2%에 달하고 있어 향후 심각한 사회문제가 될 수 있다. 게다가 정부에서 추진하는 국민연금 사각지대 해소방안들이 홍보를 통한 가입유도 등의 합리적 방식보다는 대부분 기업의 비용부담을 발생시키는 방향으로만 검토되고 있다. 특히 자영업자인 특수형태 고용종사자(골프장 캐디, 보험설계사, 학습지 교사 등)까지도 사업장 가입자로 포함시키는 방안이 논의되고 있어 사회적으로 논란이 되고 있다.


## 기금 운용상의 두 가지 문제

국민연금 기금을 운용하는 과정에서도 다양한 문제가 발생하고 있다.

첫째, 기금운용인력이 부족하여 전문성과 책임성을 확보하기 어려운 구조이다. 현재 운용인력 1인당 운용규모는 2.3조 원으로 해외 연기금에 비해 과도한 수준이며, 상대적으로 낮은 임금 및 복지수준으로 인해 2~3년 근무로 경력을 쌓은 후 다른 운용사로 이직하는 일이 잦아 전문성 축적 및 안정적 기금운용이 어려운 구조이다.

둘째, 기금규모가 커지면서 기금운용이 직접적으로 시장을 교란하는 요소로 작용하고 있다. 현재 기금규모(345조 원)는 GDP(2010년 1,172조 8,034억 원)의 29.4% 수준이며, 주식시장 시가총액(1,183조 7,983억 원)의 29.2%에 육박하는 등 잠재적으로 국내 금융시장에 상당한 충격을 줄 수 있을 만한 규모이다. 특히 국민연금이 대주주인 기업이 증가하고 적극적 의결권 행사가 이루어질 경우 공적연금을 통해 기업경영의 자율권을 침해하고 시장을 교란시키는 '관치금융' 문제가 초래될 것이 우려된다.

## 지속가능성을 위한 제도적 개선방향

우리나라의 대표적 사회보험인 국민연금이 이러한 문제점들을 극복하고 합리적으로 운영되기 위해서는 다음 사안들이 적절히 고려되어야 한다.

첫째, 국민연금 사각지대를 해소하기 위한 정책들이 마련되어야 한다. 사각지대에 놓일 가능성이 큰 납부예외자들이 적절히 보험료를 납부하여 연금을 수급할 수 있도록 인센티브를 마련해야 한다. 최근 비정규직, 특수형태종사자 등 근로형태에 따른 보험료 지원방안이 논의되고 있으나, 이러한 방식보다는 실제로 지원이 필요한 계층을 발굴하여 집중적으로 지원하는 방식이 타당하다. 또한 현재의 기초노령연금 역시 고령자 소득 하위 70%에 대해 일률적으로 지급하는 방식보다는 소득 및 생활수준을 토대로 하여 지원을 절실히 필요로 하는 노인을 중심으로 재편되어야 한다.

둘째, 국민연금의 기준소득월액 상한을 현실화해야 한다. 실제로 고소득자들의 경우 납부의사가 있음에도 불구하고 소득상한이 낮아 여타 개인연금을 가입하고 있는 실정이며, 이로 인해 국민연금이 용돈연금이라는 지적을 받고 있다. 앞으로 현재의 기준소득월액의 상·하한을 합리적으로 조정하고 소득대체율을 현실화함으로써 국민연금이 실질적인 노후소득보장 수단으로서 기능토록 해야 한다.

셋째, 합리적인 기금운용 원칙을 수립해야 한다. 최근 기금고갈 문제가 지속적으로 제기되고 있고 적극적인 투자를 통해 연기금의 수익률을 제고해야 한다는 목소리가 높다. 그러나 과도한 수익추구 행위가 더 높은 위험을 초래하는 만큼 국민연금의 급격한 주식비중 확대보다는 장기적 안목에서 안정적으로 운영하는 것이 바람직하다. 특히 국민연금 의결권 논란과 관련하여서도 역시 명확한 가이드라인을 제시하여 기업들의 불안감을 해소해야 한다.

넷째, 가입자의 참여와 기금운용의 전문성이 조화될 수 있는 운용체계를 정립해야 한다. 최근 정부는 기금운용의 전문성을 강화한다는 취지로 기금운용위원회에서 가입자를 배제하는 방안을 추진중이나, 동 방안은 전문성에만 치중한 채 비용부담 주체인 가입자의 감시기능을 크게 약화시킬 수 있어 신중한 접근이 필요하다. 대다수 선진국의 공적연금 역시 가입자대표가 참여한 3각체계의 위원회 구조를 가지고 있는 만큼 현행 기금운용위원회 구조를 유지하면서 전문성을 강화할 수 있는 방법을 고려하는 것이 타당하다. 한편 기금운용의 전문성을 강화하기 위해서는 기금운용본부의 조직을 확대하고 임금 및 근로조건을 현실화할 필요가 있다. 이를 통해 기금운용 인력의 업무 몰입도를 제고하는 한편 국민연금이 안정적으로 운영될 수 있도록 해야 할 것이다.

# 신약 접근성을 쉽게 하여야

한오석

의약품정책연구소 소장

## '약제비 적정화 방안'의 문제점

우리나라는 인구 고령화로 인한 만성질환 증가와 신의료기술 발달, 국민 소득 증가에 따른 의료이용 증가 등으로 의료비 지출이 계속 증가하고 있다. 특히 우리나라의 약제비는 2007년 기준 총 의료비의 24.7% 비중을 차지하고 있으며, OECD 국가 평균보다 1.4배 높은 수준인 것으로 나타났다. 또한 2002 년부터 2007년까지 5년간 우리나라의 연평균 약제비 증가율은 9.7%로 OECD 평균 4.2%에 비해 2.3배 빠른 속도로 증가하고 있다.

이처럼 급증하고 있는 약제비를 관리하기 위해 정부가 2006년에 '약제비 적정화 방안'을 시행한 지 5년이 지났다. 이 방안은 치료효과가 좋고, 경제적으 로 우수한 의약품만을 선별적으로 보험적용해 주고, 제약회사와 국민건강보험 공단이 약가협상절차를 통해 적정약가를 결정하는 절차를 도입한 것이 주 내용 이다. 그런데 이 제도 시행 이후 국내·외에서 개발된 좋은 신약이 제도운영의 경직성으로 인해 보험적용률이 크게 떨어져, 필요로 하는 환자들이 전액 본인부담(비급여)으로 약을 사용하게 되는 것이 사회문제로 대두되고 있는 실정이다.

## 신약의 보험적용에 대하여

일반적으로 하나의 신약이 개발되기까지 평균 1조 원의 비용과 10년 정도 기간이 소요되지만 성공률은 단지 8%에 불과한 실정이다. 이렇게 어렵게 개발된 신약이 우리나라에서 시판되기 위해서는 우선 식품의약품안전청으로부터 해당 의약품이 충분히 안전하고 효과적이라는 것을 검증받아 판매허가를 얻어야 한다. 과거에는 식품의약품안전청으로부터 판매허가를 얻으면 거의 자동으로 보험적용을 받고 외국과 가격을 비교하여 적당한 약가를 책정한 후 판매할 수 있었다. 그러나 보험재정 안정화 정책의 일환으로 시작된 약제비 적정화 방안 시행(2006년 12월) 이후 정부가 의약품의 경제성을 평가하고 제약회사와 협상을 통해 가격을 결정하게 되면서 절차가 까다로워졌다. 동시에 약가가 공급자가 원하는 수준에 훨씬 못 미치게 되어 판매를 하지 못하는 사례가 많이 발생하게 되었다.

실제로 약제비 적정화 방안이 시행된 2007년 이후 2011년 1월까지 급여 신청된 새로운 성분의 신약은 총 121개이며, 그중 62%인 75개가 급여평가 및 약가협상을 거쳐 최종 급여 등재되었는데, 식약청 허가부터 고시까지 평균 16.3개월이 걸려 2007년 이전 평균 7개월이 소요되었던 것에 비해 약 10개월 정도가 지체되고 있는 것으로 나타났다(데일리팜 기사, 2011.7.18). 항암제의 경우에는 좀 더 심각하다. 국내외 항암제의 접근성에 대해 살펴본 연구결과에 따르면, 2007년부터 2010년 8월까지의 기간 동안 영국, 독일, 프랑스, 스위스, 이탈리아에서는 보험적용을 받기 위해 신청된 신약 항암제 중에 60%를 보험인정해 준 데 비해, 우리나라는 33%에 불과한 것으로 나타났다. 또한 시판 허가일로부터 보험급여 적용일까지 소요기간을 보더라도 비교 국가들에 비해 훨씬 긴 편으로 드러났는데, 항암제와 비항암제를 비교해 봤을 때, 비항암제의 경우 평균 495일이 소요된 데 비해 항암제는 1,013일이 소요되어 우리 국민들이 신약 항암제를 사용하게 되기까지 훨씬 더 많은 시간이 소요되고 있었음을 알 수 있다. 이로 인해 많은 문제점이 나타나고 있다. 첫째, 제약회사에서는 시간이 다소 걸리더라도 적정한 약가를 받기 위한 정부와의 협상과정에 공을 들이는 쪽을 택하고 있고, 이 과정에서 점점 더 많은 시간이 소요된다. 둘째, 일부 항암제, 희귀의약품 등의 경우 국민들이 필요로 하는 의약품이 제 때에 공급되지 않고 상당수가 보험적용이 되지 않기 때문에 적절한 치료를 받을 수 없어 생명의 위협을 느끼는 등 사회문제가 되고 있다.

## 신약 접근성에 관한 외국 사례

우리나라보다 먼저 비슷한 고민을 하면서도 균형있는 약가관리 제도를 운영해 오고 있는 외국의 사례를 살펴보면, 독일에서는 유사한 치료적 효과를 나타내는 약물군에 동일한 기준가격을 설정하여 보험적용하고, 초과분에 대해서는 환자가 본인부담하는 '참조가격제'를 운영하고 있다. 이 제도는 1989년 독일이 처음 도입해서 시행하고 있으며, 네덜란드·스웨덴·뉴질랜드·호주·캐나다에서도 채택하여 운영하고 있다. 또한 벨기에와 프랑스에서는 의약품 효능군별로 환자 본인부담률을 차등화하여 중증질환의 보장성은 높이고, 경증질환 치료제 및 경제성이 낮은 치료제의 경우 사용은 보장하면서도 본인

부담률을 높게 설정하여 자연스럽게 사용을 합리적으로 감소시켜 건강보험재정 건전화에 기여할 수 있게 했다.

## "참조가격제"가 답이다

이에 우리나라에 국민의 신약 접근성은 개선하면서 고가의 신약, 희귀의약품에 대한 보험약가 관리를 통해 보험재정 건전화에 일조할 수 있는 정책방안을 제시하고자 한다. 특허로 신규성, 진보성이 확인되고, 임상적 개선효과가 인정되었거나, 외국에서 보험급여를 인정받는 등 나름대로 객관적인 개선의 근거가 확보된 신약이나 희귀의약품에 대하여서는 "참조가격제"를 도입하는 것이다. "참조가격제"란 공단 최종 협상가로 약가를 등재하되, 동일한 함량·성분의 의약품군의 기준약가 금액만 보험에서 보장하고, 초과분에 대해서는 환자가 부담하도록 함으로써 건강보험재정에 미치는 영향은 최소화하면서 국민들이 다양한 신약을 빨리 사용하도록 하자는 것이다. 다만, 저소득층이나 차상위 계층에 대한 본인부담 증가에 따른 의료 접근성을 저해할 우려를 보완하기 위해서는 제약회사가 해당 제품 총 판매액의 10%를 공익재단에 출연(외국에서도 초과이익분을 국가에 출연한 사례가 있고, 우리나라에서도 본인부담금을 제약회사가 부담한 사례가 있음)하여 이들 계층의 본인부담금을 전액 지원하도록 한다면, 저소득층과의 경제적 형평성도 기할 수 있을 것이다. 질병치료 및 환자의 삶의 질 개선에 꼭 필요한 의약품의 이용을 보장하는 것은 입원, 수술비 등과 같은 더 큰 의료비용의 발생을 예방할 수 있기 때문에 장기적으로 보면 사회 전체적으로 비용을 절감할 수 있는 효율적인 방안이 될 수 있다.

# 노인복지의 숨어있는 걸림돌

## 노인골절을 사전에 막아야

권순용

가톨릭대 교수

2010년 통계자료에 의하면 이미 65세 이상의 노인인구가 전체인구의 11.3%를 넘어섰다. 의학의 발달로 평균 여명의 증가는 이미 보장된 현실로서 모두들 100세까지 사는 것을 꿈꾸는 것도 무리는 아니다. 일반적으로 노인사망의 주된 요인은 뇌질환, 심혈관 질환 그리고 악성암을 들 수 있는데, 이것과 더불어 중요한 것이 바로 골절이다. 골절로 인하여 사망에 이른다고 하는 것은 다소 이해가 안 갈 수 있지만 부지불식간에 우리들에게 가장 가까이 다가와 있는 현실이 그렇다.

## 노인골절로 인한 사회·경제적 폐해는 매우 심각한 수준

최근 노인들의 사망원인 가운데는 낙상 합병증이 증가하고 있는데, 이것이 바로 골다공증성 고관절부 골절이다. 미국의 경우 대퇴골의 골다공증성 고관절부 골절로 인한 사망률이 심혈관 질환이나 유방암 등으로 인한 여성의 사망률보다 높다고 보고되고 있다. 이와 연관되어 공공의료비가 연간 5조 원 가까이 지출되고 있다고 한다. 우리나라의 경우 심평원의 자료에 의하면, 이러한 고관절부 골절로 수술하는 노인들이 연간 약 2만 명에 이르고 있다. 미국보다 전반적인 의료시설 및 전달체계가 조금은 뒤진 실정을 고려한다면, 이들 중 1년 내 사망하는 환자는 20~30% 정도를 상회할 것인바, 이로 인한 사회·경제적 폐해는 심각한 수준이다.

이러한 노인성 골절로 인하여 사망에 이르는 원인을 간략하게 살펴보면, 우리 몸에서 가장 큰 뼈는 대퇴골이고, 가장 중심이 되는 관절은 골반부의 고관절이며, 바로 이 부위의 골절이 대퇴골 고관절부 골절이다. 일반적으로 젊은 사람들에게는 아주 강력한 외력에 의한 교통사고나 운동중에 발생될 수 있으나 극히 드물다. 노인들의 경우에 골다공증으로 인하여 무가 바람이 들듯이 뼈에 구멍이 뚫리게 되어 외력으로부터 약간만 충격을 받아도 마치 연탄재가 부서지듯이 여러 조각으로 골절되는 분쇄골절로 이어진다. 뼈가 너무 얇고, 무르고, 조각도 여러 조각이니 맞출 수도 없고 하여 최근에는 인공관절 치환술이 가장 보편적인 치료방법이고, 비수술적 방법은 거의 없다고 할 수 있다.

그냥 붙기를 바라고 누워있는 보존적 요법을 택한다면, 극심한 통증으로 움직일 수 없어서 대소변을 그대로 보게 되며 욕창이 심해지고 뼈까지 드러난다. 그리고 욕창이 악화되면 골수염, 심한 염증 그리고 폐혈증, 사망에 이르는 일반적인 경로를 거치게 된다. 65세 노인들의 70%는 대부분 만성적 질환, 즉 고혈압, 심장병, 당뇨, 동맥경화 등의 질환이 있는데, 누워있게 되는 경우에는 이러한 만성적 질환이 악화되게 된다.

## 요양 및 재활 시스템의 체계화 필요

　　미국의 경우를 보면 이러한 노인성 고관절부 골절이 발생된 후 환자가 퇴원하여 집에서 요양하는 경우에는, 핵가족이라 하더라도 병석의 환자 간병을 위해서는 적어도 4인 이상의 가족이 필요하다. 그러다보니 가족들의 일상적 생활, 즉 여가선용, 여행, 방과 후 모임 등에 막대한 지장을 초래하게 되고 결국은 정상적 가정생활이 불가능하게 된다. 이로 인한 가정의 불화를 초래하는 심각성이 대두되면서 노인성 고관절 골절에 대한 요양시설의 필요성이 제기되어 왔다. 최근 이러한 노인성 고관절 골절의 의료적, 사회적 영향과 중요성이 인식되어 미시간주 등에서는 골다공증성 노인성 골절의 발생에 따른 수술적 치료 및 수술 후 요양, 재활에 이르기까지 보다 체계적인 의료 및 재활시스템이 제안되었다. 그 결과 대학병원과 지역 보건기관을 중심으로 유기적이며 능률적인 의료시스템의 개발과 시험적 적용이 이루어지고 있다.

　　국내에서도 정확한 통계는 불가능하지만 적어도 노인성 골절의 환자 수는 7만여 명 이상으로 추산된다. 이 중 1만 5천 명 정도의 고관절부 골다공증성 골절이 발생되는 것을 고려하면, 이로 인한 의료비는 연간 수백억에서 수천억 원에 이를 것으로 추산된다. 일반적인 암 및 만성적 질환은 치료 및 수술이 끝난 후에는 어느 정도 회복이 가능하며, 요양을 돌보는 가족들이 본인의 일상을 포기하고 지속적인 간호 및 간병을 할 필요성이 있는 경우는 드물다. 그러나 골다공증성 노인성 고관절 골절의 수술 후에는 어느 정도 거동 및 개인위생이 가능할 때까지 적어도 수개월 이상이 걸린다. 그 기간에는 해당 부위의 운동제한, 심한 통증, 합병증 발생, 노인성 우울증 심화, 영양실조, 거동불가, 대소변 처리 등 의학적 난관이 놓여 있다. "삼년 병석에 효자 없다"라는 속담이 주는 함축의미는 사실 제반 병에도 통용될 수 있지만, 특히 노인성 고관절부 골절의 환자를 돌보는 집안에서는 삼 년은 고사하고 석 달도 가족들에 의한 병 요양이 불가한 것이 의학적 현실이다.


## 노인골절 문제 해결을 위한 정책 제안

노인의 건강, 복지 및 수명연장을 위하여 구축되어야 할 다수의 정책들 중에서 골다공증성 노인골절의 치료 및 재활과 관련된 분야에 대한 정책적 배려와 지속적 관심은 노인인구가 점차 늘어나는 현실에서는 복지의 실현을 위한 효과적이고 능률적인 행동이며, 충분한 가치를 가진 정책이 될 수 있을 것이다. 그 주요내용으로는 첫째, 65세 이상 여성 노인의 무료 신체검사시 골다공증 정밀검사를 필히 포함시키고 골다공증 골절과 연관된 건강 교양 교육을 활성화시켜 나가야 할 것이다. 둘째, 골다공증성 골절을 전문으로 하는 전문 국·공립병원을 신설하고 기존 병원의 전문화를 도모해야 한다. 그렇게 함으로써 골절의 전문 진단 및 치료에 있어서 상호 유기적 연대를 구축하여 효율성을 높이고 골다공증의 체계적이고 지속적인 약물치료의 능률도 향상시킬 수 있다. 셋째, 수술적 치료 후에 자가보행 불가 및 위생처리 불가 환자들을 위한 특별 요양기관을 신설하여 전문적 재활을 가능케 함으로써 사회복귀를 도와주고, 거동불가 환자로 인한 가정의 폐해를 최소화시키는 효과를 거둘 수 있다. 넷째, 노인 복지사들의 교육내용에 노인성 골절, 특히 고관절 골절과 관련된 심도 있는 내용을 학습과정에 포함시킬 필요가 있다. 그리고 실질적인 교육을 실시하여 노인골절을 사전에 방지해 나가도록 해야 한다.

# 건강체력증진을 위한
## 생활환경 조성

유지곤

체육과학연구원 연구원

## 생활체육 참여 형태의 변화

정보화의 진전과 산업구조의 변화에 따른 노동과 생활환경의 변화는 노동과 여가공간의 통합을 촉진시키고 사회구성원 간의 시간적·공간적 공유 가능성을 제한하면서 개인적 스포츠 활동을 증가시키는 역할을 한다. 노동과 여가의 시간적·공간적 통합추세는 개인 스포츠 종목의 증가와 함께 생활 및 노동공간의 스포츠 공간화 경향을 가속화시키고 있다.

실제로 생활환경을 구성하고 있는 다양한 공간이 스포츠 활동공간으로 이용되고 있으며, 이는 스포츠 활동을 위한 공간과 시설을 특정하지 않으며, 특정 유형의 스포츠시설을 필요로 하지 않는 비정규적 스포츠 종목의 증가추세와 더불어 더욱 확대되고 있다. 그러나 상반된 기능의 공간적 공유현상이 증가하면서 공간마찰 현상이 심화되고 있고, 안전사고 발생과 교통체증 등 새로운 사회문제를 야기하고 있는 것 또한 사실이다. 오늘날 쾌적하고 안전하며 편리한 스포츠 활동을 위한 공간적 요구와 접근성의 증진을 위해, 신규시설 조성 확대와 더불어 기존의 다양한 생활공간을 환경변화에 맞도록 개선하는 과제는 생활형 신체활동의 증진을 통한 건강증진이라는 전략적 목표와 생활공간의 스포츠 공간화 경향에 부응하는 정책적 과제가 되고 있다.

## 신체활동 유인을 위한 다양한 공간적 가능성 검토해야

개인의 행태와 습관이 건강 지향적으로 자연스럽게 변화할 수 있도록 도시환경을 구성하고 있는 다양한 물리적 요소들을 신체활동과 체육활동의 가능성에 따라 규명하고, 스포츠 공간으로의 활용 가능성을 제고해야 하는 것은 미래 사회체육부문의 새로운 과제가 될 것으로 보인다.

도시의 건조환경은 그 형태에 따라 점, 선, 면으로 분류될 수 있다. 점적 요소는 아파트, 사무실, 상점 등 다양한 형태와 기능을 가진 건조물들이 해당되며, 선적 요소는 도로와 하천, 면적 요소는 운동장, 공원, 광장 등을 포함한다. 도시공간의 구성요소별 신체활동과 체육활동 공간으로의 이용 가능성을 확대하기 위한 물리적, 제도적 개선 방안의 도출과, 특히 각 공간요소별 기능·역할과 활동의 내용을 연계·강화할 수 있는 방안 및 요소별 관련 주체들 간의 연계·협력방안의 모색이 뒤따라야 한다.

## 30%를 위한 대안,
## 액티브 리빙 무브먼트(Active Living Movement)

최근 미국의 주요 도시를 중심으로 전개되고 있는 '액티브 리빙 무브먼트'는 질병 예방과 시민의 건강증진을 위한 주요 대안으로서 일상생활, 신체활동, 물리적 생활환경 등의 세 가지 요소에 주목하고 있다. 액티브 리빙은 통근, 통학, 쇼핑, 여가활동, 직장과 학교생활 등 일상화된 생활 속에서 신체활동의 양을 늘리고, 도시의 물리적 생활환경을 생활형 신체활동에 적합한 구조로 정비함으로써, 신체활동이 일상생활에 통합된 건강증진 전략으로 요약될 수 있다. 생활형 신체활동의 증진을 통한 건강증진 전략은 운동 참여 행태에 대한 면밀한 조사와 물리적 생활환경과 신체활동 사이의 상관관계에 대한 신중한 검토를 통해 도출될 수 있다.

시민들이 운동에 참여하고 있지 않는 이유가 시간부족, 게으름, 필요성에 대한 인식부족 등 주로 개인적 동기가 지배적이었다는 관찰결과가 도출되었고, 이들을 더 이상 다른 정책적 수단을 통해 운동활동에 참여하게 하는 것은 거의 불가능하다는 결론에 도달하게 되었다. 반면, 신체활동에 양호한 환경을 가진 지역에 거주하는 사람들은 그렇지 않은 지역에 비해 걷기나 자전거 타기의 주당 빈도, 체중감량 효과, 교통수단의 선택, 신체활동 시간 등에 매우 긍정적인 효과를 나타내고 있는 것으로 조사되었고, 이러한 조사결과는 신체활동에 우호적인 물리적 생활환경의 조성과 일상적이고 반복적인 생활 속에서 신체활동을 늘려나가는 새로운 건강증진 전략을 선택하게 한 논리적 이유로 작용하였다.


## 신체활동에 우호적인 생활환경을 조성하자

우리나라 국민의 체육활동 비참여 사유도 미국과 유사하다. 따라서 신체활동 부족으로 인한 사회적 비용이 증가하고 있다는 점에서 미국의 새로운 건강증진 전략에 주목할 필요가 있다.

　전통적 접근이 주로 정기적이고 집중적인 운동을 통해 체력과 건강을 증진시키는 방법, 즉 운동형 신체활동(recreational physical activities) 촉진을 선호했다면, 새로운 접근방법은 전통적 접근을 포함하여 일상적이고 반복적인 생활 행태 속에서 신체활동을 늘리는 접근 방법, 즉 생활형 신체활동(utilitarian physical activities) 촉진을 더불어 선택하고 있다는 점에서 차이가 있다. 운동형 신체활동은 조깅을 하거나 테니스 게임을 하는 것과 같이 운동을 목적으로 수행된다. 반면에 생활형 신체활동은 가게나 극장에 가기 위해 걷는 것과 같이 특정 목적을 달성하기 위해 행해진 신체활동을 의미한다.

　지역의 물리적 생활환경은 운동형과 생활형 신체활동 모두에 영향을 준다. 주변의 공원, 다양한 용도의 오솔길, 안전한 보행로, 오픈스페이스와 레크리에이션 활동을 위한 시설을 가진 환경은 운동형 신체활동을 촉진하게 된다. 생활형 신체활동과 관련하여, 도보나 자전거 또는 대중교통을 이용한 통근과 통학이 편리한 환경은 도보나 자전거 타기가 일상적이고 반복적인 생활의 일부분으로 통합될 수 있도록 한다.


## 현장에 대한 사려깊은 관찰과 이해가 선행되어야 한다

　미래의 체육활동이 어떻게 변화하느냐에 따라 그 그릇의 크기와 모양, 종류는 달라져야 한다. 미래사회 체육활동의 특성은 IT기술과의 결합, 네트워크화, 개인화, 탈시설화, 다양화, 복합화, 노동 또는 일상과의 시·공간적 통합화 등으로 요약될 수 있을 것 같다. 이러한 특성을 적절히 담아낼 수 있는 그릇은 어떤 모양이어야 하며, 어떤 내용으로 구성되어야 할 것인가는 여전히 우리의 과제로 남아 있다. 체육시설은 현재의 규격화된 전통 스포츠 종목을 위한 시설들뿐 아니라 탈시설화 경향에 따라 불특정 생활공간이 체육활동에 이용되는 빈도 또한 점차 높아질 것으로 예측된다. 도로와 조깅이나 걷기, 자전거 타기 등 체육활동과의 결합은 이젠 제법 익숙한 풍경이 되어 가고 있다. 더불어 생활형 신체활동 확대를 위한 지리적 기반 형성은 체육분야의 정책대상을 전 국민으로 확대한다는 차원에서도 의미가 있으며, 개인주의를 극복하고 단절된 이웃관계를 다시 회복하게 하는 공동체의 형성과 강화에도 기여하게 될 것이다. 그러나 무엇보다도 우리가 특히 관심을 가져야 할 부분은 사회 구성원들의 행태특성 변화를 매우 사려깊게 이해할 수 있어야 한다는 점이다. 개인의 인식과 행동을 현재의 물리적 조건에 맞게 변화하도록 강요하거나 기대하기보다는 사회가 그들의 행태특성을 인정하고 물리적 환경을 정비하는 것이 중요하다.

# 3중고 저출산·고령화·저성장 시대, 통합형 의료복지체계로

장현재

전 청년의사회 회장

## 국민의 건강수준

컨퍼런스보드 캐나다 본부는 2006년 OECD 가입국가를 대상으로 평균 기대여명, 유아사망률, 각종 암 유병률 등 건강수준(Health status)과 암 및 심근경색사망률 등 진료결과(Health care outcome)를 총체적으로 평가한 보고서를 발표했다. 이 보고서에 따르면 한국은 건강수준에서 OECD 24개 국가 중 3위, 건강관리 성과와 보건의료체제 성과 분야에서 5위에 올라 종합 5위를 차지했다. 비교적 짧은 기간에 한국의 건강수준이 OECD 상위권으로 평가받게 된 배경에는 경제발전으로 인한 생활·위생 수준의 향상과 더불어 의료인력·시설·장비 등 인프라 확충과 함께 전 국민 건강보험제도 도입으로 의료접근성이 크게 높아졌기 때문인 것으로 분석된다. 국민의 소득증가와 더불어 건강에 대한 인식이 높아지고, 의료인력·장비 등 의료 인프라의 확대와 신약 및 신의료기술의 발달에 따라 의료이용량은 자연스레 증가하고 있다. 건강보험 적용인구는 1980년 923만 명에 불과했으나 2011년 6월 현재 4,913만 명에 달한다. 여기에 의료급여인구 163만 명을 합하면 5,076만 명으로 전 국민이 의료보장시대를 살고 있다고 하겠다.

## 저부담·저급여 틀 30년 고수…민간보험 급성장

전 국민 건강보험시대를 살고 있지만 전체 의료비지출 가운데 건강보험에서 지원하는 급여비 비중은 62.2%(2008년)로 OECD 선진국에 비해 낮은 수준이다. 30년 전 국민소득이 1,000달러에 지나지 않은 취약한 경제기반에서 의료보험제도를 도입하면서 보험료 부담능력을 감안할 수밖에 없었기 때문이다. 적게 부담하고, 적게 급여하되 본인부담률은 상대적으로 높은 구조적인 틀은 현재까지도 변함이 없다. 2011년을 기준으로 한국의 건강보험료율은 소득의 5.64% 수준으로, 2008년 기준의 독일(14.9%), 프랑스(13.6%), 일본(8.2%)에 비해 현저히 낮다.

건강보험제도가 수가 할인 정도의 역할밖에 하지 못하다 보니 상대적으로 민간의료보험시장이 급성장하고 있다. 2008년을 기준으로 민간의료보험 가입률이 63.7%에 달하며, 규모도 28조 원으로 건강보험에 버금갈 정도로 커졌다는 조사결과도 있다. 종신·연금보험 특약형태까지 포함할 경우, 민간보험 시장규모는 43조 8,000억 원에 이를 것으로 추정되고 있다.

## 저출산·고령화·저성장 '3중 위기'

저출산·고령화로 인한 인구구조의 변화는 건강보험제도의 지속가능성에 대한 불안요인으로 작용할 가능성이 농후하다. 65세 이상 노인인구는 2000년 7.2%에서 2020년 15.6%에 달하는 반면, 20~49세 생산주력인구는 같은 기간 50.4%에서 43.0%로 줄어들 것으로 전망되고 있다. 노인진료비의 급증은 건강보험제도의 지속성에 위협요인으로 작용할 것으로 보인다. 노인진료비는 2002년 총 진료비의 19.3% 수준에 그쳤으나 2010년 32.5%로 급증했다. 2010년 32조 6,263억 원의 급여비 가운데 65세 이상 노인급여비가 10조 6,018억 원으로 1/3 가량을 차지하고 있다. 특히 2000년 7명의 생산주력인구가 노인 1명을 부양하던 것에서, 2020년 2.8명이 노인 1명을 부양해야 하는 인구구조의 변화는 심각한 위기가 아닐 수 없다. 여기에 경제침체현상이 장기화되면서 저성장 사회로 진입하여 위기의 체감도는 더 높아질 것으로 예상된다.


## 건강보험수입 확충방안

건강보험제도의 지속성 확보를 위해 재정수입을 확충하기 위한 첫 단추는 30년 전 설계한 '저보험료-저수가-저급여체계'에서 탈피해 '적정보험료-적정수가-적정급여체계'로 전환하는 것이다. 저급여 속에 수가심사기준을 통제하면 할수록 비급여는 늘어날 수밖에 없고, 국민의 실질적인 의료비 부담 증가와 의료왜곡은 가중될 뿐이다. 5.64%에 불과한 보험료율을 최소 8% 수준까지 끌어올림으로써 건강보험 급여규모를 적정화하고 급여의 질을 높여야만 비급여분의 증가와 민간보험시장의 과도한 팽창을 견제할 수 있다.

또한 정부의 재정지원을 확대해야 한다. 정부는 2008년 4월 차상위 희귀난치성질환자 1만 7,708명과 만성질환자 6만 514명 및 18세 미만 아동 11만 3,766명을 의료급여에서 건강보험으로 전환했다. 정부의 복지정책예산을 건강보험재정으로 떠넘기는 것은 타당하지 못하다. 담배부담금의 인상과 함께 주류를 비롯해 자동차·공해 관련 산업 등 국민의 건강에 위험요소로 작용하는 산업마다 건강위해세를 도입해 건강증진기금을 확보해야 한다.

또한 50~60%에 불과한 자영업자의 낮은 소득파악률은 세원 미확보와 탈세 등은 물론, 공평한 건강보험료 납부기준을 만들어 내는 데 장애요인으로 작용하고 있다. 소득파악률을 높이기 위한 세무제도 개선과 4대 사회보험을 통합징수하고 건강보험공단과의 납세자 정보 공유를 통해 소득이 있는 곳에 보험료를 부과할 수 있도록 해야 한다.


## 건강보험 지출을 적정하게

건강보험 수입규모에 걸맞게 적정한 지출을 하는 것은 건강보험제도의 지속가능성과 밀접한 관련이 있다. 먼저, 사회복지-의료급여-건강보험으로 제각각 나뉘어 있는 의료보장체계를 통합적으로 관리할 수 있도록 통합형 의료복지보장전달체계로 개편해 나가야 한다. 의료복지보장 서비스의 제공은 시·군·구 단위를 토대로 하는 것이 바람직하다. 현재와 같이 시·군·구 복지전달체계 따로, 국민건강보험공단 지사의 건강보험 및 건강검진체계 따로 운영하는 것은 자원의 중복과 낭비만 초래할 뿐이다. 복지와 의료의 구분이 아닌 연계 속에서 개인별 맞춤형 의료복지보장 서비스를 제공하는 것이 사회보장 자원의 중복과 낭비를 막을 수 있는 길이다. 일정한 부담능력이 있는 국민이 직장 가입자의 피부양자로 등재되어 무임승차하는 불합리한 구조도 개선해야 한다. 아울러 재외국민 건강보험급여로 인한 재정누수를 방지할 필요가 있다. 3개월 이상만 체류하거나 체류가 확실시되는 것을 조건으로 수십 년 간 건강보험료 내는 국민과 똑같은 혜택을 주는 것은 형평성에 맞지 않는 특혜조치라고 할 수 있다.

건강보험제도 불안정의 또 다른 원인은 의료전달체계의 붕괴로 인한 비효율적인 재정 배분을 꼽을 수 있다. 2009년 진료비를 기준으로 의원급 외래에서 진료가 가능한 상기도 감염과 하기도 감염의 약 15%가 병원급 이상 의료기관에서, 11%는 종합병원, 5.3%는 상급종합병원에서 이루어졌다. 경증환자의 종합병원 쏠림현상은 의원에 비해 4~5배 가량 많은 건강보험재정을 투입해야 한다는 점에서 재정위기를 부채질하는 요인으로 작용하고 있다. 의료공급자의 박리다매형 의료공급과 의료수요자의 도덕적 해이가 결합해 의료서비스의 과잉문제를 유발하고 있는 것이다.


## 지속가능한 건강보험

한국의 보건의료는 고령화와 저출산이라는 인구구조의 변화와 저성장이라는 악재가 맞물리면서 건강보험제도의 지속성을 담보하기 위한 해법을 찾아야 하고, 한편으로는 미래성장동력인 보건의료산업의 선진화를 함께 모색해야 하는 상황이다.

건강보험제도의 지속성 담보를 위해 국가는 보장성 재원을 더 확충해야 하며, 공공의료의 역할은 민간의료와의 경쟁이 아닌 공중보건사업의 혁신을 통한 전 국민 건강관리체계를 확립하는 방향으로 전환해야 한다. 공공병원은 국가재원으로 운영하는 응급의료·중증외상치료·희귀난치성질환 관리 등으로 역할변화가 필요하다.

모든 진료행위를 건강보험에서 커버해야 한다는 강박관념에서도 벗어나야 한다. 건강보험이 커버해야 하는 우선순위를 정하고, 여기에서 벗어나는 진료행위는 국민의 선택에 맡기도록 해야 한다. 국민이 건강에 대해 자기 책임의식을 강화할 수 있도록 치료 중심에서 건강관리 중심으로 사회보장체계의 새 틀을 짜야 한다. 예방의학과 건강관리를 비롯해 셀프메디케이션을 강화할 수 있도록 단순의약품의 약국 외 판매를 추진해야 한다. 건강보험공단 또한 시·군·구 지역 사회보장체계와의 협력 및 연계를 강화하고, 매년 증가하는 민간보험영역과 경쟁할 수 있는 새로운 역할에 대한 고민도 해야 한다.

건강보험제도는 의료공급자-가입자-보험자 등 이해주체가 서로를 인정하고, 공동의 노력을 기울여야만 지속가능성을 담보할 수 있다. 건강보험을 둘러싼 이해주체들이 대립과 투쟁에서 벗어나 대화와 상생을 통해 해법을 마련해 나가야 한다.

# 재외국민 복지는 어디에?

| 유명식

베트남 포럼오래 회장, 기업인

## 복지에 관한 논쟁을 보면서

　총선과 대선을 앞두고 지난해 말 여·야 합의로 통과된 새해예산의 주요내용 가운데 복지와 관련된 예산이 대폭 증액되었다는 소식이 새해 벽두 주요뉴스의 내용을 장식했다. 지난해 우리 사회는 복지라는 사회적 이슈로 인해 한바탕 요동(搖動)을 겪은 터라 많은 사람들이 이에 대해 자연스레 관심을 갖게 되었다. 특히, 무상급식과 관련된 예산이 새해예산에 반영되었다는 소식은 지난해 서울시장의 사퇴, 무소속 인사의 서울시장 당선, 여야 정당의 서울시장 선거 과정에서 보여준 무기력한 모습과 오버랩 되면서 서울시장 보궐선거라는 정쟁을 겪지 않고 절충과 타협을 통해 해결할 수는 없었느지 하는 아쉬움이 남았다.

　이러한 현상을 보면서 사회복지라는 이슈는 어찌 보면 정권의 사활까지 좌우할 수 있는 대단한 이슈가 되었으며, 나아가 복지는 더 이상 국가나 정부의 시혜가 아니며, 사회구성원으로서 당연히 요구하고 누릴 수 있는 권리의 수준에 이르게 된 것이라는 생각이 들었다.

# 누가 복지를 누릴 수 있는가?

　　그렇다면 베트남에 10년 이상을 체류하면서 생업을 영위하는 한 사람으로서 그러한 권리를 향유할 수 있는 사회구성원의 범위는 어디까지인지 의문을 제기하지 않을 수 없다. 왜냐하면 이곳 호치민에 거주하는 우리 교민들은 그러한 복지로부터 저만치 물러나 있다 보니 정부의 복지정책과 관련된 다양한 뉴스를 접할 때마다 그게 뭔가 하는 궁금증과 더불어 적지 않은 소외감마저 느끼게 되기 때문이다.

　　일반적으로 구성원이란 조직이나 단체를 이루고 있는 사람을 일컫는 말이다. 하지만 그 이면의 함축적인 뜻은 조직이나 집단에서 일정 부분 주어진 역할에 따른 기여를 하고, 그곳에서 만들어지는 열매를 함께 나눌 수 있는 자격을 말하는 것이라고 본다. 그러나 모든 사람이 출생과 더불어 필연적으로 귀속되는 1차적 집단 내지 공동체 사회의 경우에는 분배를 받기 위한 전제로서의 역할의 전제는 필요치 않다고 본다. 즉, 가정이라는 1차적 공동체의 구성원은 자신의 역할이나 기능에 관계없이 그러한 공동체로부터 누릴 수 있는 '애정' 또는 '보호'라는 일종의 '가정 내 복지'를 언제든 누리고 향유할 수 있는 것처럼 사회공동체의 구성원은 누구나 그 공동체 안에서 행해지는 복지정책을 누릴 수 있어야 할 뿐 아니라 아직 실현되지 않은 내용의 복지까지도 요구하고 누릴 수 있다고 생각한다.

　　그렇다면 이제 필연적으로 우리 사회공동체 구성원이면서 각종 복지혜택에서 제외되어 있는 재외국민의 경우를 어떻게 설명한 것인지 정책입안자의 입장에서 고민해야 할 것이라고 생각한다. 과거에는 인정되지 않았던 재외국민들에 대한 선거권이 2012년부터 인정되면서 해외에 거주하는 우리 국민들이 한국이라는 사회공동체의 일원이라는 의식은 더욱 뚜렷해질 것이다. 즉,

물리적 거주이전이라는 요인은 더 이상 사회공동체로부터의 이탈이 아니며, 심리적으로 여전히 공동체의 일원으로서 해당 공동체가 제공하는 각종 복지정책을 누릴 수 있는 권리를 보유한 것으로 인식하게 될 것이라는 점이다. 이러한 점에서 국내에 거주하지 않는다는 사실은 더 이상 그러한 권리를 제한하는 이유는 될 수 없을 것으로 보인다.

## 재외국민을 위한 복지는?

호치민에는 우리 국적의 학생들만이 재학중인 한국 국제학교가 있다. 이곳에는 유치원생부터 고등학생에 이르기까지 1,200여 명이 넘는 학생들이 재학하고 있다. 이미 오래전부터 국내에서 적용되고 있는 의무교육 규정에 따라 정부에서 이곳 호치민 국제학교에도 필요한 예산지원을 해야 한다는 여론이 형성된 바 있고, 이곳을 다녀간 일부 정치인들도 이러한 교민들의 건의사항에 대해 필요성을 공감한 바 있다.

뿐만 아니라, 이곳 호치민에는 노인연금을 받을 자격이 있는 원로인사들도 상당수 거주하고 있으며, 일부 교민들 가운데에는 국내에서라면 생활보호대상자로서 복지권(福祉權)을 누렸을 분들 또한 적지 않게 거주하고 있다. 이는 단지 베트남 호치민에만 국한된 상황은 아닐 것이며, 복지정책의 외연확대라는 차원에서 이에 대한 구체적인 방안들이 논의되어야 할 시점인 것 같다.

## 그 첫걸음을 위하여

　서울시 무상급식과 관련된 논쟁이 무상급식의 전면적 시행이라는 결과를 가져왔다는 점에서 과거 일부를 대상으로 했던 선별적 복지에서 모두를 대상으로 하는 보편적 복지로의 전환이 이루어지게 되었다. 이로써 급식비를 지불할 여력이 있는지 여부 등 어떠한 기준으로도 혜택을 받을 대상자와 비대상자를 구분할 수 없게 된 것이다.

　그러한 점에서 적어도 무상급식에 관한 한 속지주의적 관점에서 국내에 소재한 학교에만 적용하겠다는 논리는 더 이상 설득력을 잃게 되었다. 적어도 한국 국적을 가진 학생들을 별도로 모아놓고 교육을 실시하는 곳이라면 한국에서와 같은 혜택을 받아야 하며, 이는 재외국민을 위한 복지정책의 첫걸음이 될 수 있을 것이라고 본다.

# 공짜보다 비싼 것은 없다

| 김재영

| 인천대 교수

## 깨진 유리창의 법칙

　범죄 연구자들에 따르면 지역사회 내 강력범죄와 경범죄 발생률이 비례한다고 한다. 폐차가 방치되어 있고, 가로등이 몇 달째 꺼져 있고, 잔디가 무성하게 자라도 신경쓰는 사람이 없는 동네라면 필경 좀도둑이 극성을 부릴 것이다. 공교롭게도 이런 우범지역일수록 경범죄뿐 아니라 강력범죄 발생빈도도 높다고 한다. 실제로 어느 도시에서 이에 대한 대책으로 가정집의 깨진 유리창을 모두 수리하고, 가로등을 손질하고, 정기적으로 청소와 잔디깎기를 시행한 결과 강력범죄율이 급격히 떨어졌다는 보고가 있다.

　위 논리는 정부와 지역 사회, 그리고 시민의 관계에 중요한 메시지를 담고 있다. 작은 질서유지가 사람들의 인식을 바꾸고, 지역사회 내 긍정적 분위기를 형성하며, 그 결과 범죄예방, 신뢰구축, 교육환경 개선 등 예상을 뛰어넘는 큰 성과를 낼 수 있다는 뜻이다. 이는 푸트남(R.D. Putnam)이 제시한 사회적 자본이론과도 맥이 통한다. 우리나라에서 몇 년 전 잠시 실시했던 횡단보도 정지선 지키기 운동이 중단된 것은 그런 점에서 상당히 아쉬움을 남긴다. 그 운동이 아직까지 지속되었더라면 횡단보도상 교통사고 인명피해를 줄였을 뿐 아니라, 과속 신호위반 교차로 꼬리물기 등 고질적인 교통문제 해결에 긍정적 영향을 미쳐 운전자의 의식이 한 단계 도약할 수 있는 계기가 될 수도 있었기 때문이다.


## 공공서비스와 공짜심리

우리나라가 민주화되고 지방자치가 정착되면서 재정부담과 혜택이 균형을 이루어야 한다는 시민들의 인식이 과거에 비해 많이 높아졌다. 예컨대, 종합부동산세에 대한 조세저항이 커지자, 강남구와 양천구 등이 탄력세 제도를 이용하여 재산세율을 낮추었고, 날로 늘어나는 복지정책 소요재원을 놓고 중앙과 지방자치단체가 줄다리기를 벌이기도 하였다. 그렇지만 우리 사회에서 "공공재를 더 많이 생산하기 위해 시민들이 그에 상응하는 재정부담을 져야 한다"는 주장은 비판받기 십상이다. 무료개방하던 공원의 입장료를 징수한다든가 구청주차장 요금을 인상할 경우 아마도 해당 자치단체장은 다음 선거에서 낙선할 각오를 해야 할지도 모른다. 이처럼 요구는 늘리면서 재정부담에 인색한 시민들의 태도는 동서고금을 막론하고 보편적으로 나타나는 현상이다. 미국 캘리포니아 주민들은 엄청난 재정압박에 직면해 있으면서도 1978년에 자신들이 통과시킨 13조 수정헌법(재산세율 상한 1%)에 대해 아직도 완고한 태도를 취하고 있다. 아무리 정부가 어려워도 시민들은 작은 정부를 선호한다는 의지의 표명이다.

공공서비스에서 경제논리를 주장하는 것은 종종 형평성을 무시한 처사라고 비판받는다. 그렇지만 경제논리를 도외시하는 공공서비스 공급은 필경 정부의 재정위기를 초래할 것이다. 일찍이 오코너(James O'Connor, 1973)는 이러한 경향을 미리 내다보고 자본주의 국가의 재정위기를 예견한 바 있다. 이제부터라도 작은 서비스에서부터 그에 상응하는 대가를 요구하는 정책을 시작해야 한다. 그렇게 함으로써 국민들이 "공짜보다 비싼 것은 없다"는 인식을 공유할 수 있어야 공공분야의 효율성을 개선할 수 있다. 그런 시각에서 볼 때 쓰레기봉투 판매정책은 성공한 사례로 꼽을 수 있다. 쓰레기봉투 판매수입은 자치단체 세외수입의 중요한 부분을 차지하면서 시민들의 인식전환은 물론 환경문제에까지 긍정적 효과를 거두고 있다.

## 공짜보다 비싼 것은 없다

김대중·노무현 정권을 거치면서 국가가 많은 것을 제공해야 한다는 인식이 빠르게 확산되었다. 특히 복지분야 예산은 2010년 81조 원에서 2012년 92조 원으로 빠르게 증가하면서 기대와 우려를 함께 낳고 있다. 일부 자치구의 경우 복지분야 지출이 전체 예산의 57%를 차지하여 도로 개수나 안전시설 보강 등 기간시설 보수에 쓸 비용조차 염출할 수 없는 형편이다(인천광역시 부평구). 이런 추세가 지속된다면 앞으로 재정문제는 현재보다 훨씬 심각한 상태에 이를 것이다. 사회에 만연한 포퓰리즘을 극복하기 위해서라도 공공서비스에 상응하는 재정부담을 국민들이 받아들일 수 있도록 작은 부분에서부터 수익자 부담의 원칙을 적용하려는 노력이 필요하다.

# 07

융·복합시대의 문화강국

# 지식경제 중심의
## 창조국가 만들기

| 하미애

| 전 공무원

## 세계경제의 중심, 지식재산

21세기 지식기반사회가 성숙되면서 바야흐로 '지식재산 전성시대'가 본격적으로 도래하고 있고, 세계경제는 지식재산을 중심으로 재편되고 있다. 빛나는 창의력과 지식재산의 결합은 무한한 부가가치를 창출하며 글로벌 시장을 선도하고 있다. 아이폰과 페이스북의 사례가 대표적인 예이다.

아이폰의 애플이 글로벌 혁신기업으로 명성을 떨치기 시작한 것은 2001년 아이팟의 성공에서 비롯되었다. 그러나 사실 MP3 플레이어의 특허는 우리나라 기업(엠피맨닷컴)이 보유하고 있었으며, 한때 세계 최고의 시장점유율을 달성하였다. 이후 해당 기업은 자금난 등을 이유로 특허권을 미국 기업에 양도하였는데, 특허권을 계속 보유했더라면 상당한 수준의 로열티를 애플로부터 받을 수 있었을 것이다.

기업 간의 경쟁뿐만 아니라 국가 간 무역거래에 있어서도 지식재산이 주

**미국 S&P 500 기업의 시장가치**

(단위: %)

| 구 분 | 1985 | 1995 | 2005 | 2010 |
|---|---|---|---|---|
| 무형자산 | 32 | 68 | 80 | 80 |
| 유형자산 | 68 | 32 | 20 | 20 |

요 쟁점사안으로 대두되고 있다. 보호무역의 주요 수단이 반덤핑제소에서 특허·상표 등 지식재산권 침해에 기반을 둔 수출·입 금지 등으로 변화하고 있다. 다자·양자 간 통상협상에서 각 국가는 자국에 유리한 지식재산제도의 관철을 위해 역량을 집중하고 있다.

## 지식재산 보호대책 서둘러야

지식재산을 둘러싼 생태계를 평가해 볼 때, 우리나라의 기본적인 역량은 세계적 수준이나 이를 뒷받침하고 부가가치로 연계시키는 전략과 시스템은 크게 미흡한 수준이라 할 수 있다. 지식재산의 창출-보호-활용측면으로 나누어 살펴보면 다음과 같다.

연구개발 투자의 지속적인 확대로 특허출원 세계 4위 등 지식재산의 양적 창출 규모는 세계적 수준에 올라섰으나, 기술무역수지 적자규모가 지속적으로 확대되고 있는 등 질적인 측면에서는 아직 부족하다. 대기업들은 전담조직 강화 등 지식재산 경영전략을 추진하고 있으나, 인력·정보 등이 부족한 중소기업의 지식재산 경영전략은 거의 전무하며, 박사급 인력의 80% 이상을 보유한 대학 및 공공 연구기관은 잠재역량에 비해 지식재산 창출성과가 미흡한 상황이다.

IMD 국가경쟁력 평가에 따르면, 우리나라의 지식재산 보호순위는 2011년

31위(조사대상 59개국)로 지식재산에 대한 보호의식이 미흡하여 외국기업의 국내투자에도 부정적인 영향으로 작용하고 있다. 나아가 지식재산권 침해시에도 이를 해결하기 위한 소송절차가 복잡하고 장기간 소요되며, 소송에서 이겨도 손해에 상응한 배상을 받기가 힘들어 특허무용론까지 제기되고 있는 실정이다.

지식재산이 독립적인 수익창출 수단으로 부각되면서, 국제적으로 다양한 비즈니스 모델이 개발되고 있고, 관련 산업은 높은 성장세를 구가하고 있으나, 국내 지식재산 비즈니스 생태계는 미성숙된 상태이다. 특히 투자위험 분산을 위한 금융제도의 부족으로 기술력이 있어도 창업에까지 이르는 데 애로를 보이고 있다.


## 선진국은 이미 지식국가로 전환해

미국은 80년대 일본으로부터 제조업 경쟁력을 위협받게 되면서 친지식재산 정책에 집중하기 시작하였다. 오바마 정부 들어서도 2008년 대통령실에 지식재산집행조정관을 신설하고, 「지식재산을 위한 자원·조직의 우선화 법」을 제정하고, 2010년 6월에는 국가 차원의 종합계획인 「지식재산 집행 공동전략」을 수립하는 등 연방정부 차원에서 지식재산 정책조정기능을 대폭 강화하고 있다.

일본은 1990년 이후 신흥개도국의 급성장으로 산업경쟁력에 대한 위기감이 발생하자 이를 극복하기 위한 국가전략으로 지적재산입국을 표방하였다. 2002년 「지적재산기본법」을 제정하고, 총리가 본부장인 「지적재산전략본부」를 설치하여 범정부 차원의 추진체계를 구축하였으며, 2003년 이후 매년 「지적재산추진계획」을 수립·추진하고 있다.

중국의 경우, 소위 짝퉁천국이라는 오명을 받고 있는 것이 사실이나, 국가차원에서는 적극적으로 지식재산전략을 추진하고 있다. 2005년 부총리가 위원장인 「국가지식산권전략제정위원회」를 설치하고, 2008년 「국가지식산권전략강요」를 수립하는 등 능동적으로 정책을 추진하고 있다. 특히 지식경제를 선도하기 위한 백천만지식산권인재공정(2007~2010년) 등 인재육성전략에 역량을 모으고 있다.

## 창조형 국가로 도약할 때다

지식기반사회에서 우리나라가 선진국가로 도약하기 위해서는, 우수한 기술력과 뛰어난 창의력을 바탕으로 세계를 상대로 도전하고 꿈을 펼칠 수 있는 역동적인 창조형 국가로 탈바꿈하는 것이 필요하다.

우선, 지식재산전략이 최적의 국가발전전략인 점을 깊이 인식하는 것이 긴요하다. 정부정책 수립시 반드시 지식재산의 관점에서 조망하고 기존의 정책들도 지식재산의 관점에서 재점검하는 것이 중요하다.

둘째, 기업과 국민들이 보유한 창의성을 최고도로 발현시키기 위한 토대를 구축해야 한다. 창작자와 발명가에게 정당한 대가가 돌아갈 수 있도록 제반 제도를 정비하여야 한다. 지식재산 존중문화를 조성하고 직무발명제도를 활성화하는 한편, 대학·기업 간의 공동연구의 성과물이 기업 중심으로 배분되는 불합리한 관행을 개선하여야 한다. 아이디어만 있으면 명예와 부를 쌓을 수 있는 신화를 현실화해야 한다.

셋째, 국가 연구개발도 질적인 성과가 창출될 수 있도록 관련제도를 정비하여야 한다. 사회경제적으로 필요한 연구가 수행될 수 있도록 연구개발의 기획-수행-평가 전 과정을 지식재산 관점에서 재편하는 것이 시급하다.

넷째, 창출된 지식재산이 사장되지 않고, 새로운 부가가치 창출의 자원으로 활용될 수 있는 비즈니스 환경을 조성해야 한다. 미국의 실리콘밸리처럼 미래발전 가능성을 보고 과감히 투자할 수 있도록 관련 제도를 재정비하여야 한다. 실패를 최소화하는 투자가 아니라, 최대의 성과를 거둘 수 있는 기술과 기업을 발굴·육성할 수 있도록 전략적 투자로 초점이 맞추어져야 할 것이다.

다섯째, 지식재산 전략을 수행할 수 있는 우수한 인력을 양성하는 것도 중요하다. 지식재산 분야는 젊은 층에게 적합한 고품질의 지속가능한 일자리를 창출할 것으로 예상되므로 청년실업 해소 측면에서도 중요한 기능을 수행할 수 있다.

여섯째, 지자체들이 지역특성에 따른 차별화된 지식재산 진흥정책을 수립·추진할 수 있도록 중앙정부 차원에서 인프라를 구축하는 등 지원하여야 한다. 지역이 보유한 우수한 전통자원을 새로운 지식재산으로 발굴·활용하는 전략이 필요하며, 중소기업과 대학·연구기관이 지식재산을 중심으로 협력하여 시너지 효과를 창출할 수 있도록 관계기관 간 네트워크를 새로운 관점에서 재정비하여야 한다.

# 국가문화브랜드,
## 판소리와 산대희로

박민호

전통문화재단 대표

## 동양적 소재에서 세계적인 오페라와 뮤지컬이 탄생

서양예술사에서 17~18세기는 연극의 시대로, 유럽에서는 연극과 발레, 오페라가 성행하였다. 순수예술이 대중화되었던 그 당시에는 연극적이면서 귀족적인 공연예술이 많았다. 당시에는 동방취미의 경향을 의미하는 오리엔탈리즘(Orientalism)이 유행하였다. '나비부인', '투란도트'가 그 예이다. 일본 오사카를 무대로 하는 오페라 '나비부인'은 일본인 게이샤(기생)에 대한 사랑 이야기를 이탈리아 작곡가 푸치니가 작품화한 것이다. '투란도트'도 중국의 돈왕 때, 남자에 대한 강한 증오심을 가진 공주가 수수께끼를 맞추지 못하는 구혼자들을 모두 죽이는데 한 왕자가 나타나 수수께끼를 맞추고 공주의 사랑까지 얻게 된다는 이야기다. 이들 명작들은 오늘날 전 세계인들이 애호하는 작품이 되어 일본이나 중국의 문화에 대한 이해도를 높여 주고 있다. 20세기에 탄생된 세계 4대 뮤지컬(오페라의 유령, 캣츠, 레미제라블, 미스 사이공)은 오늘날까지도 흥행에 성공하고 있다. '미스 사이공'도 동양의 월남전 이야기를 소재로 하여 세계 뮤지컬시장을 선도하고 있다.


## 순수예술에도 한류

서구의 선진국은 문화와 예술을 존중하며 국민들도 자국문화를 자랑스럽게 생각한다. 그들은 자국 문화와 예술을 해외에 알리는데 열심이지만 외국문화를 끌어들여 그들의 문화를 더욱 풍요롭게 하는 데도 게을리 하지 않는다. 세계적인 작품이나 상품들은 "생각은 가장 지역적으로 하고, 그 생각을 글로벌적으로 현실화 시켜라"라는 전문가의 조언을 창조와 제작과정에 잘 반영시키고 있다. 창작의 바탕은 전통문화 내지는 지역문화를 소재로 하지만, 이것이 창조와 제작의 과정을 거쳐 현지에 유통될 때에는 글로벌 관점에서 재현된다. 세계적 명작들은 독창성과 보편성을 동시에 가지고 있다. 독창성은 지역과 생활에 관계가 깊고, 보편성은 언어적 한계를 극복한 예술적 양식화에서 비롯된다. 국내 예술가와 예술행정가들은 서양의 최고예술가가 100년 전에 일본과 중국의 전통 문화적 소재로 오페라 명작을 만들었듯이, 22세기를 내다보면서 '순수예술의 한류(韓流)'를 추구해야 한다.

# 국가 브랜드 '판소리' 전용극장을 지어 국가적 자존심을 회복할 때이다.

동양에서 한국, 중국, 일본의 대표적인 전통예술로 알려진 판소리, 경극, 가부키 등은 유네스코의 세계문화유산으로 등록되어 있다. 일본 도쿄에는 가부키 전용극장이 있어 하루에 두 차례씩 공연을 열어 각국의 관광객들에게 자국의 전통유산을 선보인다. 중국 북경에 있는 '경극' 전용극장은 중국을 찾는 방문객들의 뇌리에 깊은 인상을 남긴다. 또한, 북경시 주최로 2년마다 경극축제가 대단위로 열린다. 이에 비해 한국은 어떤가? 수도 서울에는 아직까지 이렇다 할 판소리 전용극장이 마련되지 않고 있다. 고궁 등 문화재가 즐비하지만 선조들의 애환과 멋을 우리시대 예술가들이 그려내는 판소리 극장은 찾아보기 어렵다. 그러나 이 공연장들은 서양식 연행자를 위한 극장 구조로 설계되어 있다. 겉모양은 전통적 디자인을 갖춘 것처럼 보이지만 전통예술의 특성을 고려하여 제대로 감상할 수 있는 극장구조가 아니다. 조선시대 판소리를 하는 연행자(演行者)들에게 적합한 건축학적 구조나 기능을 갖추고 있지 않다. 이러한 공연장들은 서양식 극장 설계로 지어져 판소리의 맛을 제대로 살릴 수 없다. 우리의 판소리 무대는 오픈 스테이지형(Open Stage) 개념이며 무대와 객석이 일치된다. 판소리 전용극장의 건축미학은 조선시대 '전통 풍류의 멋'을 오늘의 미학으로 되살려내는 것이라 할 수 있다. 그 점에서 김지하 시인의 '흰 그늘의 미학'에 공감한다. 서양식 극장은 조명이 빨간색과 황금빛 일색인데 비해, 전통 판소리 전용극장은 흰색과 녹색이 어우러진 그늘의 미학을 담아내야 한다.

# 산대희(山臺戱) 전용극장을 지어
# 관광상품화와 일자리 창출에 기여

우리는 또 다른 훌륭한 전통놀이 문화유산이 있다. 중국 고대문화의 가무 백희(歌舞百戱)에서 전래되어 삼국시대에 재창조돼 오늘날까지 계승되어 온 산 대놀이다. 산대놀이에는 땅재주, 접시돌리기, 줄타기, 공돌리기, 마상제(말타기) 등 오늘날 서커스로 발전되어온 것들이 있다. 혹자는 땅재주가 오늘날의 비보 이로 재창조된 것이라고도 이야기한다. 그동안 산대놀이는 지금까지 야외 마당 에서 전통적 소재만을 가지고 이루어져 품격과 상상력이 부족해 관광 상품성이 부족했다. 그래서 전통놀이를 마당에서 극장의 첨단무대로 가져와 품격화, 현 대화하고 관광 상품화하는 시도가 필요하다. 유사한 성공사례는 서커스 산업이 사양 산업화되고 있던 1980년대 중반, 캐나다의 서커스 회사인 '서크 듀 솔레이 (Cirque du Soleil, 태양서커스)'에서 찾을 수 있다. 캐나다 퀘백의 시골도시에서 태 어난 서커스 맨이자 설립자 기 랄리베르(Guy Lalibert)는 서커스에서의 핵심 유 흥 요소라고 볼 수 있는 동물쇼와 고난이도의 곡예를 모두 폐지했다. 대신 브로 드웨이 뮤지컬과 최첨단 과학기술, 그리고 자연과 신화를 소재로 한 스토리텔링 이 있는 서커스를 만들어 전 세계적으로 유명한 태양서커스단으로 발전시켰다. 요즘 한국은 산업사회에서 지식사회로의 전이와 함께 노령화 사회와 청년 실업 문제로 골치를 앓고 있다. 우리나라 전통문화를 소재로 한 공연예술과 전시예술 이 관광상품으로서, 새로운 일자리 창출 사업으로서 대우받는 시대가 올 것으로 예상된다. 전통예술을 대형화, 첨단화, 스토리텔링화하는 노력으로 우리나라를 찾는 관광객들이 현대적으로 재창조된 '판소리'와 '산대희' 등 우리 전통공연을 즐길 수 있기를 바란다. 더불어 전통예술을 현대화하고, 관광 상품화한 명작들 이 지속적으로 재창조될 수 있는 풍토를 만드는 것이 시급하다.

# 도시가로를 관광브랜드로

손봉수

연세대 교수

## 도시가로에서 우리나라 고유의 전통과 역사를 느낄 수 있는가?

우리나라에는 유구한 역사와 찬란한 문화유산을 가지고 있는 많은 고도(古都)들이 있다. 그럼에도 불구하고 프랑스나 이탈리아 같은 나라와 비교할 때 그 가치를 인정받지 못하고 있다. 프랑스의 파리나 이탈리아의 로마를 여행해 본 사람들이라면 모두가 공감하게 되는 것이 있다. 이들 도시는 거리의 모습이나 광장의 뒷골목 등이 건축되어질 당시 그대로의 모습대로 보존되어 있다. 이것을 보면서 많은 사람들이 감동을 느끼고 다시 방문하고 싶다는 생각을 하게 된다. 그동안 우리는 역사의 숨결이 묻어나고 우리 서민들이 살아온 많은 이야깃거리들이 있는 도시의 모습을 적절히 보존하는 데 소홀해 왔다. 이제부터라도 무조건 기존의 오래된 건물이나 도로 등을 철거하고 새로 내기보다는 우리가 가지고 있는 유산을 보존하여 우리나라를 방문하는 전 세계 관광객들에게 인상적이면서도 불편하지 않은 관광인프라를 제공하는 문제에 대해서 다 같이 고민해 볼 시점이다.

## 도시가로의 관광브랜드화는 새로운 국가경쟁력이다

우리나라보다 상대적으로 짧은 역사를 가진 나라에서 방문하는 관광객들에게 우리나라는 보여줄 것이 매우 많은 나라다. 또 우리나라에 비견하는 역사를 가진 나라에서 오는 관광객들에게도 우리만의 독특하고 신비로운 유산들을 관광브랜드화 할 수 있는 방법은 얼마든지 있다. 관광분야에서 각국은 이미 치열한 경쟁을 시작했다. 도시가로의 관광브랜드 가치를 높이면 지역경제가 활성화되고 이는 곧 국가경쟁력을 강화하는 파급효과가 될 수 있다. 이제 우리는 옛 모습을 그대로 보존하면서 조화로운 개발을 진행하여 시너지 효과를 높일 수 있는 정책을 가지고 관광대국의 면모를 갖추어 갈 때이다. 이것이 곧 새로운 국가브랜드의 창출이 될 것이고 강력한 국가경쟁력을 가지게 되는 출발점이 될 수 있다.


## 조화로운 보존과 개발로 도시가로에 지역문화와 역사를 입히자

파리에는 수백 년 된 옛 건물들이 도시의 중심가로를 형성하면서 국가 브랜드를 상징하고 있다. 로마와 폼페이는 고대 로마시대에 마차가 다녔던 도로를 지금도 생활 도로로 사용하고 있는데, 지금도 많은 관광객들이 그 길을 보기 위해 방문하고 있다. 고대(古代)에 만들어진 낡은 도로가 현재 귀중한 관광자원으로 활용되고 있는 것이다. 파리와 로마 같은 고도(古都)에서 일반적인 고건축물들이 보존될 수 있었던 것은 노후·불량요인만을 제거하는 개발방식을 적용하고 있기 때문이다. 건물의 외벽은 최대한 원형대로 유지하고 내부만 거주민들이 실용적으로 쓸 수 있도록 개량하여 왔다. 그리하여 생활가로가 옛 모습을 그대로 유지하여 누가, 언제 그 지역을 가더라도 정감있는 향수를 항상 느낄 수 있도록 하고 있다.

우리나라에도 존치지구를 지정하여 옛것을 유지하는 방안이 도입되고 있기는 하나, 개발을 거친 어느 지역에 가든지 높은 건물에 큰 길로 둘러싸인 무미건조한 공간만이 존재하고, 지역 고유의 특성들은 찾아보기 어렵게 되었다. 외국인 관광객이 방문을 해도 우리나라의 옛 모습은 박물관이나 고궁에서밖에는 찾을 수 없다. 긍정적인 사례도 있다. 서울시내 남산골 한옥마을과 북촌 한옥마을, 돈화문로, 운현궁 및 경복궁 서측 일대에 일부 한옥마을이 존재한다. 남산골 한옥마을은 옛 수도방위사령부가 있던 터에 남산 제모습찾기의 일환으로 조성되었다. 서울시내에 산재해 있던 삼각동 도편수 이승업 가옥 등 민속한옥 5채를 이전 및 복원하고, 이 한옥들에 거주하던 사람들의 신분성격에 맞는 가구 등을 배치하여 선조들의 삶을 재조명하였다. 그러나 남산골 한옥마을은 실제 주민이 거주하는 마을이 아닌 전통공예 및 관광을 목적으로 한 체험공간으로만 활용되고 있다. 반면에 북촌 한옥마을은 자연적으로 형성된 마을에 옛 양식은 그대로 유지하면서 현대적인 생활환경을 접목한 형태로 발전하였다. 전통적인 한옥과는 다소 차이가 있으나, 전통한옥의 원형을 최대한 유지하면서 도시주택의 유형으로 진화되어 왔다. 거주민들이 한옥의 불편한 부분을 고치고 개량하면서 커뮤니티와 생활가로를 그대로 유지하여 왔기 때문에 시금까지도 내국인 및 외국인 관광객들이 끊이지 않고 북촌 한옥마을을 찾고 있는 것이다.

# 도시가로의 관광브랜드 창출을 위한 새로운 주택정책

　　전통적인 도시가로의 옛 모습을 최대한 보존하면서 조화로운 개발을 진행하기 위해서는 가장 먼저 도시가로의 재개발은 옛것을 모두 없애고 새로운 것으로 채워야 한다는 기존의 생각을 바꿔야 한다. 재개발을 하더라도 이웃 간에 공유할 수 있는 공간을 유지하고 보존하는 형태로 진행되어야 외부 관광객도 공감할 수 있는 도시가로를 만들 수 있다. 이렇게 하려면 지자체 등 공공기관이 공공시설의 설치부터 유지 및 관리단계까지 주도적으로 관심을 가져야 한다. 그리고 생활가로의 주택 수명을 늘릴 수 있도록 개발과 보존을 병행할 수 있는 새로운 주택정책이 도입되어야 한다. 우리나라 공동주택의 평균 수명은 21.5년이다. 영국 141년, 미국 103년, 프랑스 86년에 비해 심각할 정도로 짧다. 주택의 수명을 늘리면, 사회적 손실을 줄이고 지역 생활가로가 지니고 있는 고유문화와 역사도 보존할 수 있다.

　　마지막으로 도시가로의 환경을 운전자나 보행자 모두가 언제나 안전하고 편하게 다닐 수 있도록 만들어야 한다. 우리나라 자동차 1만 대당 교통사고사망자수(2.8명)는 OECD 회원국 평균 사망자수(1.3명)와 비교하면 2배 이상이나 많다. 더 놀라운 사실은 생활권 도시가로의 주류를 이루는 편도 1차로 이하의 좁은 도로에서 전체 교통사망사고의 63.3%가 발생하고 있다는 것이다. 전 세계적으로 노인, 어린이, 여성 등 사회적 약자들을 위한 배려에 대한 관심이 급속히 커지고 있다. 이러한 시점에 중앙정부가 도시가로에 무장애·친환경 공간을 조성하는 데 보다 적극적으로 나서야 할 것이다.

# 문화를 수출산업으로 육성해야

## 베트남 사례 중심으로

**김종각**

호치민 기업자문 변호사

## 문화수출이 필요하다

과거 한국의 해외투자는 주로 제조업, 부동산 개발 및 투자, 증권분야에서 이루어져 왔다. 베트남에서도 같은 모습이었다. 그 밖에 문화관련 분야는 주로 코이카, 민간 NGO 단체, 일부 정부 지원 등을 통해 이루어져 왔으며, 상업적 목적이 아닌 선린우호와 지원적 차원에서 이루어져 왔다. 그러나 이제 문화를 하나의 수출산업으로 간주할 필요가 있다고 본다.

2011년 11월 21일자 호치민에서 발간되고 있는 한국교민신문에 '베트남에서 행해지고 있는 외국인 투자분야가 과거 부동산, 증권분야에서 유통, 교육, 의료분야로 변화하고 있다'는 기사가 실렸다. 이를 통해 확인되는 것은 과거에는 신속한 투자수익 회수를 목적으로 상업성이 높은 곳에 투자가 집중되었지만, 이제는 장기적 안목에서 교육, 의료 등 베트남 문화에 접근되어 있는 투자가 주목받고 있다는 점이다.

2000년대 이후로 베트남에서는 꾸준한 '한류' 열풍이 있었다. 하지만 한국문화를 베트남에 소개하고 알리는 정도였을 뿐 이를 적극적으로 산업투자 영역으로 발전시킨 단계까지는 아니라 할 것이다. 한국의 드라마를 수출하는 정도, 한국의 연예인(특히 가수)들을 초청하여 공연을 하는 정도에 머무르고 있다.

한류 이전에는 일류(일본문화 선호)와 중류(중국문화 선호)도 있었다. 이러한 변화의 흐름을 통해 볼 때 '한류'도 어느 시기 이후에는 다른 문화에 의해 대체될 수도 있다. 따라서 베트남에서 한류열풍을 더욱 거세게 하고 이를 산업화하는 노력을 할 때가 되었다.

# 야구협회

2011년 4월 베트남 야구협회가 정식 출범했다. 국가대표 초대감독으로 한국인 감독이 부임했다. 사실 베트남 야구협회 태동을 위해 한국인 감독은 10여년 전부터 베트남 야구인들을 육성해 왔다. 창단한 지 몇 개월밖에 지나지 않은 지난 10월에 동남아대회인 씨 게임(South East Asia Game)에서 말레이시아를 꺾는 파란을 연출하며 4위를 했다. 야구협회 운동장은 있지만, 전용야구장은 아니다. 정식게임을 할 수 있는 상황이 못 된다. 이런 상황에서 연습도 해야 하고, 2012년 국제게임도 계획하고 있다.

베트남 야구협회에 대한 한국의 지원이 이루어진다면 1차적으로 한국팀의 동계훈련장으로 이용이 가능하다. 다른 지역보다 물가가 저렴하고, 음식이 우리에게 맞아 불편함이 없고, 필리핀 등 보다 안전한 장점이 있다. 고등학교나 대학 야구팀들에게는 저렴한 비용과 적절한 환경에서 훈련할 수 있는 기회를 만들어 줄 것이다. 2차적으로는 베트남 야구발전이 한국에 의해 주도되는 문화 교사 역할을 담당한다는 점이다. 말레이시아, 태국 등의 동남아시아 야구감독들은 모두 일본인이다. 일본에서는 예전부터 동남아 지역 스포츠 분야에 지원과 투자를 해왔다. 문화 육성 투자는 가장 쉽게 그 나라 사람들로부터 친근감을 갖게 하고 이는 상업적 투자를 쉽게 하는 유발효과를 준다는 점을 일본은 잘 알고 있었던 것이다.

# 클래식 문화

베트남은 9천만 명의 인구를 갖고 있고, 그 중 70%가 30대 이전이다. 교육을 받아야 하는 인구가 많음을 의미한다. 베트남도 한국과 같이 유교문화를 근간으로 하기 때문에 문(文)을 중시하고 교육에 전념한다. 클래식 문화와 음악교육 또한 중요한 부분이다. 한국은 클래식 문화분야에서도 상당히 앞서 있고, 많은 대학들이 베트남 학생들을 유치하길 희망한다. 그러나 체계적이지 못하고 전략 또한 없다. 한국 유수의 음악대학과 베트남 음악대학(음악원)이 협력하여 매년 음악축제(Music Festival)를 열 수 있다. 음악축제에 참가하는 학생들에게 일정의 참가비도 받을 수 있다. 이러한 교류를 통해 베트남 학생들을 한국 유학생으로 유치할 수 있다. 지금까지 음악교육을 위해 싱가포르 등으로 많이 갔는데, 이렇게 되면 한국이 그러힌 억할을 할 수 있게 된다. 향후 학생부족을 염려하는 한국대학에게도 좋은 기회가 될 것이다. 베트남에서의 교육 비즈니스는 황금시장이다. 경제가 성장하면서 교육비 지출 규모가 매년 증가하고 있다. 우수한 교육 콘텐츠만 갖추면 훌륭한 비즈니스를 할 수 있다. 그러기 위해서는 정부가 주도하고 한국대학들이 협력자로 나서서 단기, 중기, 장기적 전략하에 치밀하게 진행할 필요가 있다.

# 엔터테인먼트

2011년 10월경 한국업체 주관, 한국모델협회 후원으로 "베트남 캄보디아 패션쇼"가 열렸다. 우승자들에게는 한국에 가서 패션쇼에 참석하는 출전권이 주어졌다. 지난 9월경 K팝도 마찬가지 형태로 진행되었다. 베트남 참가자들의 열기가 정말 대단했다. K팝 행사의 경우 한국관광공사와 한국문화원이 후원하였다. 엔터테인먼트는 앞으로 무궁무진한 산업군 중 하나이다.

베트남도 빠르게 엔터테인먼트 산업이 발전하고 있다. 이에 따라 드라마 연예인, 모델, 가수 등이 육성되어야 하는데, 이를 한국에서 할 수 있다. 베트남은 한류의 영향하에 있기 때문에 가장 이상적인 모방대상국이 한국이기 때문이다. 또한 베트남에서 육성된 다방면의 연예인을 국내에서의 엔터테인먼트 자원으로 활용하는 것도 가능하다.

## 정부의 적극적 지원이 필요하다

해외에서 성공적인 문화투자사업이 이루어지려면 크게 두 가지 이유에서 대한민국 정부의 적극적 지원이 필요하다. 첫째는 투자자금이다. 문화투자사업은 장기적 계획에 의해서 이루어지는 것이기에 정부의 적극적 지원이 없으면 투자자들의 자금만으로는 실행되기 어렵다. 둘째는 문화개방 문제이다. 어느 나라든지 외국의 문화가 들어오는 것을 환영하고 적극적으로 개방하지만은 않는다. 경우에 따라 대한민국 정부가 외교적 후원을 통해 이를 해결해 주어야 할 필요가 있다.

또한 정부에서는 해외 문화투자 사업부를 별도로 구성할 필요가 있다. 이 부서를 통해 각 나라마다 가장 효과적이고 적절한 문화투자 분야를 선정하고, 단기, 중기, 장기 계획을 수립하며, 투자규모와 자금형태를 조성하고, 민간기업들과의 협력을 만들고 전문 컨설팅업체들과도 논의해야 한다. 이 부서를 어느 곳(문화부, 외교부 등)에 두어야 하는지는 좀 더 면밀한 검토가 필요하되, 이는 사업적 성격을 두고 있음을 전제하고 있다. 지금까지 KOICA나 한국 문화원에서 진행한 방식은 한국문화를 알리기 위해 무상지원 또는 소개하는 방식에 지나지 않았지만 새로운 제안은 상업적 이익을 함께 고려한다는 점에서 기존의 업무부서와는 다른 성격을 갖고 있다고 하겠다.

# 문화콘텐츠 산업의 핵심은 스토리텔링이다

## 강민정
자유기고가

## '우리 것'의 프리미엄은 없다

일본 애니메이션 영화인 '하울의 움직이는 성' 같은 작품은 환상적이다. 참신하고 순수한 판타지의 세계를 보여주는데, 동화책보다도 살아있고 생생하다. 재미와 아름다움은 물론이다. 환상적인 상상력을 탄탄한 이야기 구조로 낭만적으로 표현해서 보는 사람의 마음을 사로잡는다. 귀여운 유머감각도 한몫한다. 이 애니메이션은 일본에서 개봉 44일 만에 1천만 관객을 돌파했고, 우리나라에서도 2004년 개봉되자마자 연말 극장가에서 흥행 1위를 달리기도 했다. 이쯤 되면 거의 '관객을 움직이는 성'이 된 셈이다.

한국 영화는 어땠는가? 탄탄한 줄거리가 없는 상태에서 스타 개인의 인지도에만 의존한 영화로는 관객의 마음을 사로잡을 수가 없다. 관객들은 홍보와 마케팅에 휩쓸릴 만큼 어수룩하지 않다. 줄거리가 탄탄하지 못한 어설픈 영화는 입소문에서 찬바람을 맞게 되고, 입소문의 영향력은 실로 막강하다.

'관객 1천만 명을 돌파한 한국영화가 여러 편 나왔으니 이제 한국영화의 중흥기가 되었다'는 것은 섣부른 결론이다. 영화산업이 가지는 자본의 논리 때문에 할리우드 영화에 대해서는 뼈아픈 비평을 하면서, 어이없는 우리 영화에 대해서는 홍보 위주의 찬양을 늘어놓는 영화소개는 이제 식상하다. 상상력이 부족하고 서사성이 결핍된 B급 영화는 B급 영화일 뿐이다. 탄탄한 스토리가 빠져 있는, 스타 중심의 어설픈 영화는 찬바람을 맞을 수밖에 없다.

이제 엔터테인먼트 산업에서 '우리 것' 프리미엄은 없다. 영화의 흥행 성공은 국적 요인이 아니다. 문화 소프트웨어로서 대중적인 소구력을 지녀야 살아남는다. 이미 높아질 대로 높아진 관객의 안목과, 까다로워질 대로 까다로워진 관객의 입맛을 충족시킬 수 있어야 경쟁력을 지닌다. 흡인력 있는 문화 상품은 국적을 불문하고 관객이 몰려든다. 이런 상황에서 우리 영화니까 좋아해 달라고 할 수는 없다. 돈을 내고 영화를 보러 오는 관객은 애국하기 위해서 영화를 선택하지 않는다. 영화표를 손에 쥔 그들의 선택은 냉정하다.

영상문화 산업의 성공은 탄탄한 내용에 달려 있다. 문화산업을 육성하기 위해서 더 체계적인 노력을 기울일 필요가 있다. 일본의 동경대에서는 애니메이션 심화과정을 설치하고, 게임 프로듀서 육성 프로그램도 마련했다. '닌텐도' 게임뿐만 아니라 일본 애니메이션은 미국 텔레비전에서 인기다. 중국도 외자기업의 자국 시장진입을 통해서 애니메이션과 영상산업을 육성하고 있다. 입안 신청된 애니메이션 작품이 15만 분의 분량에 달한다. 애니메이션은 이제 단순한 만화영화가 아니다. 비사실적인 동영상 연출의 모든 것이라고 할 수 있고, 앞으로 영상 콘텐츠 기술의 핵심이 된다.

문화산업의 저력을 축적하기 위해서는 창의력 있는 젊은 인재를 끌어내고 키울 수 있는 시스템과 이벤트가 필요하다. 눈높이가 높아진 관객의 취향은 이제 더 이상 '타인의 취향'이 아니다. '우리 것'이니까 일단 밀어주고 보자는 식으로는 안 통한다. 자축하느라 기대감만 키울 것이 아니라, 그에 걸맞은 질적인 성장을 이루어야 한다.


## 중요한 것은 콘텐츠다

어떻게 하면 콘텐츠 산업의 값어치를 높이고, 부가가치가 높은 상품을 만들어 낼 수 있을까를 두고 여러 분야의 사람들이 고민하고 있다. 정부의 지원 정책도 많다. 콘텐츠진흥원과 같은 기관도 있고, 문화관광부, 정보통신부 등에서 제각기 콘텐츠 산업을 이야기한다. 지원하는 부서도 많고 지원금액도 많다.

그런데도 괜찮은 콘텐츠가 나오지 않는다. 세계를 휩쓸기는커녕 우리나라 미디어 소비자들의 입맛조차 제대로 맞추지 못하는 콘텐츠가 대부분이다. 반면에 미국 드라마는 우리의 안방시장을 휩쓸다시피 하면서 인기몰이를 하고 있다. 우리 시청자들은 이미 짜임새 있는 구성과 강력한 흡인력으로 스토리텔링을 하는 미국 드라마에 빠져서 눈높이가 높아질 대로 높아졌다. 그래서 이제 웬만한 한국 드라마를 들이대서는 그들의 눈높이를 맞출 수가 없다.

당연한 일이다. 입맛과 취향은 한번 높아지면 다시 끌어내리기가 힘들기 때문이다. 그렇다면 콘텐츠 산업을 육성하기 위해서 쏟아부은 우리 정부의 그 많은 지원금은 다 어디로 사라졌을까? 지원금을 주는 기관이 많다는 것은 좋은 현상이다. 하지만 지원대상의 초점을 어디에 맞추느냐에 따라서 그 결과는 상당히 달라진다. 탄탄한 스토리를 만드는 작가에 지원하지 않는 이상, 그 돈은 흐지부지 사라지기 십상이다. 지원을 아무리 많이 해도, 그 지원금이 콘텐츠의 핵심을 만드는 데 쓰이지 않고 제작사의 문짝을 교체하는 데 쓰이는 식으로 흩어져 버린다면 효과를 기대하기 어렵다.

## 작가가 우대받는 사회

　　콘텐츠 산업의 핵심은 스토리텔링이다. 드라마건, 영화건, 애니메이션이건, 게임이건 다 마찬가지이다. 스토리텔링이 되지 않는 콘텐츠는 경쟁력이 없다. 관객을 흡인력 있게 끌어들이지 못한다. '영상산업'이라는 단어가 자칫 콘텐츠 산업의 핵심을 놓칠 우려가 있는 것도 이 때문이다. '영상산업'이라고 해서 영상을 보기 위해 소비자들이 돈을 낸다고 생각하면 큰 오산이다. 영상산업이라도 그 속의 스토리를 즐기기 위해서 돈을 내는 것이지, 단순히 기술력 있는 영상미를 보기 위해서 돈을 쓰지는 않는다. 영화 '괴물'이 천만 관객을 모았지만, 괴물을 얼마나 잘 만들었나 보려고 극장에 간 사람은 거의 없다. 스토리가 흡인력이 있어서 천만 관객을 매료시킨 것이다.

　　작가를 키우지 않는 한, 콘텐츠 산업의 경쟁력은 키울 수가 없다. 지금처럼 작가에 대한 대접이 주변부로 밀려나 있을 때는 흡인력 있는 콘텐츠가 나오지 않는다. 영화대상이나 드라마상 시상식 등을 보면 시나리오 부문은 주변부적인 상으로 인식되고 있다. 중요한 건 배우지, 작가가 아니라는 식의 인식이 너무나 깊고 넓게 퍼져 있다. 이래서는 좋은 콘텐츠가 나오기 힘들다. 콘텐츠 산업의 열쇠는 작가의 스토리텔링에 있다. 그렇기 때문에 시스템적으로 작가를 키워야만 하는 것이다.

# 세계화, 다문화 가정, 그리고 문화선진국

관동대 교수

## 다문화 가정, 새로운 사회적 갈등요인

현재 한국에 거주하고 있는 외국인 수는 200만 명이 넘었으며 사회공동체 구성원으로서의 역할이 점점 증대하고 있으나 사회적·경제적 소외와 부적응도 날로 증대하고 있다. 결혼 이민자 외에 외국인 근로자, 유학생, 여행객 등 다양한 형태와 방법으로 한국에 머물면서 한국사회의 다문화 구조가 형성되어 가고 있는 시점에서 다문화 가정의 문제는 세계적 시각과 위상 속에서 다루어져야 한다.

특히, 세계화 과정 속에서 다문화 가정의 안정적 정착, 즉 결혼 이민자 가정의 사회적응과 안정화는 우리 사회의 발전을 위해서 꼭 해결해야 할 문제이다. 현재 결혼 이주자 숫자가 20만 명을 넘어서면서, 다문화 다인종화 되는 세계의 추세에 역행하는 인종차별적인 행위, 배타성과 편견 그리고 언어 및 문화적 이질성에 대한 선입관은 큰 사회적 문제가 되고 있다.

다문화 가정의 공동체 부적응 및 소득구조 취약성은 지역사회공동체의 지속성과 안정성에 부정적 요인으로 작용하고 있다. 나아가 다문화 가정의 사회적 취약성은 공동체 수용 및 적응을 불안정하게 함으로써 사회 양극화의 발생과 계층 간의 갈등 등 사회적 안정측면에서 불안감과 갈등을 초래할 우려가 있다. 다인종, 다문화 사회공동체 구성원 간의 상호 협력과 상생을 통한 국가 및 사회의 안정과 발전이 이루어져야 진정한 선진문화국가가 될 수 있다. 요사이 학교에서 벌어지고 있는 부모의 외모와 언어의 부적응에 따른 다문화 가정의 자녀에게 가해지는 따돌림과 심리적 갈등을 해결하지 않는다면, 향후 우리 사회의 안정은 어려워질 것이며 나아가 사회적 통합을 위한 사회적 비용도 크게 증가할 것이다.

## 다문화 가정의 실태

결혼 이민자들의 대부분이 여성으로 거의 90%에 이르고 있으며, 그들의 절반 이상인 53%가 서울·경기지역에 거주하고 있다. 이들 중 중국과 베트남, 필리핀 등 아시아권의 국가 출신이 다수이다. 이러한 현상은 한국의 국격 향상과 상대적으로 높은 소득구조 그리고 문화적 한류현상 등이 종합적으로 작용한 것으로 보인다.

각 지방자치단체의 다문화 가족 지원센터에서 다문화 가족에 대한 상담업무, 한국어 교육, 문화정서 교육, 이민자 역량강화 사업, 가족통합 교육, 다문화 인식 개선사업, 멘토링 사업 등을 하고 있으나, 다문화 가정의 실태를 분석한 설문조사와 연구결과를 분석해 보면

첫째, 결혼 이민자의 배우자인 남성들이 결혼적령기를 넘긴 사람들이 대부분으로 이러한 정책들이 세대 간의 차이는 물론 가치관의 차이를 고려하지

못하고 있고,

둘째, 결혼 이민자들의 대부분이 동아시아권 국가 출신의 여성들로, 이들 대부분이 경제적 도움이나 혜택을 충족시키기 위해 가사노동 외에 공장이나 임금노동을 찾게 됨으로써 가정의 갈등이 야기되는 경우가 많고,

셋째, 체계적인 한국어 교육을 위해 다문화 가족 지원센터에서 매주 합동 언어교육을 실시하고 있으며, 그 근간에는 대학생을 통한 각 가정을 찾아가는 한국어 교육을 실시하고 있으나 그 실효성은 미미한 실정이고,

넷째, 결혼 이민자 자녀의 언어교육은 어머니가 담당하게 됨으로써 어린이의 언어발달교육을 제대로 시키지 못하여, 자녀들의 유아원과 초등학교 생활에 큰 어려움을 야기하고 있고,

다섯째, 한국문화와 정서를 이해시키기 위해서 사물놀이, 음식 만들기 등을 시행하고 있으나 배우자와 가족이 함께 진행되지 않음에 따른 가족통합차원의 공감대 형성이 어렵고,

여섯째, 어머니의 피부색과 외모가 다른 것에 대하여 일반인들은 물론 아이들까지 놀리고 무시하여 따돌림의 대상이 되고 있다는 등 문제점이 한두 가지가 아니다.


## 다문화가정 정책의 문제점

첫째는, 다문화 가정 관련업무의 부서별 분산문제이다. 다문화 가정과 관련한 법률로는 법무부의 국적법, 출입국관리법, 재한외국인처우기본법이 있으며, 보건복지가족부의 다문화가족지원법, 결혼중개업의관리에관한법률 등이 있다. 그러나 이들 법률에 의한 각 부처별 소관업무 및 다문화 가정 지원제

### 정부 부처별 소관업무

| 부 처 | 담당부서 | 대상자 | 담당업무 |
|---|---|---|---|
| 법무부 | 외국인정책과 | 외국인 | 외국인정책 총괄 |
| 복지부 | 다문화가정과 | 다문화 가족 | 다문화 가족지원 총괄 |
| 교과부 | 교육복지정책과 | 다문화 가정 자녀 및 일반학생 | 다문화 가정 자녀 학교교육지원 |
| 행안부 | 자치행정과 | 외국인 | 외국인주민 지역사회 생활정착 지원 |
| 문화부 | 문화예술교육팀 | 외국인, 일반국민 | 다문화성 제고, 한국어교재 개발 |
| 여성부 | 권익기획과 | 결혼 이민자 | 폭력피해 이주여성 지원 |
| 노동부 | 외국인력정책과 | 외국인 노동자, 결혼 이민자 | 취업지원 직업상담 및 훈련 |
| 농식품 | 부농촌사회여성팀 | 결혼 이민자 | 영농교육 |

도는 다양한 분야에서 각기 시행주체들에 의해 실시됨으로 인하여 체계적 일관성을 유지하기가 힘든 것이 현실이며, 일부 부서의 정책이 중복현상을 빚는 등 다양한 개선의 요구사항을 드러내고 있다.

둘째는, 아주 미흡한 현실파악을 통한 정책수립으로 실제 각 지역의 정서와 여건을 고려하지 않은 탑다운 방식의 정책이 수립되어 지역여건에 맞지 않다는 점이다.

셋째는, 여성결혼 이민자에 대한 분석의 미흡으로 출신 국가별, 연령별, 학력별 등등을 고려한 맞춤식 정책이 되고 있지 않아 그 실효성에 의문이 많다는 점이다.

넷째는, 다문화주의 표방 속에 동화주의적 사업진행으로 우리 문화와 정서로의 동화가 주류를 이루고 있다는 점이다. 이중언어 교육과 결혼 이주여성 국가의 문화와 음식, 정서를 체계적으로 이해하려는 노력이 부족하다.

다섯째는, 해당 정책의 목표수행 원활성 부족으로 도시거주 다문화 가정과 지역거주 다문화 가정의 구분을 비롯하여 소득별, 가족구성별, 연령별 등 정책목표를 다각화하여 그 영향과 결과를 획일화해서는 안 된다는 것이다.

# 다문화 가정에 대한 국가지원정책은?

언어와 종교, 문화, 제도, 정치상황 등 기존의 생활환경과 전혀 다른 곳에서의 새로운 삶은 그 환경에의 철저한 적응과 이를 위한 다양한 노력이 필요하다. 그리고 이들 당사자의 노력과 함께 성공적 정착을 위한 제도적 환경조성을 위해 정부 및 지방정부 모두의 노력이 필요하다. 구체적인 정부의 해결방안을 살펴보면, 첫째, 관련제도의 개선으로 관련제도 및 정책수립과 시행에 관한 일관성과 통합관리체계 구축이 필요하며, 지방자치단체의 재정확보 방안이 모색되어야 한다.

둘째, 다문화 가정 및 이민자의 경제능력 확보체계가 구축되어야 한다. 이를 위해 직업교육 및 소득화 방안 모색이 필요하고, 개인별 능력 및 지역적 여건을 고려한 일자리 마련이 절실하다.

셋째, 다문화 가정의 자녀교육이 시급하다. 출산부터 육아기의 지원은 물론, 경제수준을 고려한 교육지원 프로그램이 필요하다. 특히 이민자 자녀의 언어 및 문화소양 증대 없이는 또래들과 어울릴 수 있는 기회 상실로 인한 따돌림의 문제가 생기게 되므로 이를 시급히 해결해야 한다.

넷째, 지역사회 차원의 수용체계 마련이 필요하다. 사회적 편견 및 학생들의 편견의식 해소를 위해서는 다문화 수용성 교육이 꼭 필요하다. 인종차별적인 의식의 해소를 위한 지속적인 교육은 물론 동화주의적 행태와 의식의 해소를 통한 동등성 소양교육이 필요하다.

# 농어촌 개발은 농어촌다움을 살려야

| 조원석

| 관동대 교수

 

농어촌 마을의 지속적 유지발전은 식량안보적 차원에서뿐 아니라 도시민이 언제나 회귀할 수 있는 마음의 고향이라는 점에서 매우 중요하다. 또한 도농간의 더불어 사는 균형발전사회건설을 위해서도 이 문제는 소홀히 다룰 수가 없다.

그동안 다양한 농어촌 정책이 실시되어 왔고, 그 결과 어느 정도 효과도 있었으나, 농어촌 지역 주민의 삶의 질을 중소도시 수준으로 끌어올리려는 측면에서는 그 결과가 당초 기대에 미치지 못한다.

살고 싶은 농어촌을 만드는 문제는 새로운 농어촌을 건설하는 것이 아니라 우리가 간직해왔던 농어촌다움을 계승하고 그것을 바탕으로 혁신을 해 나가는 방법을 통해 이루어내야 한다. 농어촌다움의 계승과 혁신은 별개의 문제가 아니라 상호 보완적 관계로서 농가소득을 올리고 쾌적하고 안전한 농어촌 거주환경 조성을 빠른 시간에 이루어내는 것이다.

# 농어촌 마을이 갖고 있는 어려움

오늘날 농어촌 마을은 인구구성 변화와 도시화 진행에 따라 다음과 같은 문제에 당면하고 있다.

첫째, 인구의 고령화가 도시지역보다 심각하다. 2010년도 통계청 인구조사에 의하면 65세 이상 인구비율이 20%를 넘는 초고령 시·군이 67개(총 232개 중 28.9%에 해당)에 이른다.

둘째, 외국여성과의 국제결혼빈도가 도시지역에 비해 훨씬 높다. 2010년도 총 결혼건수 가운데 국제결혼의 비중은 10.5%(34,265)인 데 반해, 읍·면지역은 12.8%가 외국인 신부와의 결혼이다.

셋째, 영리추구에 급급한 일부 농어촌 지역의 상업용 건물과 기능 위주 건축물은 농어촌 경관을 해칠 뿐만 아니라 지역적 특색을 전혀 고려하고 있지 않다는 점이다.

농어촌 인구 감소와 고령화는 농어촌마을의 지속적 유지발전을 저해하는 핵심 요소로, 이를 해결하기 위하여는 농어촌 노동력 공급을 위해 이농(離農) 억제와 도시민의 귀농(歸農)을 적극적으로 유도해야 한다. 또한 농외(農外)소득증대를 위한 새로운 소득원 개발과 지방색 있는 거주환경 및 교육환경의 개선도 중요한 과제다. 지방색 있는 농어촌다움은 자연경관, 지방색 있는 주택, 마을공동체 등이 어우러져서 살기좋은 거주환경을 조성할 때 가능하다.


# 농어촌다움의 계승

농어촌다움은 여러 가지 유·무형의 것들이 어우러져 표출된다. 이를 위해서는 지역 전문가를 육성하고 이들로 하여금 농어촌다움을 구성하는 각 요소에 현대적 가치를 부여하고 이를 지원하는 역할을 하게 할 필요가 있다. 예로써 성황제를 단순히 미신적 민속행사라고 치부해 버린다면 현실적 존재가치는 미미하나, 준비에서 제례가 끝날 때까지 전 과정을 마을 공동체 강화를 위한 행위라는 의미를 부여함으로써 전통적 성황제의 현대적 존재가치를 찾게 한다.

그리고 경관법의 시행을 활성화해야 한다. 신축건물은 목적을 충실하게 반영함과 동시에, 지방색(지역 역사, 산업, 전통, 자연조건 등의 재해석을 통해 설정한 지역 콘셉트)을 잘 반영하여, 그 지역민만이 공유할 수 있는 마을경관 형성에 적극적으로 기여하게 하여야 한다.

마지막으로 각 지역의 인문 및 자연적 특성에 알맞은 외장재료, 지붕과 담장의 형태 및 재료 등을 선택하여 주변의 자연풍경과 조화되도록 고려한 지역형 주택이 개발·보급되어야 한다. 동시에 지방색을 표출하는 전통건축자재의 산업화도 필요하다

## 농어촌다움의 혁신

농어촌 거주 노인계층을 위한 집단거주시스템을 구축해야 한다. 농어촌 지역 노인계층의 집단거주를 위한 주택(이하 '경로홈'이라 함)은 낙후된 노인 주거환경의 개선은 물론, 노(老)-노(老) 간 상호 케어, 돌보미 서비스의 집약화, 자연부락의 집촌화 유도를 통하여 자연환경복원 등 사회적 비용의 절약을 도모할 수 있는 이점이 있다. 경로홈은 활동가능 노인계층을 위한 마을회관 증축을 통한 것, 활동이 불편한 계층을 위한 보건지소 증축을 통한 것 등 기존

건축물을 적극적으로 활용하도록 하되, 노인의 건강상태에 따라 다른 형태의 단계적이며 네트워크화된 노인복지공간의 체계적 구축을 의미한다.

아울러 더불어 사는 마을공동체를 구축해야 한다. 쾌적하고 안전한 거주환경은 마을공동체 의식의 활성화에서부터 시작된다고 볼 수 있다. 지방색은 그 지역민 모두가 공유할 수 있는 정신적 구심점으로 지역공동체의식 강화에 기여할 뿐만 아니라 관광자원으로 지역경제 활성화에 기여할 수 있다.

마을공동체의식 강화는 사회적 측면과 물리적 측면에서 접근할 수 있다. 먼저 사회적 측면에서는 지역주민 모두가 참여할 수 있는 민속행사 등을 정기적으로 개최하여 주민들 간의 연대의식을 고취시킨다든지, 전통적 품앗이 풍습을 현대적으로 적절히 변용하여 적용함으로써 가능하다. 물리적 측면에서는, 손쉽게 가꿀 수 있는 화분 등을 설치하여 대외적으로 표출행위를 장려시키는 방법, 더 나아가 담장이나 대문, 즉 공용공간 쪽에서 식별가능한 부분을 거주자 자신이 만드는 시스템을 도입하고 근린 거주자와 시각적으로 공유할 수 있도록 하면 마을은 생동적이며 안정적으로 발전한다.

끝으로, 휴식 및 교육공간으로서의 기능을 확충해야 한다. 농어촌은 농업생산을 기본으로 농외(農外)소득 증대를 위해 도시민의 휴식과 교육이라는 새로운 기능이 부여되어야 한다. 이를 위하여는 도시 각급 학교 농어촌체험학습의 정례화와 도시와 차별화된 체험교육프로그램 개발, 도시 각급 학교의 수학여행 프로그램으로 농업체험 권장, 농번기 가족단위 체험관광의 활성화 등 다양한 정책이 필요할 것이다.

# 섬 주민의 "삶의 질"

최용복

제주대 교수

## 섬 주민은 최전방을 지키는 장병과도 같다

우리나라 섬은 3,358개로 이 가운데 사람이 사는 섬은 482개이고 나머지 2,876개는 무인섬이다. 그러나 2010년에 900여 개의 섬들이 새로이 발견되어 섬의 숫자가 늘어날 전망이며 국토의 면적으로 편입될 예정이다. 섬면적은 전 국토의 3.8%를 차지하며 섬지역 주민은 81만여 명이다.

영해의 기준이 자국의 영토를 기점으로 하고 있어 국토경계에 위치한 섬은 해양경계획정에서 중요한 역할을 하고 있다. 따라서 영토적 측면에서 국가 간 경계지역에 살고 있는 섬주민은 국권 수호적 차원에서 볼 때 최전방에 나가 있는 장병과도 같다. 이러한 중대성에도 불구하고 일반적으로 섬에 사는 지역주민의 생활은 열악하고 소득은 낮으며 삶의 질은 도시생활에 비해 현저히 떨어지고 있다. 섬 인구의 수는 해마다 줄어가고 있으며 노령화가 심각하게 진행되고 있다. 이런 추세가 지속된다면 머지않아 우리의 많은 섬은 무인

제주도 부속 섬 추포도 내 주거지, 현재 총 3가구 6명이 살고 있다

도로 전락할 전망이다. 섬의 보전과 활용 및 그 지역 주민에 대한 삶의 질 제고를 통한 섬의 자원화는 국가의 책무이자 시급한 과제이다.

## 섬 주민 "삶의 질"의 열악함

정부의 노력과 지원에도 불구하고 섬지역 주민의 삶의 질은 육지와 비교하여 볼 때 여전히 낙후되어 있는 실정이다. 2010년도 이승우의 "섬 주민의 삶의질 상태에 대한 연구"에 의하면 도시 근교와 섬지역 주민과의 "삶의 질" 차이는 확연하다. 상수도 공급시설은 도시 근교가 100%임에 비해 13.5%에 불과하며, 생활오수의 경우 46.8%, 분뇨도 16.9%를 그대로 방류하고 있는 실정이다. 유치원 및 초등학생들의 해당 거주지 소재 학교 통학률은 46.8%에 그치고 있으며 30.3%의 주민만이 의약품을 약국에서 구하고 있는 실정이다. 긴급을 요하는 응급서비스도 평균 55분이나 소요되는 것으로 섬 주민의 생활여건이 매우 열악한 상태임을 알 수 있다.

# 일본의 섬 정책

일본은 2009년 현재 약 6,840여 개의 섬을 보유하고 있으며 이 가운데 유인도는 우리와 비슷한 421개이다. 섬의 총면적은 7,594km²로 전 국토의 2.0%를 점하고 있고 인구는 2005년 현재 74만여 명이다. 초기에는 섬의 접근성 문제해소를 위한 생활환경 개선과 기반시설 확충에 초점을 두었고, 현재에는 관광산업 등 섬의 활용과 주민의 소득증대를 통한 복지증진에 초점을 맞추고 있다.

그러나 일본도 역시 섬 지역의 인구감소와 노령화가 진행되고 있으며 이에 대한 제도적 대책을 강구해 오고 있다. 섬지역에 대한 의료여건을 대폭 개선하고 사업의 효율성과 창의성을 위하여 중앙정부에서는 기본 방침에 대한 가이드라인만을 정하고 기본계획은 해당 지자체에서 수립하도록 하여 중앙부처와 지자체간 효과적이면서도 긴밀한 협조체계를 유지하고 있다.


# 섬지역 주민의 "삶의 질" 향상을 위하여

## 섬 접근성 향상을 위한 다양한 수단과 지원책 강구

접근성의 향상은 삶의 질 향상과 섬을 자원화하는 데 있어서 가장 중요한 선결문제이다. 육지와 섬을 연결하는 연륙교가 가장 좋은 방법이나 건설비용이 높기 때문에 단기적으로 추진되기는 어렵다. 따라서 차선책으로 섬의 항만기능을 대폭 향상시키고 이동수단(배)을 다양화해야 한다. 섬과 섬을 연결시켜줄 수 있는 수상택시 보급, 지역주민 여객선에 대한 운임지원의 국가보조를 확대하여야 한다.

## 섬지역의 특성에 맞는 광역지자체별 도서종합계획 마련

현재 섬개발의 지침이 되는 10년 단위의 도서종합개발계획은 섬 전체지역의 목표를 달성하는 데 기여하고 있지만 지역적·문화적 특성을 고려한 차별화된 계획을 반영하지 못한다. 또한 기초단체에서 수립하는 도서지역계획은 국지적이기도 하며 예산확보도 어려워 추진하는 데 효과적이지도 못하다. 따라서 중앙정부와 기초단체와의 가교역할을 할 수 있는 광역단체 수준에서 섬발전과 자원화를 위한 장·단기계획을 수립하고 예산방안을 강구하는 것이 바람직하다.

## 섬의 자원개발 및 미래 영토관리를 위한 효율적 행정체계 마련

우리 해양권역에서의 새로운 섬의 발견과 해양자원의 탐사 및 무인도와 유인도의 연계 개발방안 등은 우리의 영해를 확대하고 미래의 해양자산을 확보하는 데 중요하다. 국가정책에서 섬정책의 위상을 높이는 것이 필요하고 흩어져 관리되고 있는 섬의 관리부처를 일원화하되, 섬개발과 주민의 "삶의 질" 제고를 위한 부처의 책임과 권한을 명확히 부여하여 정책을 추진해야 할 것이다.

# 세종시 「원안+$\alpha$」, $\alpha$는?

최민호

전 행정중심복합도시 건설청장

## 세종시 「원안+$\alpha$」는 '신뢰'의 상징

세종특별자치시는 충남 연기군 일원에 정부기관 중 9부 2처 2청, 국책연구기관 등을 옮겨서 만들어지는 신도시이다. 이는 국토 균형발전과 수도권 과밀화 해소를 위한 정책으로 추진되었으나, 이명박 정부 들어서 시의 자족기능의 한계가 지적되면서 도시성격을 행정중심복합도시에서 교육과학중심의 경제중심도시로 변경하려는 수정안 제안이 있었다. 그러나 수정안은 정부와 충청권 민심 간 갈등의 쟁점이 되었고, 이 쟁점은 「원안+$\alpha$」로 종결되었다.

세종시가 원안대로 추진된 것은 '원칙'과 '신뢰'가 지켜진 사례로 깊게 각인될 것이지만, 세종시가 안고 있는 자족기능의 확충문제는 여전히 숙제로 남아 있는 반면, 「+$\alpha$」의 구상은 현재까지 가시화된 바 없다.

# 세종시의 문제점과 「+α」의 개념에 대해

금년 7월 출범하는 세종시는 우리나라 초유의 「특별자치시」이다. 하지만 「특별자치시」의 출범과 관련하여 많은 문제점이 내재되어 있는 것도 사실이다.

첫째, 도시의 법적 지위와 성격의 문제로, 단지 총리실 등 9부 2처 2청이 이전된다 하여 「특별시」라 할 수 있는가의 문제이다. 「특별자치시」라 하지만 '자치'의 목적과 대상이 불분명하다.

둘째, 자족성 부족으로 인한 도시기능의 한계로, 정부부처·국책연구기관 이전만으로 과연 계획대로 50만 인구가 유입될 수 있는지에 대한 의문이다. 지역민은 세종시의 정책목표와 달리 단순한 위성도시로의 전락 우려와 함께 경제적 창출능력의 확보를 통한 도시 자족기능의 확충정책을 요구하고 있다.

셋째, 건설주체와 행정주체의 이원화로 나타나는 지역개발 격차, 곧 지역 불균형의 문제이다. 행정 신도심지역은 행복도시 건설청이, 편입 원도심지역(연기, 공주, 청원)은 세종시 관할이며, 「세종특별자치시설치법」에 의거 2030년까지 투입되는 국비 22조 5천억 원은 행정신도심지역 건설에만 투입될 수 있다.

개발 및 관할의 이원화에 따라 신도심지역은 막대한 예산이 투자되는 첨단미래도시인 반면 원도심지역은 낙후된 농촌지역으로, 지역민은 동일 시·구역 내 지역간 격차가 극심하게 될 것을 우려하고 있다.

넷째, 세종시가 정부기능의 핵심부처를 이전하는 행정중심도시로 시작되어있지만, 행정수도의 기능과 관련히어 급변하는 남북관계를 간안할 때, 통일 이후 세종시의 운명은 어떠한 변화를 겪게 될 것인가의 문제이다.

이들 문제점을 일시에 해결할 수 있는 대안마련은 대단히 어렵다. 더구나 남북통일 이후까지의 문제를 지금 시점에서 거론하는 것은 시기상 바람직하지도 않다. 하지만 이들 문제를 관통하는 통찰력 있는 대안을 모색해야 함은 피할 수 없는 과제이다. 따라서 「+α」의 개념은 이러한 문제의 인식 위에서 모색되어야 한다.

## 「특별자치시」와 「특별자치도」를 비교해 보면

세종시의 도시 정체성 및 자족성을 정립함에 있어, 지방자치법상 「제주특별자치도」의 설치목적과 비교하여 착안할 필요가 있다.

제주특별자치도는 2006년 7월 출범한 새로운 형태의 자치단체로 그 특징은 외국인투자 규제 완화, 외국대학건립 자유화, 관광객 유치를 위한 인센티브 부여 등 교육·관광·투자의 개방지구로 설정하여 그에 관한 특례를 인정한 점에 있다. 이러한 제주도의 컨셉은 「개방」이라는 점이다. 이에 반해 「세종특별자치시」는 동일한 특별자치단체임에도 정부기능 이전을 위한 도시건설에 관한 특례만을 인정할 뿐(행복도시건설특별법) 도시의 운영 및 기능에 관하여는 어떠한 특례도 없다. 이는 세종시가 무엇을 위한 특별자치단체인지의 정체성이 모호하다는 것을 의미한다.

세종시는 전국 어디서나 자동차로 2시간 이내에 도달할 수 있는 지역에 건설하고 있다. 더욱이 자동차로 30분 이내 지역에 대덕 연구단지·과학비즈니스벨트거점지구·오송 첨단의료복합단지 등 R&D 연구단지가 조성되어 있고, 인근에 오창 산업단지·아산 삼성전자 차세대공장·아산 현대자동차·당진 현대제철·서산 석유콤비나트산업단지 등이 입지되어 있다. 뿐만 아니라 대전·천안·청주권에 KAIST를 비롯한 40여 개의 대학과 수십만 명의 대학생이 밀집되어 있는 지역의 중심권에 위치하고 있다. 바로 우리나라 미래 첨단지식산업의 성장동력원이 이 지역이고, 세종시는 그 중심에 위치한 신도시이다.

이러한 세종시와 그 지역적 특징을 관통하는 개념이 있다면 무엇인가? 이는 바로 「창조」의 모티브라 할 수 있다. 미래의 경쟁력은 과학기술이 문화예술과 융합하면서 국가정책적 지원이 있을 때 비로소 그 전략적 가치가 극대화될 수 있음을 감안할 때, 미래도시 세종시를 21세기 경제성장의 전략적 창조도시로서 조성해야 할 당위성과 필연성이 여기에 있다. 이런 맥락에서 세종시를 「창조」를 키워드로 하는 특별자치시로 조성하는 것을 구상해 볼 수 있다.

## 「+α」는 창조형 미래도시로!

스티브 잡스의 IT, 아이돌 그룹으로 대표되는 창조산업은 고부가가치 및 젊은 일자리 창출 등 가능성이 무한한 블루오션으로, 최근에는 문화예술을 넘어 첨단 과학기술 및 국가정책적 지원이 융합된 형태로 발전하는 모습을 보이고 있다. 특히, 도시 브랜드가 랜드마크(Landmark)에서 퓨처마크(Futuremark)로 이동되면서 생태와 창조성이 강조되고 있다.

이에 '창조 성장'을 세종시 성장전략으로 설정함으로써, 세종시를 '행정중심도시'를 뛰어넘는 미래 지향적·성장 주도적·소득 창출적 기능이 부가된 창조형 융·복합 도시로 개발이 가능하다. 이를 위해서는 제주특별자치도와 유사한 규제 완화, 각종 특례, 행·재정적 인센티브 부여 등이 필요하며, 이를 통하여 세종시는 단순한 행정중심기능도시로서가 아니라 국가 균형발전 및 미래성장을 위한 새로운 도시로서 그 조성의미가 명확히 될 것이다.

영국의 대처 수상은 1980년대 영국의 미래발전이 창조에 있음을 강조하면서 「창조산업」(Creative Industry)의 원천이자 국가경쟁전략으로 디자인산업 육성을 추진하였다. 그 결과 디자인산업은 1980년대의 경제위기를 극복하는 계기가 되었고, 영국 총생산의 10%, 수출의 9%를 차지하는 고성장 산업으로 성장하였다. 바로 영국의 리버풀을 그 예로 들 수 있는데, 문화산업도시라는 전략하에 문화인재 육성을 위해 영화·방송 등 문화산업 개발을 지원하고, 문화거리 조성으로 투자유치와 일자리 2,500여 개를 창출하였다.

반면에 세종시는 정치적 우여곡절 끝에 추진됨으로써, 도시 개념에 관한 전문적인 논의가 결여된 채, 도시의 정체성과 비전이 정립되지 못하고 단지 건설 중심으로 추진되고 있다. 따라서 국가의 백년대계 및 도시 발전의 철학을 정립하기 위한 정체성 확립이 무엇보다 시급하며, 아울러 도시자족기능 확충을 위한「원안+$\alpha$」의 구상은 세종시의 운명을 가름짓는 중요한 요소가 될 수밖에 없다.

「+$\alpha$」의 개념을「창조」라는 미래지향적이자 성장 동력의 원천으로 정립함으로써 단순한 자족기능의 확충이 아닌, 보다 큰 국가발전의 거점 기능도시로서 새로운 정부의 새로운 세종시를 건설할 것을 제안한다.

# 08

글로벌 시대 우리의 선택

# 글로벌 금융위기에서 살아남기

| 김태홍

브레인투자자문 부사장

## 반복되는 글로벌 금융위기

최근 경제 신문을 펼치면 하루가 멀다 하고 유럽의 재정위기가 심각하게 보도된다. 10년에 한 번, 많게는 두 번씩 글로벌 금융위기가 찾아온다. 뼈아프게 기억되는 1998년 아시아 금융위기와 2008년 미국의 리먼브러더스 파산사태가 그랬으며, 그 여진으로 인해 국가부채가 크게 늘어난 유럽국가들의 재정위기가 아직 진행형이다. 문제의 심각성은 진원지가 어디든 간에 금융위기가 발생하면 열심히 살고 있는 국민들이 고통 받으며 기업들이 도산하고 정부가 신뢰를 잃고 정권이 붕괴되는 결과가 나타난다는 점이다. 최근 유럽에서 그리스, 포르투갈, 스페인 등 위기 국가로 지목된 대부분 국가의 정권이 교체됐다. 이는 어찌 보면 당연한 결과일 수밖에 없는데 스페인의 실업률은 20%(청년실업률 35%), 그리스의 실업률은 13%로 국민들의 불만이 높은 만큼 정권에 대한 불신이 커졌기 때문이다.

# 금융위기의 원인은 무엇인가?

　그렇다면 왜 특정 국가나 지역에 금융위기가 찾아오며, 그 결과로 금융 주권 및 국부를 굴욕적으로 내주어야 하는지를 짚어 볼 필요가 있다. 금융위기가 찾아오는 국가들에는 몇 가지 공통점이 존재한다. 1) 취약한 경상수지, 2) 과도한 재정적자, 3) 과도한 대외 국가부채가 그 요인이다. 1997년 아시아 외환위기 당시 동남아시아 국가들의 경상수지 적자가 5년간 누적되었고 해외자본 차입 증가로 GDP 대비 대외부채비율이 50%가 넘었다. 이에 따라 아시아 통화가치가 절하되기 시작하자 국제 투기자본들은 썰물 빠지듯 빠져나가면서 외환위기를 맞게 되었다. 한국 역시 경상수지가 적자에 들어가면서 급격한 해외자본 이탈로 부도를 맞았다. 최근 유럽국가들의 위기를 보면 재정이 취약하면서 대외부채 비율이 높은 국가들 순으로 어려움을 겪고 있다. 아일랜드는 GDP 대비 재정적자가 32%로 이미 파산한 상태이고, 실질적 부도상태인 그리스는 대외부채가 143%에 정부 재정적자가 10%에 달한다. 이탈리아의 경우 정부부채는 120%로 최근 들어 국채 금리가 급등하고 국채 차환 발행에 어려움을 겪고 있다.

　이와 같이 부채가 누적되고 재정이 악화되는 근본원인은 과도한 성장에 따른 버블의 형성 때문이다. 이 과정에서 신용이 팽창하고 느슨한 금융규제와 도덕적 해이가 만연하게 된다. 버블은 높은 물가상승을 수반하게 되고 이를 막기 위한 긴축이 진행될 때 버블이 붕괴되면서 위기가 발생한다. 이는 경제 사이클상 흔히 반복되는 패턴이지만 과도한 버블을 억제하지 못한 상태에서 무역수지나 재정수지가 크게 악화될 경우 대출을 해주며 성장을 부추기던 해외 투자자본은 갑자기 뒤도 돌아보지 않고 자금을 회수한다. 이때 외환보유고를 충분히 비축하지 못한 나라들이 국가부도 위기로 가는 것이다. 역사를 돌이켜 볼 때 IMF 등의 지원으로 결국 어느 나라도 망하지 않고 위기를 극복해 냈다고 볼 수 있지만, 이는 틀린 말이다. 국제자본의 지원조건은 아주 가혹하다. 뼈아픈 긴축과 높은 금리를 통해 해외자본이 싼 환율로 들어올 수 있는 길을 열어주는 동안 국민과 기업은 실업과 도산의 과정을 이겨내며 어려움을 극복해야 한다. 가장 빠르고 훌륭하게 외환위기를 극복한 한국조차 외환은행과 제일은행 등이 외국계 자본의 손에 넘어갔으며, 수많은 랜드마크 빌딩들이 IMF 당시 헐값에 팔렸다가 3배 이상 높게 국내자본에 재매각되었다. 1998년, 2001년 각각 모라토리엄을 선언했었던 브라질과 아르헨티나의 경우 전체국부의 20~30% 가량이 해외자본에 넘어갔다는 점을 상기할 필요가 있다.


## 우리의 선택은 무엇인가

그렇다면 한국이 다시는 제2의 금융위기에 빠지지 않기 위해서는 어떠한 준비를 해야 할까? 경제 구조상 대외 의존도가 높은 한국이 장기적인 관점에서 반드시 준비해야 할 몇 가지를 제안하고자 한다.

### 첫째, 해외 에너지 자원에 대한 독립성을 높여야 한다

우리나라는 기름 한 방울 나지 않아 원유 및 석탄에너지의 해외 의존도가 가장 높은 나라 중에 하나이다. 우리는 매년 약 9억 배럴의 원유를 수입(세계 5위권)하고 있으며 국제유가 수준에 따라서 경상수지가 출렁이는 나라이다. 예를 들어 유가가 70달러일 때 63조 원 규모를 수입하면 되지만, 2008년처럼 140달러로 올라갈 때는 60조 원이 더 필요해 경상수지는 바로 적자에 들어가고 만다(참고로 연평균 경상수지는 20조 원 흑자수준). 우리나라와 같이 자본시장이 개방된 국가에서는 경상수지 변동에 따라 환율변동이 극심할 수밖에 없다. 따라서 어느 정권이

들어서든 간에 누구의 업적이든 간에 상관없이 더 많은 해외 원유광구와 석탄광산을 확보해야 하며 대체에너지 개발로 해외 에너지자원의 수입 비중을 줄여나가야 한다. 에너지 자립도는 향후 20년~30년간 가장 중요한 국가과제이다.

### 둘째, 한국은 외환보유고의 다원화 차원에서 금의 보유량을 늘려야 한다

1998년 외환위기를 극복하는 과정에서 우리나라 국민은 금을 모아 외환위기를 이겨내려고 노력한 적이 있다. 결과적으로 보면 금을 해외 외채를 갚는 데 쓴 것은 바보 같은 짓이었다. 당시 금 값은 300달러 수준이었지만 지금은 1,800달러에 육박한다. 그동안 6배나 오른 것이다. 같은 기간 화폐가치는 매년 6% 금리상품에 넣어두어도 2배밖에 상승하지 못했다. 중요한 건 그만큼 달러(화폐)의 값어치가 현저히 떨어졌다는 의미이다. 현재는 어떠한가? 한국의 외환보유액 대비 금 보유량은 세계 꼴찌 수준이다. 최근에 금을 열심히 사고서도 0.8%(54톤)에 지나지 않는다. 일본은 3.3%(765톤), 중국은 1.5%(1,050톤), 우리와 비슷한 경제규모의 대만도 4.9%(420톤) 수준이다. 정부의 금보유가 중요한 이유는 계속되는 통화가치의 하락 때문이다. 현재 미국과 유로존은 금융위기를 극복하기 위해 더 많은 규모의 통화를 찍어내려 하고 있다.

### 셋째, 풍부한 기축통화 가용권(통화스왑)을 보유해야 한다

2008년 미국 금융위기 때 한국 원화가치가 곤두박질치면서 1달러당 1,500원을 넘었다. 국내 대형은행들은 단기 외화자금이 갑자기 빠져나가자 일주일 단위로 급박하게 달러를 고금리로 빌리며 외화부도를 막고 있었다. 이때 한국이 활용한 것이 중국, 미국, 일본과 체결한 일시적인 통화스왑이었다. 이는 실제 외화를 보유하고 있지 않고도 원화를 해당 통화와 바꿀 수 있는 계약이다. 한국은 이를 위기때 활용할 수 있도록 반영구적인 계약으로 유지해 나갈 필요가 있다. 한국이 보유한 3,000억 달러의 외환보유고에 통화스왑 계약을 통한 충분한 달러가 확보되어 있다는 인식이 있다면 적어도 투기세력으로 인한 급격한 환 변동으로부터 자유로울 수 있기 때문이다.

### 넷째, 해외 단기투기 자금에 대한 모니터링을 강화해야 한다

브라질을 포함한 개도국들이 잇따라 도입하고 있는 토빈세(단기 투자자본에 대한 금융거래세)를 고려할 필요가 있다. 이는 한국과 같이 외환시장과 자본시장(세계 2위 선물시장)이 개방되어 있으면서 동시에 국제 경기에 민감한 나라에서 필요하다. 문제는 해외 자본이 필요할 경우에도 자본 통제국이라는 인식 때문에 투자가 저조할 수 있다는 것인데 이는 예측 가능성을 부여하고 탄력적으로 운용하면 해결된다. 국내 금융권이 상환 가능한 수준에서 단기 투자금액의 한도범위를 정해놓고 이를 초과하는 경우에 한해서 단계적인 토빈세를 적용하는 시스템을 만들어 놓는 것이다. 이를 잘 활용하면 단기 핫머니가 금리차를 노리고 과도하게 들어왔다가 한꺼번에 빠져나가는 것을 어느 정도 통제할 수 있다.

### 다섯째, 우리나라도 해외 자본시장에 뛰어들 때가 되었다

우리나라도 금융선진국으로서 해외 금융 패권의 대열에 동참할 만한 경험과 체력을 비축하고 있다. 풍부한 외환보유고가 있으며 대외부채는 32%에 불과하며 재정수지는 흑자로 매우 건강한 국가이다. 더 많은 IMF의 지분 쿼터를 확보하거나 아시아판 IMF와 같은 AMF(Asian Monetary Fund) 설립에 주도권을 가지고 적극 참여하여야 한다. 건설적 의미에서 금융위기를 겪고 있는 나라들을 도와주는 동시에 이익을 취할 때가 된 것이다. 한 예로 이번 기회에 통화가치 하락과 높은 금리로 어려움을 겪고 있는 유럽계 우량자산을 인수하는 것도 장기적으로는 좋은 기회가 될 것이다.

# 저성장시대로의
## 모드mode 전환

안계환

칼럼니스트

## 일본과 유럽, 침체의 장기화

일본은 경제성장이 정체되어 있고 국민은 행복하지 못하다. 1년 전 총리를 역임하였던 간 나오토는 당시 정부의 구호로 "덜 불행한 사회"를 제안하였다고 한다. 덜 불행한 사회? 그럼 지금의 일본 사회가 불행한 사회란 말인가? 물론 토후쿠 대지진의 영향으로 큰 피해를 입었고 후쿠시마 원전의 피해가 아직 복구되고 있지 않지만, 대지진 이전에도 일본 사회는 정체 내지는 하향을 그리고 있은 지 오래였다.

또한 PIIGS로 불리는 남부 유럽국가인 포르투갈, 이탈리아, 아일랜드, 그리스 그리고 스페인 모두 현재 재정적자와 경상수지적자라는 쌍둥이 적자상태이다. 신용등급도 연달아 계속 강등되면서 채권상환에 빨간 불이 켜지고 있다. 국내의 주류 언론들은 이들 국가들이 겪고 있는 위기의 원인으로 주로 방만한 재정운용, 그 중에서도 과다한 복지지출로 인한 소위 복지병(病)을 들고 있다. 일본과 PIIGS국가의 이러한 고통은 이전까지는 볼 수 없었던 새로운 상황이기 때문에 해결책이 쉽사리 찾아지지 않고 있다. 현시점에서 우리에게 중요한 것은 우리가 이들 국가의 어려운 상황을 되풀이해서는 안된다는 점이다.


## 이렇게 된 원인은 무엇인가?

우선 유럽과 일본의 공통점은 심각한 고령화 사회라는 점이다. 2009년 12월 미국 조지메이슨대학의 잭골드스톤 공공정책학 교수는 미국, 캐나다, 유럽의 경우 현재 세계인구의 17% 정도를 차지하고 있지만 2050년 경이 되면 12% 밑으로 떨어지면서 동시에 세계경제에서 차지하는 비중도 함께 하락할 것이라고 전망했다. 이러한 유럽과 일본의 심각한 노령화는 경제의 활력을 떨어뜨렸다. 과거 유럽 국가들은 적은 노동시간에 비하여 특유의 높은 생산성을 바탕으로 경쟁력이 있었지만 남유럽 국가들은 국민들 특유의 낭만적 성향이나 국가관리의 허술함이 개선되지 않음으로써 경쟁력 약화를 불러왔다. 일본의 경우에도 제조업 성공의 신화로 일컬어지던 토요타 자동차에서 품질문제가 발생함으로써 국가적 충격을 주었는데, 이는 일본의 핵심 생산계층이었던 단카이세대[團塊世代]의 은퇴가 상당한 영향을 주었다고 평가된다.

두 번째로 국가부채의 문제를 들 수 있는데, 이는 상당부분 과다한 사회간접자본의 건설에 기인한다. 특히 정치인이 업적을 남기기 위해 유치하는 스포츠 행사의 경우 투입비용 대비 효과의 측정에서 실제와 상당히 많은 차이를 보인다. 그리스의 경우 2004년 그리스 올림픽 당시 정부지출을 16억 달러로 예상했지만, 실제 지출액은 160억 달러였다. 일본의 경우 어떤 섬과 연결하는 교량은 하루에 차량이 한 대 정도 지나가는 경우가 있다고 한다. 정치인들이 지역민의 표를 얻기 위해 건설하는 도로와 교량, 철도시설 등이 대부분 이런 경우이다. 경제가 지속적으로 성장을 하고 있을 때는 이러한 사회간접자본에의 투자는 무리를 해서라도 유지가 되어가겠지만, 성장탄력을 잃은 경우에는 치명적인 결과로 돌아오게 되는 것이다.

세 번째 원인으로는 고령화, 양극화, 그리고 안정적 사회의 결과가 경제의 활력을 잃게 한다는 점이다. 사회는 고착화되어 가고 계층간의 이동은 막혀 있다. 젊은이들은 새로운 의욕을 잃고 창업의 의지도 갖기 어렵다. 그렇기 때문에 창의적인 결과물들이 나오지 않는다. 전통적인 제품은 높은 브랜드 가치를 인정받아 좋은 대우를 받지만 새로운 아이디어나 빠른 대응을 필요로 하는 산업에 있어서는 (예를 들어 콘텐츠산업 같은 경우에는) 한국이나 중국 등과의 경쟁력에서 밀릴 수밖에 없다.


## 우리나라의 현실은 어떠한가

우리나라도 고령화의 추세는 피하기 어렵다. 통계청 자료에 의하면 2018년이 되면 65세 이상 고령인구가 전체인구의 14.7%를 차지할 것으로 예상되어 고령사회로 접어들 것이다. 그만큼 고령화는 우리 주변에 가까이 있다. 조만간 1955년 이후 십여 년간 태어났던 베이비붐 세대의 점진적인 은퇴도 시작될 것이다. 정년퇴직을 연장하고 임금피크제를 도입하고 퇴직 후 재고용 등 다양한 방법을 도입하겠지만 미봉책일 뿐이다.

고령화 못지않게 시급하게 해결해야 할 문제가 바로 저출산 문제이다. 저출산으로 인해 서울 지역 초등학생수가 27년 만에 절반으로 줄었다. 2010년 3월 1일, 서울시가 발표한 통계자료에 의하면 2009년 서울 초등학교 학생수는

59만 8,514명으로 전년(63만 3,486명)에 비해 3만 4,972명 감소한 것으로 나타났다. 초등학생수가 가장 많았던 1982년(118만 3,735명)에 비하면 절반 수준이다. 서울시의 15~49세 여성의 출산율은 1970년대에 평균 3명 정도였으나, 2009년에는 평균 1명 정도로 줄어들었다. 이런 추세가 지속되면 2014년에는 인구 대비 초등학생 비중이 4.9%로 줄고, 초등학생수는 50만 명 미만(49만 1,759명)을 기록할 것으로 예측된다. 이러한 현상을 만들고 있는 가장 큰 요인은 육아비용이다. 출산율이 꼴찌인 우리나라 정부에서는 각종 대책을 내놓기는 하지만 다른 나라와 비교해서 저조하다. OECD 국가는 GDP대비 평균 2.3%를 저출산 대책으로 지출하는데, 우리나라는 단지 0.3% 정도를 사용하고 있으며, 일본은 0.8%, 프랑스는 3.8%를 사용하고 있다.

## 문제 해결의 방향은

이러한 고령화와 저출산의 문제에 대한 일본의 대응방식과 유럽의 경제 위기 현상에서 우리가 배워야 할 교훈은, 첫째가 저성장 기조에 익숙해져야 한다는 것이다.

이명박 정부가 초기에 들어서면서 내세웠던 가장 중요한 공약은 747이었다. 747(연평균 7% 성장, 소득 4만 달러 달성, 선진 7개국 진입)공약은 현실적으로 불가능에 가까웠다. 국민의 마음에 비현실적인 희망을 심어줌으로써 결과적으로 급격한 지지율 하락을 겪을 수밖에 없었고, 장기적인 국가적 대안 제시를 어렵게 만들었다.

국가가 지속적으로 성장한다는 가정에 기초를 둔 대표적인 사례가 스포츠 경기의 유치이다. 2002년 일본과 공동으로 개최했던 축구 월드컵의 결과물로 남겨진 경기장은 서울과 수원을 제외하고 1년에 수십억 원씩 유지비를 투입해야 하는 애물단지로 변하고 있다. 평창 동계올림픽 유치도 국가적 대사로 인정되고 있으나 과연 국가적 성장에 도움이 될 것인가? 과다한 도로를 만들고 나중에 사람이 운송되지 않을 철도를 부설할 계획이 있는데, 경기가 끝난 후 운영되는 유지보수비용은 어찌할 것인가? 미래에도 큰 성장이 있을 거라는 예측은 이제는 버려야 한다. 저성장을 전제로 해서 국가운영계획이 수립되어야 할 것이다.

둘째로 고령화에 대한 대응책 마련에 신중해야 한다. 저출산이 더 문제인가, 아니면 고령화가 더 문제인가? 일본의 사례를 보거나 현재의 정치적 움직임으로 보면 고령화에 대한 정책대안이 더 많이 나올 가능성이 있다. 이는 표를 얻어야 정치를 지속할 수 있는 민주주의 시대의 필연이기도 하다. 표를 주는 노인에게는 대접하려는 마음이 생기겠지만 표가 없는 미성년에게 신경쓰는 정치인은 적을 수밖에 없기 때문이다. 하지만 국가의 재정과 미래를 생각한다면 고령화를 위한 지나친 재정적 지출과 대비는 나라를 점점 회복하기 어려운 지경으로 몰고 갈 가능성이 높다. 따라서 고령화에 대비한 정책을 쓴다면 신중하게 대응해야 하고 가능하다면 복지관점에서 보편적 복지방식보다는 선별적 복지방식을 채택할 필요가 있고, 특히 자발적 참여자에게 기회를 더 많이 주는 포지티브 방식을 많이 써야 한다.

마지막으로 소프트웨어적 경쟁력을 키워야 한다. 이제 우리에게는 하드웨어적인 시설이 아니라 그곳을 채우고 효율적으로 운영할 수 있는 소프트 경쟁력이 필요하다. 가장 중요한 소프트 경쟁력은 창의와 학습의 문화를 갖게 하는 것이다. 창의가 이루어지려면 규제가 없어야 한다. 국가의 개입은 가능하면 줄이고 자유롭게 활동할 수 있도록 해 주어야 한다. 이 과정에서 기존의 방식에 맞지 않는 사례가 나오더라도 이를 용인할 수 있어야 한다. 그래야만 새로운 시대에 맞는 방향이 정리되는 것이고 그것이 창의이기 때문이다.

# 정치의 수준은 바로 국민의 수준이다
## 정치, 벼랑에서 떨어져 죽을 각오로 변해야

**안병태**

전 중학교 교장

## 정치유머를 통해서 본 불편한 진실

# 지구 상에는 없는 게 다섯 가지 있다고 한다. 독일인 코미디언, 미국인 철학자, 영국인 요리사, 일본인 플레이보이, 한국인 정치가이다.

# 미국 국회도서관의 사서가 세계에서 가장 얇은 책을 조사했다고 한다. 그 결과 미국의 고고학사, 아르헨티나의 경제정책, 영국의 요리책, 인도의 위생학, 중국의 인권발달사, 독일의 패션, 브라질의 정의론, 한국의 정치윤리책이 가장 얇았다는 것이다.

# 한 정치가 묘지에 묘비가 세워져 있었다. 거기에는 이렇게 적혀 있었다. "위대한 정치가, 청렴결백한 남자, 여기에 잠들다." 길을 걷던 노인이 그것을 보고 중얼거렸다. "한 묘지에 두 명을 묻은 모양이구먼…"

# 정치인과 거지의 공통점은 입으로 먹고 살고, 거짓말을 밥 먹듯이 하며, 정년퇴직이 없고, 출·퇴근시간이 일정치 않으며, 되기는 어렵지만 되고 나면 쉽게 버리기 싫은 직업이고… 등 계속 이어진다.

# 당신이라면 한강에 성직자와 정치인이 빠졌을 때 누굴 먼저 건져내야 할까? 답은 정치인이다. 그 이유는 한강이 조금이라도 덜 오염되도록 해야 하기 때문이다.


## 민심은 왜 들끓고 있나

국민은 정말 피곤하다. 피곤함을 넘어 짜증까지 난다. 정치유머에 나오는 정치인들이 그대로 현실에 존재하기 때문이다. 전세대란, 구조조정, 청년실업, 물가폭등, 소값 폭락, 자녀 학자금 등 온 국민이 하루하루 살기도 힘든 판인데 옆에서 도와주기는커녕 정치인 자기들끼리 치고 박고 싸우니 답답할 뿐이다. 정치 잘해서 국민 좀 편안하게 살도록 해달라고 선거에서 뽑아주었지만, 왜 그들은 금배지만 달면 국민을 생각하기보다는 정당의 볼모가 되어 '몸싸움 돌격대'가 되는가? 그들을 왜 국회의원으로 부르지 않고 싸움하는 격투기 대회인 K-1을 빗대어 국K1(국케이원)이라고 부르는지 이해할 수 있다. 그 옛날 자유당, 공화당 시대는 말할 것도 없고, 1987년 민주화 이후 지금까지 25년이 지났지만 정치행태는 어느 한 구석 변한 것이 없다. 최근 1~2년 사이는 해머와 최루탄까지 동원되는 모습을 보니 국민으로서는 혐오를 넘어 기가 찰 노릇이다. 정치인들이 이러하니 이들이 한다는 정치도 지겨울 뿐이다. 그래서 국민들은 입을 모아 묻는다. "정치가 왜 이렇게 됐지?"

# 정치, 뭐가 문제인가

우리 정치가 민주화 이후에도 여전히 극한적인 대립과 폭력에서 벗어나지 못하는 근본적 이유는 정치를 하고 있는 정치인, 정치인이 몸담고 있는 정당, 그 정당이 만들어 내는 정책, 그리고 이러한 정치권을 둘러싸고 있는 유권자로서의 국민 등 모두에게 책임이 있다. 서로가 서로에게 볼모가 되어 그 테두리를 벗어나지 못하고 있기 때문이다.

## 어떤 사람들이 국회의원이 되는가

국회의원은 대부분 정당의 공천을 받아 선거를 통해 선출된다. 그렇다면 문제는 정당의 공천에 있다. 현행 공천제도는 국민의 신뢰를 받는 사람을 걸러 내거나, 객관적 기준으로 후보를 추천하는 것이 아니라 당내 계파끼리 파워싸움의 결과물이거나 패거리 문화의 산물에 불과하다. 이렇다 보니 후보자는 국민을 생각하기보다는 공천을 받기 위해서 패거리 수장의 눈치를 살피고 줄을 설 수밖에 없게 된다. 공천이 아니라 사천이 되는 것이다. 그리하여 의원에 당선된 후에도 당 지도부의 눈치를 보며 특정 계파에 줄을 서고 돌격대가 되어 국회 폭력과 몸싸움에 가담하는 것이 생존의 전략이 되고 만다.

## 정당은 이념이나 철학의 공동체가 아닌 패거리의 집합체일 뿐이다

민주적 대의정치의 근간이 정당정치임은 새삼 말할 필요조차 없다. 대중의 이해관계를 집약, 표출하고 정부를 조직, 통제하며 사회갈등을 조정하는 정당의 역할에 대해서는 지금까지 그 어떤 다른 대안도 있어 본 적이 없다. 그러나 한국의 정당들은 이러한 역할을 제대로 해오지 못하였다. 한국정당의 평균 수명은 5년이 채 되지 않는다. 지향하는 가치나 이념 중심으로 정당이 만들어지는 것이 아니라 대부분 특정 인물을 중심으로, 선거 이해관계에 따라 급조되고 흩어지는 이합집산하는 패거리의 모습을 보여 왔다. 그리고 그것도 속내를 보면 지역갈등에 기초해서 생존을 담보해 오는 모습을 보여 왔다. 정당 내부에서도 계파의 이해에 따라 줄 서기, 포섭과 배제, 비방과 폭로가 난무하는 구조로 만들어졌다. 정치라는 개념에 정쟁이나 권모술수라는 속성이 있다는 것을 전제하더라도 이미 국민들이 받아들일 수 있는 도를 넘어섰다. 국민들과는 상관없는 '그들만의 리그' 안에서 개인적 출세와 사생결단의 투쟁을 위해 존재하는 틀이 정당이 되어버린 것이다. 정당의 이러한 정체성과 내적 구조로는 민주정치의 기초로서의 복수정당제도는 의미가 없게 되었다.

## 이런 정당이 무슨 국민과 국가의 미래를 위한 정책을 만들겠는가?

이렇듯 정치인과 정당이 국민의 구체적인 삶이나 국민의 절박한 요구나 정서와는 유리되어 있으니, 이들에게서 국가의 미래를 위한 정책을 기대한다는 것은 연목구어나 다름없게 된다. 이들에게는 오로지 다음 선거를 위한 표와 인기만이 모든 의사결정이나 행동의 기준이 될 뿐이다. 표와 인기만을 의식하게 되니 대립, 투쟁, 농성은 기본이고 최루탄이나 해머까지 등장하게 되는 것이다. 한·미간 FTA나 쇠고기 수입문제도 집권당일 때는 적극 지지하다가 야당이 되면 적극 반대로 돌아서니 이런 정치인, 이런 정당에게 무슨 민생의 실질적 해결을 위한 정책생산을 기대할 수 있겠는가.

## 유권자로서의 국민에게도 책임이 있다

우리 정치를 4류라 한다면 그런 정치와 정치인을 누가 만들어 냈는가? 국민들 가운데 "난 아니오."라고 당당하게 답할 사람이 얼마나 되는가. 전근대적인 정치행태가 몇십 년 동안 계속되는 이유는 무엇보다 정치에 대한 통제가 제대로 이루어지지 않기 때문이다. 정치권을 통제하고 심판하는 방법은 유권자들이 행사하는 선거뿐이다. 그러나 우리 유권자들은 막상 선거 때는 지난 일을 잊어버리거나 지난 일에 대한 관대한 심성 때문에, 그리고 객관적 기준이 아니라 학연, 지연, 혈연 등 정실 때문에 제대로 심판하지 못해온 것이 사실이다. 또한 냉정한 잣대를 갖고 투표하기보다는 바람에 의해서, 이미지에 의해서 투표를 해온 것도 부인할 수 없다.

## 희망의 정치를 만들자

정치가 아무리 수준 이하라고 하더라도 정치 없는 국가운영은 불가능하다. 정치를 올바르게 견인해 나가야 하는 것 역시 국민 모두가 함께 지고 가야 할 짐이다. 그러면 어떻게 해나가야 하는가? 아인슈타인은 "문제를 불러일으킨 것과 동일한 사고방식으로는 문제를 해결할 수 없다"라는 정곡을 찌르는 말을 남겼다. 모든 기득권을 내려놓고 제로베이스에서 출발해야 한다. 지금까지처럼 선거를 앞두고 당명이나 바꾸고 그 밥에 그 나물인 사람들을 다시 끌어들여 신장개업하는 식의 정치공학적 접근으로는 안 된다.

그러기 위하여는 우선 양질의 정치인을 양성해야 한다. 일본의 마쓰시다 그룹이 마쓰시다 정경숙을 세워 국가관과 교양을 겸비한 정치인을 꾸준히 양성해 왔듯이 기업과 사회단체가 국가지도자 양성을 위한 물적·제도적 토대를 마련할 필요가 있다. 평소에 국가경영의 비전과 식견을 갖춘 인물을 양성해 놓지 않았으니, 선거 때만 되면 급조된 아마추어 정치인만 득실대는 것이 아니겠는가.

다음으로 정당구조를 개선하고, 정책을 일신하고, 양질의 정치인을 발굴

하는 시스템을 갖추어야 한다. 무엇보다도 중앙당이 지배하는 공천구조를 획기적으로 개혁해서 상향식 공천제도를 확립해야 한다. 공천과정에 국민의 참여가 보장되어야 한다. 공천권을 당원과 국민에게 돌려줘 의원이 당 지도부나 계파의 눈치를 보지 않고 자신의 소신이나 양심에 따라 의정활동을 펼 수 있도록 해야 한다. 아울러 정당은 당대표를 없애고 원내 대표 중심으로 운영되어야 한다.

유권자들도 마찬가지이다. 정치 민주화 과정에서는 독재타도의 구호만을 보고 투표를 했지만 이제는 구체적 정책의 실상과 허구를 파악하고 실질적 대안을 마련하는 인물을 선택해야 한다. 어떤 인물이 국가를 위해 바람직한가를 냉정하게 판단할 수 있는 선구안을 가져야 한다. 이미지나 바람에 휩쓸릴 것이 아니라 유권자 각자의 판단기준을 갖고 인물을 선택해야 한다. 총선과 대선이 있는 2012년 올해는 바로 정치쇄신의 획기적 전환을 이끌 수 있는 변곡점에 서 있는 해이다. 정당과 정치인, 대선과 총선의 후보자 그리고 유권자 모두가 힘을 모아 대한민국 정치를 확 바꾸어야 한다. 그래야 대한민국이 일류 선진국가로 진입할 수 있다.

# 해외에서 찾아야 할 청년실업 해법

**김주남**

서울과학종합대학원 교수

## 통계로는 청년실업문제를 알 수 없다

국내 유수의 일간지는 "취업 꽉 막힌 20대, 집값에 깔린 30대, 노후대책 없는 50대… 분노의 시대, 세계경제 10위권 대한민국의 현실"이라는 제목을 1면 톱기사로 뽑아 낸 적이 있다. 이 중에서도 청년실업문제는 젊은 사회 초년생의 사회로의 진입을 막는다는 점에서 가장 큰 문제로 인식되지 않을 수 없다.

청년실업 문제를 정부가 제시하고 있는 통계에 따라 평가한다면 우리나라의 청년실업률은 7.0%에 불과하여 OECD 평균인 19.7%에 비하면 한참 낮은 수준이고 미국의 17.4%, 일본의 9.1%에 비해서도 좋은 편이다. 그럼에도 불구하고 청년들이 피부로 느끼는 체감수준과 고용현장에서의 현실은 정부의 발표와는 커다란 차이를 보이고 있다. 그 이유는 바로 통계의 불합리성에 있다. 우리나라 실업통계에서는 재수생이나 취업준비자 또는 구직을 단념한 사람을 경제인구에서 제외시키고 있다. 한편, 60만 명에 달하는 군입대 장병들은 모두 취업이 된 것으로 통계를 잡고 있지만 이들은 전업군인이 아니기 때문에 군 제대와 동시에 잠재 실업군에 들어가게 되는 모순 속에 있게 된다. 따라서 청년실업문제에 대한 해법을 찾기 위해서는 무엇보다 먼저 통계의 착시 현상에서 벗어나는 것이 중요하다.

## 국내 고용시장의 한계

청년실업 문제는 국내 고용시장이 확대된다면 당연히 해결될 수 있을 것이다. 그러나 국내 고용시장은 계속 줄어들고 있는 것이 현실이다.

고용을 늘리는 가장 큰 시장은 대기업이다. 그러나 국내 대기업의 숫자는 날이 갈수록 줄어들고 있다. 2006년 4,231개에 달했던 대기업은 2010년에는 2,916개로 크게 감소되었다. 당연히 대기업의 고용효과는 그리 크지 않은 실정이다. 우리나라 대기업의 고용 수준은 겨우 300만 명을 유지하고 있을 정도이다.

대기업이 줄어드는 가장 큰 요인은 해외로 공장을 이전하는 기업이 매년 빠르게 증가하고 있기 때문이다. 2001년 100억 달러 수준에도 못 미쳤던 우리나라 기업의 해외진출규모는 2010년에 331억 달러까지 늘어났다. 쉽게 말해서 지난 한해 국내에서 1억 달러씩 돈을 빼내서 해외로 나가는 기업이 300개가 넘었다. 반면 우리나라에 진출한 외국기업이 이미 2만 개가 넘어섰지만 국내 대학 졸업생의 취업은 크게 늘지 않고 있다. 글로벌 기업들이 국내전문가보다는 글로벌 인재를 선호하는 경향이 뚜렷하기 때문이다.

## 도덕적 해이만 조장하는 금전적 보상 정책

이 같은 현실에 대처하는 정부의 청년실업 구제 정책은 근본적이고 장기적이라기보다는 단기적인 미봉책에 그치고 있다. 정부는 2011 회계연도에만 4,900억 원의 예산을 책정하여 청년창업지원자금, 청년고용촉진기금, 의무고용할당제에 의한 고용지원금, 중소기업 청년인턴제 등과 같은 보조금 지원 성격의 사업에 주로 사용하고 있다. 이와 같은 사업은 기업과 취업자에 대해서 금전적으로 보상하는 정책으로 도덕적 해이와 시장질서 왜곡이라는 문제점을 내포하고 있다. 특히 정부 부처 및 경제 유관기관별로 추진하는 청년실업 구제 사업은 국내시장 취업에 중점을 두고 있어 앞에서 지적하였듯이 해외진출기업의 증가와 외국기업의 글로벌 인재 선호 현상에 대한 근본적인 대책이 결여되어 있다.

한편, 국내 취업이 힘들어지자 해외로 빠져 나가는 유학생(대학 이상)이 2006년도 19만 명에서 2010년도에는 26만 명으로 늘어났다. 기업의 해외 진출에 따른 취업기회 축소 문제가 두뇌 유출로 확대되고 있어 미래 한국의 국가경쟁력 저하 우려도 제기되고 있다. 미래학의 석학인 제임스 캔턴은 「극단적 미래예측」이라는 저서에서 "세계적으로 인재를 얼마나 많이 확보하느냐 하는 사항은 국가간 경쟁 우위의 관건이다. 인재 부족 사태가 점점 심화되면서 국가, 기업, 개인은 인재 확보 전쟁에 나설 판이다. 모든 기업과 국가에게 고급 전문인력을 확보하는 것이 가장 큰 과제가 될 것이다"라고 주장하고 있듯이 청년실업 문제의 해법 찾기는 국가의 미래와도 밀접한 관계에 있다.

# 글로벌 시장 진출을 위한 청년 전문인력 양성 시급

세계무역기구(WTO)의 설립 이후 지구촌 곳곳에서는 비즈니스의 자유화가 빠른 속도로 진행되고 있다. 국경간 비즈니스 장벽이 없어지면서 산업의 해외이전이 가속화되고 기업 간 협력과 인적 자원의 교류가 크게 확대되고 있다. 유엔무역개발회의(UNCTAD) 조사에 따르면 국경을 초월한 글로벌 기업이 6만 4천 개에 달하고 전 세계에서 5,300만 명의 고용을 유발하고 있으며, 전 세계 생산의 1/3을 차지하고 있을 정도로 급팽창하고 있다.

이들 글로벌 기업의 특징은 본사가 어디에 위치하고 있는지에 대한 개념은 중요하지 않기 때문에 글로벌형 인재를 필요로 하는 경향을 보인다는 점이다. 예를 들면 스위스계 유비에스(UBS)은행의 글로벌 금융 본부는 뉴욕에 소재하고 있으며, 홍콩 지역본부에 파견할 직원으로서 미국과 유럽을 잘 아는 아시아 출신 인재를 찾게 된다. 글로벌 기업은 해외진출시 협력업체들의 동반진출을 요청하기 때문에 인적 자원의 이동도 함께 증가하고 있다. 실례로 미국GM의 중국진출시 중국 내에 부족한 협력사와 현지생산 중간재의 품질 미흡이 걸림돌로 작용하자, 한국의 대우GM을 통하여 국내 협력업체들의 동반진출을 요청하였으나 중국에서 근무할 전문인력 부족으로 기대에 부응하지 못한 사례가 있다.

한편 최근에는 자유무역협정(FTA)의 체결 증가와 브릭스(BRICS) 등 신흥시장의 확대로 세계시장이 권역별로 차별화되고 있어 지역시장에 특화된 전문인력에 대한 수요도 크게 늘어나고 있다. 청년 전문인력의 양성도 이러한 변화에 초점을 맞추어야 한다. 특히 한미 FTA 체결로 1조 6천억 달러에 달하는 미국 정부조달시장의 문호가 크게 열렸고, 미국 중소기업특별법 8조(A)의 특별규정에 따라 미국 내 소수인종계(Minority 그룹)에 대하여 정부의 총 구매액 대비 30%까지 의무할당하는 정책을 실시하고 있어 교포 2세와의 협업 비즈니스도 매우 유망하다. 미국을 잘 아는 조달 마케팅 전문가가 필요한 이유이다.

## 청년리더 해외진출센터 운영으로 청년실업문제 해결 가능

지구촌 시장이 글로벌화되면서 전문인력의 글로벌화는 피할 수 없는 대세가 된 지 오래다. 해외시장이 커진 만큼 청년실업문제의 해법도 당연히 기회가 많은 해외에서 찾아야 한다. 이를 위해서는 '청년리더 해외진출센터'를 해외 주요 진출거점에 설립하여 정부부처 및 기관별로 산재되어 있는 청년실업 관련 사업을 통합하는 것이 시급하다. '청년리더 해외진출센터'는 청년세대들의 해외창업과 취업을 지원하고 지역 및 마케팅 전문가를 육성하는 프로그램을 운영하는 임무를 부여받는다. '청년리더 해외진출센터'는 이러한 과업을 효율적으로 수행하기 위하여 우리나라와 비즈니스 관계에 있는 모든 기업과 단체를 네트워크화하여 시너지 효과를 극대화하는 역할을 함께 수행하게 된다.

우리나라에 진출한 외국의 글로벌 기업은 청년취업의 주요 원천이 될 수 있고, 한국과 무역을 하며 이익을 얻고 있는 외국 바이어 8만 명도 우리나라가 정책적으로 활용할 수 있는 대상이다. 이와 더불어 우리나라도 중국의 화상회의를 지향하는 세계교포무역인회의(OKTA)와 한상회의 등과 같은 교포 비즈니스 조직을 보유하고 있다. 이 조직을 통하여 활동하는 한인기업 수도 1만 5천 개에 달하고 있다. 이들 기업과 단체를 잘 네트워크화하여 활용한다면 청년실업문제를 해외에서 해결할 수 있게 된다. 예를 들어 1기업에 1명씩만 취업시키거나 인턴십을 수행한다고 해도 이들 기업과 단체를 통하여 10만 명

**청년리더 해외 네트워크 구축과 글로벌 인재 육성**

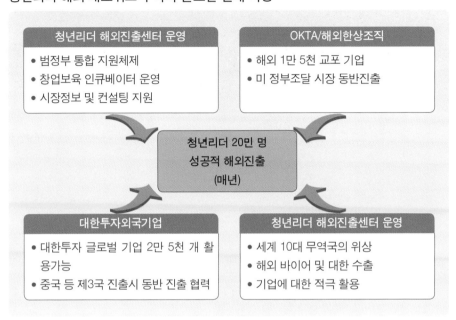

의 청년실업문제를 해결할 수 있는 셈이 된다. 이와 더불어 해외 진출 거점별로 지역전문가와 마케팅 전문가를 양성하기 위한 교육프로그램으로 연 10만 명만 배출한다면 매년 20만 명의 청년실업문제를 해외에서 해결할 수 있는 셈이다.

또한 '청년리더 해외진출센터'에서 보유한 시장 정보와 컨설팅 지원으로 청년세대의 해외 창업을 적극 지원할 경우, 가까운 미래에 제2의 애플 신화를 만들어 낼 꿈나무들을 기대할 수 있을 것이다. 앞으로 더 이상 실기하지 않도록 국내 청년들을 해외로 내보내서 글로벌 인재로 육성하겠다는 정책의지와 정책방향의 전환이 시급하다 하겠다.

# 북한은
# 길만 터주면 거저먹는다

| 함범희

전 한국철도공사 글로벌 비즈니스센터장

최근 북한은 후계문제에 몰두하면서, 경제적 상황이 더욱 나빠지고 있다. 김정은 체제로의 연착륙을 위하여 대외적으로 강경책을 구사할 우려가 있어 우리의 입장에서 보면 국가안보리스크가 더욱 높아지고 있는 실정이다. 그동안의 대북정책을 평가해 볼 때, 정권이 바뀔 때마다 온탕과 냉탕을 모두 경험해 보았지만 만족할 만한 결과가 없었다. 상호교류협력을 단절하고 남북 간의 대화를 중단하면 북한은 통미봉남과 같은 전략을 사용함으로써 남한을 고립시키려 들었고, 반대로 햇빛정책 같은 유화정책은 오히려 북한으로 하여금 핵을 개발하고 군사력을 강화하는 기회를 주는 등, 반작용만 강하게 드러날 뿐이었다.

차기정부에서는 북한의 개혁개방에 근본적으로 도움을 주면서 미래 한반도 평화통일의 밑거름이 될 수 있는 새로운 대안을 제시하여야 한다.

# 가스관 사업을 계기삼아 철도 건설을

　요즘 러시아에서 제안한 북한 통과 가스관 건설에 대한 문제가 한반도를 둘러싼 주변국가들의 관심사항이 되고 있다. 일본과 중국뿐만 아니라 미국 등 에너지 관련 국가들 모두가 이 문제를 주목하고 있다.

　가스관을 건설하기 위해서는 먼저 건설자재 등을 운반하기 위한 수송로를 확보해야 하는데, 현재의 기술로는 철도가 최적이다. 게다가 북한의 지형과 가스관 운영을 고려해 보면 전력인프라도 함께 가는 것이 현실적인 대안이다.

　결국, 러시아에서 북한을 통과하여 남한으로 이어지는 가스관 건설을 위해서는 철도와 전력을 함께 건설하는 것이 비용이나 시간의 면에서 가장 합리적이고 효율적인 대안이 된다.


# 철도건설은 남·북한의 오래된 숙원 사업

　우리의 입장에서 보면, 파이프라인을 통하여 천연가스를 도입할 경우 액화가스나 압축가스를 선박을 이용해 운송할 때보다 단위당 수송 단가를 절반 이하로 낮출 수 있다. 북한 통과 가스관과 관련하여, 2011년 11월 러시아 당국자는 자국 언론과의 인터뷰에서 약 700KM 되는 북한통과 구간 건설은 러시아와 북한이 주도하여 설치할 것이라고 했다. 그렇다면 우리는 철도에 관한 건설을 주도할 필요가 있다. 그 이유는 한반도종단철도건설은 미래한반도의 통일과 번영을 위한 유·무형의 자산으로서 중대한 역할을 할 것이기 때문에, 어느 누구에게 미루거나 양보할 사항이 아니다. 다만 철도건설에 소요되는 비용(철원-나진, 약 760KM, 건설비용 약 16조원)은 단기간에 일시불로 필요한 것이 아니기 때문에 통일비용 차원에서 우리가 자체적으로 조달할 수도 있지만, 우리가 주변국과 협의하여 거들어준다면 북한이 직접 세계은행이나 아시아개발은행을 통하여 장기원조 차입하는 방식으로 조달할 수도 있다. 이렇게만 되면, 이제까지 많은 남·북통일 전문가들이 논의하고 염원했던 한반도종단철도가 현실적으로 실현되는 것이며, 남한이 얻게 될 유·무형의 효과와 혜택(상호 군비축소, 국가신인도제고, 남북경협 활성화, 물류경쟁력강화, 차세대 한반도신성장동력 등)은 철도건설비용을 상쇄하고도 훨씬 웃돌 것으로 예상된다.

북한은 건설과정에서의 경제적 이득은 물론이거니와 완공 후 가스와 철도물동량을 통과시키는 대가로 받는 수입만 해도 현재 개성공단 5만여 명의 연간 근로 수입액(약 6,000만 달러)의 몇십 배나 되는 경제적 이득을 취할 수 있다.


## 주변국들도 상생 번영할 기회

이처럼 한반도종단철도와 가스관이 건설되면 중국은 길림성과 흑룡강성의 폐쇄성을 극복하고 한국·일본·미국 등과의 물적 유통을 원활하게 함으로써 이 지역을 중국동부연안도시처럼 발전시킬 수 있다.

러시아는 한반도를 종단하여 남한과 가스관 및 철도를 연결시키면 지속적인 에너지 수출과 선진국과의 물적 유통을 원활하게 함으로써, 상대적으로 낙후된 극동자바이칼지역경제를 살리고, 노쇠해진 유럽의존경제에서 동북아경제의 일원으로 옮겨가는 기회를 잡을 수 있다.

일본은 대륙철도와 한반도종단철도와의 연결로 발생하는 경제적 이익을 우리와 함께 누릴 수 있는 이점이 있다.

그 외에도 몽골이나 카자흐스탄, 우즈베키스탄 등 유라시아 대륙의 가운데 지역에 위치하여 바다와 직접 맞닿을 수 없는 국가들은 한반도와 철도가 연계됨으로써 한국·일본 등과의 경제협력을 한층 더 강화할 수 있는 호기를 맞게 된다.

# 실기해서도 안되고 혼란은 더욱 안돼!

　결국, 한반도종단철도와 대륙철도와의 연결은 주변국 모두가 상생 발전할 수 있는 역사적인 일이 된다는 데 대해서 이의를 제기할 국가는 없어 보인다.

　미래학자 앨빈 토플러도 그의 저서 「부의 미래」에서 두만강지역을 지구 상에 몇 안 되는 고부가치장소로 언급하지 않았는가. 역사적으로 볼 때 특정 지역이 융성할 수 있었던 것은 그 주변의 에너지가 충만할 때를 놓치지 않고 잘 활용하였을 때이다.

　북한의 갑작스런 체제붕괴로 중국과 고도의 긴장관계가 지속된다든지, 북한 주민의 갑작스런 엑소더스가 진행되어 우리가 감당하기 어려운 사회혼란이 가중되어서는 안 될 것이다. 이런 의미에서 한반도종단철도와 가스관의 설치는 남·북간 신뢰의 증진에도 크게 기여할 것으로 예상된다.

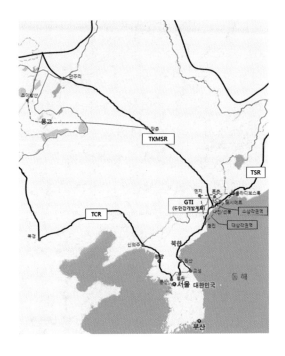

# 공기업사장, 전문가로 채워야

**차상구**

전 알펜시아 대표

## 공기업은 주인 없는 기업인가

공기업이란 국가 또는 지방공공단체의 자본에 의해서 생산, 유통 또는 서비스를 공급할 목적으로 운영되는 기업으로서, 사기업(私企業)에서 맡을 수 없는 공공성이 요구됨과 동시에 기업경영에서 요구되는 능률성을 확보해야 할 필요에서 공공성(公共性, 민주성)과 기업성(企業性, 능률성)을 동시에 지니는 특성을 갖고 있다. 공기업이 국가 경영에 있어서 얼마나 중요한 역할을 하며, 국가경제에 미치는 영향이 얼마나 중대한가에 대해서는 이론의 여지가 없다. 그럼에도 불구하고, 우리나라에서의 공기업은 심하게 표현해서 "주인이 없는 기업" "공무원 사회보다도 더 못한 조직"이란 말로 매도되고 있으니 정말 슬픈 일이다. 공기업의 수장·임원 및 직원 모두가 투철한 주인의식을 갖고 국가발전에 일익을 담당해야 함에도 불구하고 그렇지 못한 중요 원인은 공기업수장의 임용에 문제가 있기 때문이다. "인사는 만사"라는 말이 있다. 공기업을 이끌어갈 수장, 리더를 잘 뽑아야 그 조직이 자동적으로 잘 이루어질 것이 아니겠는가?

# 지금까지 어떤 사람들이 공기업을 이끌어 왔는가

2007년 후반기까지만 해도, 공기업의 역대사장 81%가 "낙하산 인사"였다. 한국전력, 토지공사, 석유공사, 가스공사, 산업은행 등 국내 24개 공기업의 역대 사장 301명 가운데 군인·관료·정치권 인사가 271명으로 80.7%를 차지했다. 즉 공기업의 역대사장 10명 중 8명은 군인, 관료, 정치인이 임명되었다는 얘기다. 해당 공기업 출신 사장은 14명(4.7%)에 불과했다.

가스공사, 관광공사, 신용보증기금, 수출입 은행, 농수산물 유통공사 등 16개 공기업(전체의 67%)은 창립 이래 내부출신 사장을 단 한 명도 내지 못한 것만 보아도, 얼마나 공기업의 최고경영자(CEO) 인사가 전문성보다는 정치권 실세들의 논공행상이나 기획재정부, 행정안전부, 지식경제부 등 '힘 있는 부처'의 인사적체를 해소하기 위한 통로 내지는 권력층의 '나눠 먹기 식'으로 활용되어 왔는가를 알 수 있다.

공기업 CEO 임용형태는 1993년 김영삼 정부 출범을 분기점으로 그 패턴이 크게 달라졌다.

김영삼 정부 출범 이전에는 24개 공기업사장 165명 가운데 33.9%인 56명이 군 출신이었다. 그러나 그 이후 공기업 사장 136명 가운데 군 출신은 9.6%인 13명에 그쳤다.

반면 관료 출신 공기업 사장 비율은 35.2%에서 57.4%로, 정치권 인사는 11.5%에서 34.6%로 각각 높아졌다. 이러한 변화는 2008년 MB정부에서도 계속되어 민간출신전문가의 공기업사장 임명이 전 정권보다는 현저히 많아진 것은 사실이나, 아직도 전관예우, 보은인사 차원에서 비 전문가 출신이 다수 임명됨으로써 정권실세의 횡포가 어느 정도였는지 짐작할 만하다.

물론 우리나라와 같은 대통령제 국가 형태를 가진 미국의 경우에도 우편·철도 등 비교적 전문성이 덜 요구되는 자리는 집권당의 전리품으로 생각되어 정권 창출에 공이 큰 사람들에게 돌아가는 사례가 없었던 것은 아니다. 그러나 국가기간산업의 성격이 강하고 기업성과 공공성이 강조되는 공기업에 대하여서는 비전문가인 군장성, 퇴직 정치인이나 관료 등이 임용되는 사례는 거의 없다.

## 대통령의 의지가 중요하다

다음 정부에서는 공기업의 중요성을 깊이 인식하고, 공기업의 수장자리가 정권창출에 있어서 공을 세운 이른바 개국공신들에게 나눠주는 정실인사, 보은인사의 자리가 아니라, 국가의 장래와 미래성장기반이 달려 있는 가장 전문적이고도 고도의 리더십이 요구되는 자리임을 인식하고, 적재적소의 인사방침을 확실하게 제도화해 놓는 작업이 필요하다. 이를 위하여는 우선 장관 등에 대한 국회인사청문회 같은 수준의 인사청문회 제도의 도입을 고려해 볼 수 있다. 또한 객관적이고도 합리적인 리더의 자질과 역량을 검증할 수 있고 결정권을 행사할 수 있는 실세적인 임원추천회의 구성 역시 하나의 방법이라 하겠다. 현재의 임원추천위원회처럼 청와대나 관계 감독 부처의 임용절차를 정당화시켜 주는 형식적인 통과의례주체가 아니라 실질적으로 사장·임원의 자질, 전문성, 인성 등을 심사해서 해당 공기업에 적합한 인물인가를 가릴 수 있는 역할을 충분히 수행할 수 있는 권한이 부여된 실체여야 한다.

아울러 다음 정권의 공기업 수장이나 임원은 본인 임기중 일어난 일에 대해서 민·형사상 책임을 질 수 있는 제도적 장치도 마련되어야 한다. 사표만 내면 면죄부가 주어지는 현행의 인사제도가 아니라, 임기 중 수행한 중대 사업에 대해서는 퇴직 후에도 응분의 책임을 지는 인사제도도 병행되어야 할 것이다.

# 지구온난화 시대, 환경세 Green Tax를

조계근

강원발전연구원 선임연구위원

## 환경은 지구생존의 문제

산업혁명 이후 경제발전을 계속해 오던 인류는 21세기 들어와 환경의 중요성을 인식하면서 온실가스 감축을 위해 1997년 교토의정서 협정을 체결하였다. 선진국과 동구권 등 38개국은 2008~2012년 사이에 탄소배출량을 1990년 대비 5.2% 감축해야 할 상황이다. 우리나라도 2005년 대비 2020년까지 탄소배출량을 약 4% 감축하는 계획을 2010년에 확정하였다.

우리나라는 1980년대 이후 중공업의 발전과 수출을 통한 빠른 경제성장 정책에 집중하여, 1990년대까지만 해도 환경보전이나 개선에 투자할 여력이 거의 없는 실정이었다. 그러나 1996년 1인당 국민소득이 1만 달러를 넘어서고 1997년 교토의정서가 채택된 이후 환경개선을 위한 투자여력이 확보되면서 환경보전에 대한 인식이 커졌다. 특히 1990년대 후반부터 국민들에게 깨끗하고 쾌적한 환경을 제공하기 위해 정부가 환경방지사업 등에 참여하고 환경

개선부담금 등을 신설하면서 환경의 중요성이 점점 부각되었다. 선진국들은 환경개선을 위한 재정부담을 다음 세대를 위한 투자로 인식하고 있다. 유럽을 중심으로 한 선진국에서는 환경개선 재원투자를 인류공생의 기반으로 생각하고 그 규모를 계속 늘려가고 있다.

현재 우리나라는 환경오염을 억제하기 위해 배출부과금제도, 환경개선부담금제도, 폐기물예치금제도 등 다양한 제도들을 시행중이지만, 환경오염은 점점 심각해지고 투자재원 확보도 매우 어려운 실정이다. 따라서 제대로 역할을 못하는 제도들을 종합적으로 대체하는 환경세를 도입하자는 논리가 설득력을 얻고 있다.


## 환경세 도입의 필요성 등

우리나라의 GDP 대비 환경 관련 세수비중을 다른 나라와 비교하면, OECD 평균인 2.71%에 비해 약간 높은 수준인 2.92%이나, 북유럽 국가들(핀란드 3.27%, 노르웨이 3.67% 등)에 비하면 현저히 낮다. 이런 현상은 선진국들에 비하여 우리나라의 에너지 가격구조와 환경적 외부성이 충분히 내재화되지 않았다는 것을 의미한다.

환경세 도입의 필요성은 첫째, 환경세는 시장메커니즘에 의하여 비용을 부담하게 하는 것이므로 비용최소화를 추구하는 기업은 오염억제 노력을 할 것이고, 둘째, 환경자원이 잘못 이용됨으로 인해 발생하는 사회적 손실인 경제적인 비효율성을 교정할 수 있고, 셋째, 목적세로 도입하면 미래 대량의 환경투자 재원을 확보하는 데 기여할 것이고, 넷째, 환경세 도입을 통해 국민들에게 환경보전 의식을 고양시킬 수 있다는 데 있다.

또한 환경세를 도입할 경우 지방세로 해야 하는 당위성은 첫째, 환경오염을 유발하는 오염원이 모든 지방자치단체에 분포되어 있으므로 보편성의 원칙이 충족되고, 둘째, 경제가 계속 성장함에 따라 환경오염도 증가하므로 환경세를 신설하면 지방의 세수확보가 안정적이 될 것이고, 셋째, 수질오염이나 대기오염 등 환경오염은 특정지역에서 발생하기 때문이며, 넷째, 지방자치단체가 환경문제 해결을 위하여 투자한 혜택을 오염원인자가 받기 때문에 응익성의 원칙이 충족된다는 데 있다.

## 선진국 사례

OECD 국가들은 환경규제와 보전에 대한 관심이 증대되면서 환경오염을 낮추기 위한 조세정책을 적극 추진해 왔다. 특히 유럽국가들은 환경과세를 세수중립적 차원에서 소득세, 사회보장기금, 법인세 등 일반세제에 대한 세부담 완화와 연계하는 방안을 강구했다. 또한 OECD 국가들은 미래 환경 및 에너지 정책의 재정지출 수요증가에 대비해 왔다. 아울러 환경세를 목적세로 도입하여 환경개선을 위한 재원을 마련했다. 그리고 근로소득세, 법인세, 사회보장기금 등과 연계하여 세부담 완화와 고용 및 투자증대를 유인하는 효과를 거두고 있다. EU 집행위원회에서 환경세의 경제적 효과에 대해 실증 분석한 결과, 환경세 중심의 세제개편은 에너지 소비감소와 온실가스 감축에 기여했고, 고용과 경제성장에도 긍정적인 영향을 미친 것으로 평가됐다.

최근 일본의 환경성이 도입하려는 환경세는 기존의 세제에 지구온난화 방지대책으로서의 새로운 환경세를 도입하려는 것으로, 세율은 유럽국가들의 1/10 정도 수준이다. 그러나 새로운 환경세 도입은 기업부담의 증가로 국제경쟁력이 저하된다는 등 경제산업성 등과의 이해관계 대립으로 도입되지 못하고 있다. 호주도 환경세를 도입해야 한다는 원칙에는 동의하지만, 추가세 부담으로 국가경쟁력의 하락과 국민들의 생활수준저하 등을 우려하는 의회와 시민단체들의 반대로 도입이 지연되고 있다.

한편 탄소세를 도입한 북유럽 국가들의 도입 동기는 국가별로 차이가 있다. 이산화탄소 저감만을 목표로 탄소세를 도입한 국가는 덴마크뿐이고, 다른 국가들은 탄소세를 세수보전이나 재원조달 등을 달성하기 위한 수단으로 도입하였다. 탄소세 부과로 인한 이익은 지구촌 전체가 누리는 것이기 때문에 탄소세가 성공을 거두기 위해서는 반드시 국제적인 공조와 협력이 필요하다.


## 환경세 도입의 구체적 방안

환경세 도입 방안을 살펴보면, 첫째, 과세유형의 경우, 오염배출량에 일정액을 부과하는 직접환경세가 연관효과, 효율적 시장 존재, 정책의 우선목표 등에서 간접환경세보다 효과적이다. 둘째, 과세주체는 조세의 원칙, 업무수행 주체, 과세대상의 특성과 세원의 지역간 불균형 등을 감안할 때 광역자치단체의 세목으로 하는 것이 합당하다. 셋째, 과세대상은 대기오염, 수질오염, 폐기물오염을 유발하는 오염물질 중 부과가 용이하고 징수비용이 적은 유류에 부과한다. 넷째, 과세표준은 오염물질 배출량을 직접 측정하기 어렵기 때문에, 연료사용량을 대리변수로 사용한다. 다섯째, 세율은 비율세율보다 기존 대기환경부담금처럼 단순정액세율로 정하고 유류 리터(톤)당 부과한다. 여섯째로, 보통세로 하는 것보다 조세저항이 적고 실현가능성이 높은 목적세가 타당하다. 다만, 환경세 도입으로 공공요금이 인상되고 유류관련 상품이 인상되어 소비자들에게 전가될 우려가 있으므로, 감면제도 등을 통해 보완해 나갈 필요가 있다.

# 지방자치제도,
# 이대로는 득보다 실이 많다

김경한

언론인

우리나라의 경우 지방자치단체장을 하려고 하는 후보자 대부분의 동기는 선진국처럼 봉사나 명예활동보다 자신의 이익과 출세의 통로로 이용하고자 하는 것임이 여러 경로를 통해 입증되고 있다. 따라서 지방선거와 정당정치의 관계, 지방재정문제, 행정구역 분할문제, 또 지방의 인사와 단체장들의 관계, 지방의회와의 역학관계 등을 획기적으로 개선하여 이들에 대한 제도적 통제 장치를 마련해 주지 않는다면, 지방자치제도의 미래는 그다지 밝지 않다.

## 공천제도와 단체장의 사병화(私兵化)

선거는 기본적으로 정치활동이다. 유권자들이 정당을 선택하고 집단적 의사표시를 하는 정치행위가 선거이기 때문에 양자를 분리하는 것은 불가능하다. 만일 선거에서 정당을 배제시키면 결과적으로 선거는 힘 있는 기득권자의 권익을 보호해주는 결과가 나올 수밖에 없어 대부분의 민주국가에서는 정당 공천을 유지하고 있다. 문제는 정당의 관료화다. 참신한 건의를 통해 새로운 인물을 추천하고 통과시키기가 쉽지 않다. 이를 개선하는 방법으로는 당원이 직접 투표로 후보를 선출하는 직접 예비선거나 당원이 복수로 추천하고 중앙당이 최종 결정하거나 중앙당이 직접 후보공천권을 행사하는 방법, 아니면 아예 정당공천 금지제(Non-Partisanship)를 고려해볼 수 있다. 세계적으로 보면 미국의 중소도시 대부분이 정당공천 금지제를 채택하고 있다. 반면 미국의 대도시나 일본, 영국, 프랑스, 독일, 캐나다 등 선진 민주국가에서는 정당공천제를 시행하고 있다.

## 잘못된 재정운용

2008년 기준 지방재정 규모는 124조 원이다. 이 가운데 자체재원은 76조 9천억 원으로 61%쯤 되고 국고보조금과 지방교부세 재원은 47조 8천억 원으로 38%를 차지한다. 재정의 중앙의존도는 해마다 높아지는 추세다. 재원이 부족하다 보니 지방채가 늘어 2003년 16조 원에서 2009년에는 25조 원으로 56%나 증가했다.

지방정부의 재정운용에 대한 문제점은 한두 가지가 아니다. 축제성 행사의 경비규모는 특별시와 광역시, 도, 시·군·구 할 것 없이 지속적으로 늘어나 차기 재선을 노리는 인기 영합형 재정집행의 전형으로 지적된다. 함평나비축제 등 일부 성공한 행사들도 있지만 대부분은 경비만 잡아먹는 골칫거리 축제를 지속하고 있다. 또 성남시청 호화건축 문제 등 30여 개 이상의 지방정부가 필요 이상의 경비를 들여 청사를 신축하는 바람에 재정의 방만한 운용이 여론의 비난을 받고 있다.

# 지방자치구역의 재정비

전국 13개 광역 시·도를 보면 서울의 인구가 1,200만 명인데 제주도는 56만 명에 불과하다. 그럼에도 조직과 기구는 모두 비슷하다. 당연히 행정의 낭비요소가 많게 된다. 시·군의 경우 수원이 106만 명인데 충남 계룡시는 3만 7천 명이다. 인구편차에 따른 지방행정의 개선점을 고민할 때다.

자치구역과 생활권도 적지 않은 불편사항으로 지적된다. 예컨대 안양시와 군포시, 의왕시, 시흥시는 이전에 경기도 시흥군이었지만 행정구역 증설로 4개의 시로 나누어져 있다. 이 지역은 생활권이 혼재돼 지역개념이 사실상 불분명한 상태로 지자체가 운영된다.

또 기초정부의 평균인구가 너무 많다. 기초정부 230개에 평균인구는 무려 21만 명이다. 구청장이나 시장·군수가 누구인지, 어떤 배경을 가진 사람인지, 투표 후에는 일을 제대로 하는지 통제할 수가 없다. 스위스를 비롯해 스페인, 독일, 미국 등은 많아야 기초단체의 인구가 5천 명 선이다. 우리와 비슷하다는 일본도 기초정부 1,770개에 기초정부 평균인구는 6만 7천 명 수준이다. 자치의 개념에서 보더라도 지금의 자치단체인구는 너무 많다.


# 정보화 시대에 맞는 인사쇄신

지방정부의 등장으로 많은 국민들은 선진국과 같은 품질좋은 행정서비스와 효율적인 지자체 시스템이 작동할 것이라고 기대했었다. 그러나 이러한 기대는 1기 지자체 선거를 통해 출범한 지방정부의 활동상황을 지켜본 1~2년 동안에 한계를 드러냈고 기대는 곧 실망으로 이어졌다. 왜 이런 결과를 초래했는가. 답은 명백하다. 현행 지방공무원들이 안고 있는 인재풀의 한계 때문이다. 행정고시나 각종 시험을 통해 등용된 인재들은 서울에서의 근무를 희망한다. 자연적으로 지방에 남아있는 공무원들은 하급직 위주로 정착되고 그 지역출신이 비교적 낮은 경쟁분위기 속에서 안주한다.

지방공무원은 현재 28만 명이 넘는다. 인구나 지역, 행정수요 등에 비추어 보면 너무 많은 숫자다. 숫자만 많은 것이 아니라 하급직 위주로 이루어진 데다가 무능하고 비효율적이며 부패했다는 평가를 받고 있다. 또 기능직 공무원들이 있기는 하지만 정보화 사회를 넘어 후기 지식사회로 진입하는 지금의 세계화 추세에서 볼 때 아직도 농경사회 중심으로 짜여진 지방정부의 공무원 시스템은 시대에 뒤처질 수밖에 없는 구조를 이루고 있다. 아울러 성과관리도 없다. 인센티브 제도나 성과를 철저히 평가해 차등급여를 실시하는 등 경영마인드가 제도적으로 수립되어 있지 않다.

또한 단체장의 경우 지역의 토착세력과 연계된 적당주의적 인물들이 지방행정을 이끄는 경우가 많다. 물론 선거비용이 너무 많이 들고 정당공천 과정이 왜곡되어 있어 고비용 구조를 벗어나지 못하는 현실이 근본 문제일 것이다. 이 같은 문제를 해결하기 위해서는 지방선거에도 선거 공영제를 확대해야 한다. 비용을 일정수준 이상 쓰지 못하게 하고 지방의회를 활성화시켜 단체장을 잘 감시하게 해야 한다. 지방인사위원회제도와 도시계획위원회의 독립적 설치·운영도 검토해볼 만한 대안이다.


## 체계적 교육시스템

우리나라 지방의회는 인구에 비해 의원수가 너무 적다. 전체 지방의회 의

원수 3,626명이 1인당 만 3천 명의 주민을 상대하기는 물리적으로도 무리이다. 이러니 집행부를 효율적으로 견제하지도 못하게 된다. 자질이 부족한 의원들이 많고 전문직이나 봉사직으로 생각하기보다는 자신의 이익을 도모하기 위하여 지방의회 진출을 시도하기 때문에 선진적인 의회활동이 어렵다. 이 같은 문제들을 해결하기 위해서는 유능한 인재들이 지방의회에 많이 진출하도록 사회적 분위기를 만들어야 하는데 다음과 같은 대안을 고민해볼 만하다.

당선이 확정되고 실무에 들어가기 전에 폭넓은 연찬회 프로그램과 직무 이해를 위한 학습기간을 가져서 실제훈련을 시킨다. 다양한 정책수행과 기획력을 배양시키는 필수코스다. 또 지금의 비상근제를 상근제로 바꾸고 다른 직업을 갖지 못하도록 하는 방안이 검토되어야 한다. 그러기 위해서는 보수와 근무환경을 획기적으로 개선시켜서 풀뿌리 민주주의가 그야말로 뿌리부터 잘 돌아날 수 있도록 하는 국민적인 관심과 배려가 절실하다고 하겠다.

# 기업이 들어서야
## 지방이 산다

변용환

한림대 교수

## 죽어가는 지방을 살리는 가장 좋은 방법은 기업유치

비수도권이 죽어가고 있다. 오랜 세월 중앙집권적 정치와 재정형태를 유지해온 국가체제로 인하여 지방의 사람과 돈이 수도권으로 모두 빨려들어 가고 있다. 그동안 지방 살리기를 위한 정책이 없지는 않았으나 강력한 수도권 빨대효과는 이러한 지난 정부의 노력들을 무의미하게 만들면서 지방을 공동화시키고 있다. 지방 살리기 대책으로 관공서의 지방분산, 세종시 건설, 수도권 규제 등 많은 이야기가 나오고 일부는 실천도 되었으나 지방의 활력은 갈수록 가라앉고, 정책의 실효성은 의심을 받고 있다.

시장경제하에서 지방을 살리는 가장 확실한 방법은 지방으로의 기업유치이다. 기업유치는 확장성을 가진 부가가치 창출수단이므로 수도권 대 비수도권간 제로섬게임의 성격이 적다. 기업유치는 국가나 지역의 경제를 살리는 최선의 방법이다. 중국은 외국 기업유치를 통해 30년 만에 세계 2위의 경제대국을 이룩하였으며, 아일랜드 역시 외국인 기업유치를 통해 20여 년 만에 서유럽의 최빈국에서 1인당 국민소득이 가장 높은 나라로 변모한 바 있다. 국내에서도 마찬가지이다. 한가한 어촌 항구였던 포항과 광양은 포스코와 함께 활기찬 공업도시로 변했고, 허허벌판이던 창원은 대규모 기계관련 기업의 입주와 함께 한강 이남에서 가장 소득수준이 높은 도시로 변모하였다. IT기업들이 들어서고 있는 아산, 탕정은 새로운 도시발달사를 만들어 가고 있다.

## 실효성을 잃어가는 지방기업유치정책

지방의 기업유치가 가장 활발했던 시기는 1960~1970년대이다. 이 시기의 기업유치는 지자체의 의지와 관계없이 국정 최고책임자의 강력한 의지로 각 지역에 그 당시로서는 가장 앞서가던 산업인 중화학공업 및 전자산업관련 기업들을 유치하고 육성시켰다. 조선, 철강, 정유, 전자 등 오늘날 글로벌 경쟁력을 가진 기업들은 이 시기에 각 지역에 마련된 국가산업공단에 둥지를 틀고 발전해 나갔다. 당연히 지역별 편차는 있었지만 지방거점도시들을 중심으로 비수도권 경제가 가장 활성화되었던 시기이다.

1980~1990년대 수도권을 중심으로 기업이 들어서기 시작하면서 수도권 정비계획법에 의한 기업입지제한에도 불구하고 기업의 수도권집중이 계속 심해지자 정부는 수도권 기업의 지방이전을 장려하는 적극적인 정책의 필요성을 느끼기 시작했다. 테크노파크 조성(1997년), 지역진흥사업(1999년) 등 산발적인 노력이 있었고, 수도권 산업입지 제한정책에 의해 기업의 서울 신규진입을 막고, 수도권 기업의 지방이전을 유도했지만 실질적 효과는 크지 않았다. 이러한 비수도권지역에 기업을 유치하고자 하는 노력은 2008년 이명박 정부가 들어

선 이후 정반대의 길을 걷게 되었다. 2008년 10월 30일 발표한 대규모 수도권 규제완화는 수도권에 첨단산업에서부터 3D기업까지, 대기업에서 중소기업까지 수도권에 입지가 가능하도록 하였다. 수도권과 비수도권 간에 존재했던 신설기업의 취·등록세 격차 무효화 등을 통해 수도권도 다른 비수도권 지역과 마찬가지로 기업을 자유롭게 유치하기 위한 이른바 공정경쟁의 장에 뛰어들게 한 것이다.

## 종합적 노력이 필요한 지방으로의 기업유치

기업입지는 환경적 기반과 정책적 기반으로 분류해 볼 수 있다. 환경적 기반은 동종 내지는 관련 산업의 집적도, 다양한 혁신기관의 집적, 풍부한 판매시장, 노동시장, 산학연, 광역 교통망과의 접근성, 혁신분위기, 정보통신, 입지지역 이미지, 저렴한 지가 등 그 지역에 주어진 기업입지 환경요인들을 망라한다. 한편 정책적 기반은 정부의 지원정책을 말하며 주로 조세감면, 금융지원, 규제완화 등을 포함한다. 이러한 환경적 요인과 정책적 기반이 잘 조화된 지역이 기업입지로 적절한 곳이다. 특정 지역이 기업 투자대상지역이 되기 위해서는 타 지역과 차별성이 있는 기업환경을 가지고 있어야 하는데, 이를 위해서는 많은 기업환경개선노력이 필요하다. 지방정부의 노력도 필요하지만 중앙 집중적 재정구조를 가지고 있는 우리나라의 특성상 중앙정부의 결단이 훨씬 중요하다.

## 외국의 기업유치 인센티브 제도

낙후지역의 국민도 행복해야만 국가의 존립근거가 있다. 낙후지역을 살리는 확실한 방법인 기업유치 정책은 많은 나라에서 시행되고 있다. EU의 많은 국가들은 지역별 낙후도에 따른 기업유치 인센티브정책을 실시하고 있으며 여러 가지 형태의 인센티브를 제공하고 있는데 그 핵심은 낙후도에 따른 인센티브 차등화이다. 일반적으로 지역발전 정도를 3~4단계로 구분하여 보조금 및 법인세 인센티브를 차별화하고 있다.

현재 우리나라에서 시행되고 있는 지역별 낙후도에 따른 기업유치 인센티브 정책은 세계 최고의 수도권 흡입력에 비해 인센티브의 유인력이 워낙 약하여 거의 실효성이 없다. 이를테면 수도권에서 가까운 지방은 세제감면 인센티브를 대폭 축소하였으므로 기업이 갈 이유가 없고 서울에서 먼 낙후지역은 세제감면 인세티브는 확대되었으나 수도권에서 너무 멀어 갈 수가 없어지니, 낙후도에 따른 인센티브는 포장은 근사하지만 실질적으로는 기업이 지방에서 사업할 이유를 줄이는 역할만 하고 있는 셈이다.

## 파격적 인센티브가 필요한 지방기업유치

기업유치가 점점 힘들어가며 퇴락되고 있는 비수도권 지방에 마지막 남은 수단은 기업유치를 위한 '의미 있는 핸디'를 주는 것이다. 여러 가지 노력이 필요하겠지만 여기서는 의미 있는 핸디 하나만 예를 들겠다. 이를테면 현재 지방에서의 신설 또는 이전 기업에 5년간 면세와 같은 약한 인센티브를 주고 있는데, 이를 대폭 확대하여 지방에 있는 기업에게 20년 면세와 같은 파격적인 인센티브를 제공하는 것이다. 국가의 재정수입에 미치는 영향은 미미할 수 있다. 대기업을 제외하고 대한민국 비수도권 중소기업에만 면세혜택을 줄 경우 1년에 1조 원을 넘지 않는다. 즉 지방 중소기업에 과감한 면세혜택을 주면 고용이 많은 중소기업의 특성상 고용이 높아지면서 지역경제가 활성화될 것이다. 소득세도 감면 적용하는 등 여러 가지 방법을 사용하여 기업의 원가 효율성을 높이고, 지방기업근무자들의 가처분소득이 대폭 향상될 수 있도록 해야 할 것이다. 이와 같은 파격적 인센티브만이 지방을 살리는 길이 된다. 이러한 과감한 기업유치 인센티브가 실현되지 않으면 지방을 살리는 길은 멀다.

# 09

미래를 위한 현명한 투자

# 개천에서 용이 나는 교육을

| 유영제

| 서울대 교수

    우리나라의 사교육비는 세계 최고 수준이지만, 경제적 어려움 때문에 자녀를 학원에 보내지 못하는 이들이 많이 있고, 이 때문에 마음 아픈 부모들 또한 많다. 학교에 가면 선생님이 "너희들 이미 알고 있지" 하면서 자세히 설명해 주지 않는 경우가 많다고 하니, 공교육에 자녀를 맡길 수도 없는 것이 현실이다. 이렇게 되면 부모의 가난이 자녀에게 대물림될 가능성이 높아지고 이것은 우리 사회의 불안정으로 연결된다. 가난의 대물림 고리를 끊을 수 있어야 한다. 개천에서 용이 나올 수 있게 하려면 어떻게 해야 할까?

## 소득과 학업성취도의 관계

    최근 자료에 의하면 부모의 경제적 수입이 어느 정도까지는 학생의 학업성취도에 비례한다고 한다. 즉 소득이 낮으면 학업성취도도 낮다는 의미이다.

학업성취도가 경제적 수입에 비례하는 이유가 무엇일까? 사교육이 가능하고 다양한 정보제공이 가능하기 때문이다. 사교육을 잘 받는 것 그리고 학업정보 제공이 중요한 이유는 바로 공교육이 부실하기 때문이다. 결국 공교육을 살리고 공교육을 정상화시키는 것만이 길이다. 당연한 이야기로 들리겠지만, 이러한 큰 원칙이 지켜질 때 우리 교육에 희망이 있다.

## 세 가지 대책을 생각해 본다

학교가 학습정보 등을 잘 제공해 주고 양질의 교육을 제공해 주기 위한 구체적인 방안은 무엇인가?

첫째는, 학교가 학습지도, 진로지도 면에서 부모의 역할을 대신해 주어야 한다. 학생 한 명 한 명을 전문적으로 지도해 주는 것이다. 우리나라의 담임 선생님은 하는 일이 너무 많아 학생을 한 명 한 명 돌보는 데는 한계가 있다. 상담 선생님은 한 학교에 몇 분 되지도 않지만, 소위 문제학생을 지도하느라 바쁘다. 선진국에서는 상담 선생님이 여러 명 있어 입학부터 졸업까지 전문적으로 챙겨준다. 학생에 관련된 모든 자료를 상담 선생님이 보면서 학업, 인성, 진로 지도를 하고 있다. 특히 사회·경제적으로 어려운 학생들에게는 부모 같은 선생님이 필요하다. 따뜻함과 전문성이 있는 상담 선생님을 늘리는 것이 답이다. 물론 예산이 필요하겠지만 국가의 예산은 이런 곳에 사용하라고 있는 것이다.

둘째, 교육을 원래대로 돌려 놓아야 한다. 현재는 대학입시에 맞추어 고등학교 교육이 이루어지고 있다고 하여도 틀린 말이 아니다. 수능과 연계되지 않는 과목의 공부는 잘 이루어지지 않는다. 공부수준도 수능수준에 맞추어져 있다. 정부의 교육정책은 사교육비를 줄이는 것에 초점이 맞추어져 있는 듯하다. 쉬운 수능, EBS 수능이 해결책이니, 당연히 학생의 공부도 여기에 맞추어져 있다. 수능이 쉬우면 사교육이 힘을 받는다. 쉬운 수능에서는 잘 찍기와 틀리지 않도록 반복 연습하는 것이 중요하므로 사교육을 받는 것이 유리해진다. 생각하는 교육이나 난이도가 높은 문제에 도전하면서 사고력을 키울 수 있는 교육은 의미가 없다. 공교육이 정상적으로 진행되고 대학에서는 학생 선발에 이를 반영하도록 입학전형 방식을 개선하여야 한다. 수능이 쉬우면 사교육이 필요 없다든가, 수능이 어려우면 사교육비가 증가한다는 주장은 이제는 설득력이 없다. 어떤 경우이든 어느 정도의 사교육비는 지출된다. 그렇다면 학생의 눈높이에 맞춘 교육, 생각하는 교육, 어려운 과제에 도전하는 교육이 되어야 한다. 이것이 정상적인 교육이다. 미국, 유럽에서 시행되는 것처럼 수능 1, 2와 같이 다양함과 수준에 맞춘 수능이 바람직하다. 교육은 물고기를 주는 것이 아니라, 물고기 잡는 법을 가르쳐주는 것이라고 한다. 그러나 이것만으로는 충분치 않다. 물고기를 많이 잡는 법을 생각해 낼 수 있는 창의력을 길러주고, 여럿이 같이 잡을 수 있는 협동심을 가르치는 것이 진정한 교육이다. 학교에서 이렇게 정상적인 교육을 받을 때 사교육의 중요성이 적어지고, 생각하는 교육을 받은 아이들이 어려운 사회·경제적 환경을 극복할 수 있게 된다. 교육이 정상적으로 이루어질 때 소질이 있는 학생은 그 능력을 발휘할 수 있고, 이것이 개천에서 용이 나오게 해주는 원동력이 된다.

셋째, 사회·경제적으로 어려운 학생과 어려운 지역의 학교에 대한 재정적 지원을 강화해야 한다. 우리나라 어느 곳에서든지 누구든지 사회·경제적 이유로 교육의 질이 떨어지면 안된다. 흔히, 핀란드의 교육모델이 잘되어 있다고 한다. 핀란드는 중학교까지는 학생 한명 한명을 눈높이에 맞추어 교육한다. 그렇기 때문에 교사 1명이 지도하는 학생 수도 적다. 고등학교부터는 다양성과 경쟁을 염두에 두고 교육한다. 직업학교도 장려되고 있고, 패자부활전 같은 기회도 제공된다. 이러한 핀란드의 교육을 우리 교육이 참고해야 한다. 핀란드의 교육은 평준화 교육이지만, 단순한 평준화 교육이 아니라 수준에 맞춘 교육이요, 겉으로는 경쟁이 없어 보이나 경쟁이 교육의 밑바닥에 자리 잡고 있는 시스템이다. 돈이 드는 교육이지만 돈의 값어치를 하는 교육이다.

## 우수인재가 우리의 미래이다

우리나라가 갖고 있는 자원은 인적자원뿐이다. 학생 한명 한명을 우수한 인재로 키워내야 한다. 학생이 갖고 있는 소질과 적성을 살려서 다양한 분야의 인재로 육성해야 한다. 올림픽 종목에도 여러 종류가 있듯이, 우리나라 학생들의 목표와 진로도 다양해야 한다.

부모 같은 상담선생님, 쉬운 수능 공부가 아닌 생각하는 능력을 키우는 교육, 그리고 사회·경제적 약자에 대한 예산지원을 강화하여 우리나라 교육을 참교육이 되게 하여야 한다. 그래서 학생 한명 한명을 우수한 인재로 잘 키워내는 것이 우리의 미래이다. 이러한 마음으로 교육이 이루어질 때, 개천에서 용이 나온다.

# 교육에 대한 국가지원, 국·공립학교에 집중해야

최용일

금융감독원 인재개발원 교수

## OECD 최고수준의 한국 교육, 빛 좋은 개살구?

우리나라의 교육수준은 가히 세계 최고라 할 만하다. 2009년 청년층(25~34세)의 고교 이수율이 98%로 OECD 국가 중 4년 연속 1위, 대학 이수율도 63%로 2년 연속 1위를 기록했다. 전체 인구(25~64세)의 고교와 대학 이수율도 OECD 평균을 넘는다. 국제학업성취도평가(PISA)에서 15세(중3~고1)의 읽기능력이 세계 최고를 기록했으며, 사회·경제적 배경이 불리하지만 상위 25% 이내에 든 비율도 14%로 OECD 평균 7.7%를 압도하는 1위이다. 이처럼 전체적으로는 교육수준이 높아 보이지만, 오늘의 한국 교육에는 많은 문제가 내재되어 있다. 그 가운데 대학 교육에 대하여 몇 가지 문제점을 지적하고 해결책을 제시하고자 한다.

# 대학 교육의 문제들

첫째는 국민이 직접 부담하는 교육비가 많다는 것이다. 대다수 국민이 대학에 들어가야 하는 상황에서 세계 2위의 대학등록금 수준은 가히 치명적이다. OECD 국가들의 경우 정부가 고등 교육비의 68.9%를 부담하고 있는 데 반해 우리나라의 경우 민간이 77.7%를 부담하는 기현상을 보이고 있다. 이에 대해 전문가들은 저소득층 장학금 확대와 대학교육에 대한 정부의 재정지원 등이 필요하다는 입장을 밝히고 있지만, 하늘 높은 줄 모르고 치솟고 있는 대학등록금으로 정부 부담률은 오히려 떨어지고 반값등록금 등이 사회·정치문제로 되고 있다.

둘째는 대학교육이 하향평준화되고 있다는 것이다. 대학교육의 질적 수준은 어떠한가? 대학진학률이 낮은 것보다는 높은 것이 좋겠지만 내실이 없다면 그건 학력인플레에 불과하다. 고등교육의 학업성취도에 대해서 직접 조사된 바는 없지만, 우리나라 15세 미만 학생들이 세계 최고의 학업성취도를 기록한 것으로부터 대학성취도도 높을 것이라거나, 적어도 OECD 평균쯤은 될 것이라고 유추할 수는 없다. 오히려 최근 세계 대학평가나 아시아 대학 평가 수준을 통해 간접 비교해 볼 때 한국 대학생의 수학능력이나 졸업생의 성취도는 상당히 낮을 것으로 짐작된다. 더 심각한 것은 고등교육을 받은 성인들의 삶의 만족도가 53%로 OECD 평균치 75.5%에 비해 아주 낮다는 사실이다. 교육이 삶의 만족도와 연계되지 못하고 있다는 것인데, 이런 결과는 높은 대학진학률이 취업률뿐만 아니라 교육수준별 임금격차, 그리고 직장 내 승진과 학력의 상관관계 때문일 가능성이 크다는 분석과 무관하지 않을 것이다.

대학진학의 목적이 직업(취업, 보수, 승진)이라는 거의 유일한 요인에 의해 결정되는 탓에 대학교육에 대한 초과수요가 발생하고 공급자인 대학은 별

다른 품질관리 없이 신입생 유치라는 마케팅 활동에만 치중하게 된다. 이와 같은 공급자 주도의 시장이 부실대학을 양산하고 성취도가 낮은 '먹고 노는 대학생'을 남발하며, 대졸자에게는 불필요한 기대심리를 갖게 하면서 동시에 고졸자에게는 심리적 패배의식이나 승부욕을 자극함으로써 전 국민의 대졸자화를 부추겨 결과적으로 총체적인 낭비요인이 되고 있다.


## 선택과 집중, 교육문제의 해법


최근 교육과학기술부를 중심으로 반값등록금을 검토하고, 대학 구조조정이나 고졸자의 취업을 독려하는 것도 이러한 문제를 해결하려는 시도이겠으나, 이것만으로 대학교육 문제가 해결될 수는 없다.

앞서 언급된 모든 문제를 한꺼번에 해결하려면 적어도 대학의 1/3을 폐교처리해도 시원찮을 상황인데, 한쪽에서는 사회교육이니 평생교육이니 온라인 교육이니 하는 잡다한 방식으로 대학을 부단히 늘리고 있다. 또한 전문대학에 심화과정이라 하여 전문학사를 학사로 인플레시키고 '교'자를 붙이도록 하고 학장 명칭을 총장으로 바꿔 4년제와 2년제의 차별화 수단을 없애는 식의 학력 인플레를 조장하고 있다. 이렇게 학력 하향평준화 조건을 완비해 놓고 무상교육을 확대하고 반값등록금 정책을 펼치는 것은 앞뒤가 맞지 않는다. 그렇다면 해법은 무엇일까?

유치원에서부터 대학·대학원에 이르기까지 공립학교와 사립학교를 철저히 분리하여, 국가가 부담하는 공교육비는 공립학교에 집중 지원하고, 사립학교에 대해서는 자기 선택하에 자비 부담하도록 하는 '선택과 집중'의 해결방법이다. 학생과 학부모에게는 선택권을 보장해 주고, 학교에 대해서는 자율권을 보장해 주면서 정부는 국·공립학교만이라도 제대로 운영하자는 것이다.

　물론 사립학교에 지원자가 없거나 부실운영으로 경영난에 빠지게 되고 교육사각지대가 생길 수도 있지만, 부실화된 초·중·고는 국가가 수용하고 부실대학은 구조조정하면 된다. 이러한 방식은 현재 각종 정부지원을 특혜처럼 받으면서도 불리할 때는 사학자율을 외치며 사학에 대한 정부의 지원을 요구하는 사학들에게 많은 것을 생각하게 만들 것이다.

　자본주의를 지향하는 나라에서 왜 유독 교육에만 자본주의 논리가 배제되는가? 전 세계는 경쟁체제이다. 세계무대의 무한경쟁에서 살아남아야 국가가 존속하고 발전하는 것이다. 교육 그 자체는 경쟁과 관계없다. 그러나 누가 더 잘 가르치는가는 경쟁하여야 한다. 더 열심히, 효율적으로 교육할 수 있는 시스템으로 가야 한다. 특히 수월성 있는 인재를 양성해야 하는 대학교육은 당연한 것이다. 백년대계의 초심을 되돌아 볼 때다. 우리가 뿌리내리고 있는 자본주의 체제를 고려하면 교육문제에 관한 고차방정식도 쉽게 풀리지 않을까? 뜻이 있는 곳에 길이 있다.

# 사학비리를 박아야 사립학교가 산다

조교영

경북대 교수

## 사학의 현실과 부정적 이미지

천연자원이 부족한 우리나라가 일제 강점기 36년과 6·25전쟁의 참화 속에서도 빠른 기간 내에 세계 10위권의 경제대국으로 크게 발전한 것을 「교육의 힘」으로 보는 시각이 많다. 특히 사학은 우리 민족의 정체성을 지키는 데 일조하였을 뿐만 아니라, 국가재정이 취약할 때 국민의 교육열을 선도적으로 수용하면서 교육의 보편화·대중화를 촉진시키고 산업발전에 지대한 공헌을 하여 왔고, 지금도 그 역할을 하고 있다.

그러나 이러한 사학이 당면한 현실은 그렇게 장밋빛만은 아니다. 우선 사립중등학교의 재산권은 학교법인이 가지고 있지만 운영비는 정부의 재정결함보조금으로 충당되고 있다. 사립학교 재정결함보조금 지원실적은 2000년 1조 6,012억 원 수준이었으나 2009년에는 4조 457억 원으로 크게 증가하였다. 정부 보조에 의존하다 보니 결국 2005년 기준 우리나라 사립 초·중·고 교비회계 중 법인전입금은 2.2 % 정도밖에 되지 않는 실정이다. 그럼에도 학교운영에 관한 모든 권한이 법인 이사회에 주어져 있고, 특히 이사장에게 절대적 권한이 주어짐으로 인해 사학비리는 끊임없이 발생하게 된다.

## 사립 중등학교 운영 실태에 대한 진단과 해법

### 정부의 철저한 감독이 필요

어느 조직보다도 청렴해야 할 학교법인이 부정적인 이미지로 부각되는 것은 사학발전의 저해 요인이 되므로 정부의 철저한 감독이 필요하다. 최근 사학법 개정으로 사립학교 법인의 임원 중 개방이사를 전체 임원의 1/4 이상 두도록 되어 있지만 이것만으로는 부족하다. 모든 사학법인에 교육경험이 풍부한 관선이사 혹은 행정직원 1명을 파견하여 이사회와 학교운영에 관여하게 하면, 각종 비리를 사전에 예방할 수 있고 사학관리를 보다 철저히 할 수 있을 것이다. 또한 사립학교 신규교원 채용의 공정성 확보를 위하여는 교육청 관계자와 사학 대표자들이 협의하여 교사 채용에 관한 통일된 제도를 만들어 시행할 필요가 있다.

### 사립학교 건물 신축 지원

사립학교 시설물 설치는 국고로 지원하여 공립학교와 형평성을 맞춰야 한다. 사립학교 직원의 대다수는 시설공사업무에 관한 한 비전문가이므로 공사의 부실 또는 공사와 관련된 각종 비리가 끊임없이 발생하게 된다. 사립학교 시설공사에 대하여는 교육청에서 모든 업무를 주관하고 시설물은 시교육청 재산으로 등재하여야 한다. 이렇게 되면 공립학교처럼 사립학교도 공사비와 유지관리비를 절감할 수 있다.

## 행정직원의 사기진작

현재 사립학교의 교원은 모든 사회경험을 경력으로 인정받고 있지만 행정직의 경우 군 경력과 공무원 경력 외 사회경력을 전혀 인정받지 못하고 있으며 자기개발과 교육행정가로서 성장할 기회마저 제공받지 못하고 있다.

또한 사립학교 행정직원의 법적 직위는 행정직 공무원에 준하는 의무를 지고 있으면서도 공무원에게 주어진 혜택은 전혀 주어지지 않고 있다.

## 법인 이사회의 건전한 운영

교육청별로 사립학교법인들의 임원들에게 사학의 올바른 발전을 위한 자료를 제공해야 한다. 그리고 학교법인 이사장의 절대적인 권한을 축소해서 더 이상 이사회가 유명무실한 존재가 되지 않도록 해야 한다. 또한 이사들의 역할과 책임성을 일깨워 주는 정기적인 교육을 실시하고, 정상적인 이사회가 운영되도록 법규를 보완하여 각종 사학비리를 예방해 나가야 한다.

# 1,500개 문화공간을 인성교육 네트워크로

조청원

전 공무원

## 지금 우리의 모습은?

우리는 지금 경제발전과 정보홍수 등 대변혁의 시대를 통과하고 있다. 지난 60여 년간 1인당 국민소득 60달러에서 2만 달러로 300배가 성장되고, 세계 최고수준의 정보화를 이룩하고 있다. 이제 1인당 국민소득 4만 달러 사회로 도약하기 위한 새로운 기반을 구축해야 하는 중차대한 시점에 서 있다. 얼마 전 대입준비생이 어머니를 살해한 사건은 파괴되어 가고 있는 우리 사회의 일단면을 여실히 보여주고 있다. 요즈음 각계각층에서 물질적 폐단을 타파하고, 우리의 고유한 정신적 문화를 바로 다스리자는 움직임이 일어나고 있는 것은 결코 우연한 일이 아니다.

예로부터 우리들은 집안 어른들로부터 사람됨의 교육을 받았고, 친구들과 어울리면서 바르게 사는 삶을 익혔다. 그러나 입시 위주의 학교교육은 청소년들을 구렁텅이로 몰아가고 있고, 인·의·예·지의 올바른 삶의 지혜를 배우는 사회적 기능은 실종되었다.

# 인성교육 네트워크가 필요하다

그동안 우리 사회가 발전하면서 다양한 문화공간이 많이 만들어졌다. 박물관, 미술관, 과학관, 도서관이 우리 사회의 주요한 4대 국민문화기관이다. 전국에 600여 개의 박물관 및 미술관, 100여 개의 과학관 그리고 800여 군데의 도서관이 있다. 줄잡아 1,500여 곳의 문화공간이 우리 주위에 존재한다. 그런데 인성교육을 중심적 기능으로 삼고 있는 곳은 한 군데도 없다. 서로 다른 기관에서 하고 있겠지 하는 생각으로 빠트리고 있는 것이다. 게다가 비슷한 곳이 너무 많다. 박물관, 미술관, 과학관, 도서관 등 각 기관은 별도의 관계 법규하에서 설치되었고 별도의 운영체계를 가지고 있다. 주무부처는 문화체육관광부와 교육과학기술부로 나뉘어져 있고 각 기관에서 종사하는 전문인력의 자격제도도 학예사, 과학해설사, 사서 등으로 나누어져 있다. 그런데 4개 기관 모두가 인류의 보편적 지식과 경험을 축적하고, 현세를 살아나가는 지혜를 나누며, 미래사회를 꿈꾸어 나가는 원동력을 제공하는 곳이라는 점에서 같은 성격을 가지고 있다. 21세기의 세상은 급변하여 융합의 시대가 도래하고 있다. 과학과 예술은 합쳐지고 있다. 과거와 미래가 연결되고 있다. 학문의 영역간 경계가 허물어지고 있다. 이제는 융합의 시너지를 만들어 낼 때다.

4만 달러의 경제·사회를 이끌어 나가는 핵심요체는 사람이다. 그간 우리의 발전이 선진국가들을 따라잡는 방식으로 이루어져서 열심히 주입식 공부만 하면 해결되어 왔지만 이제는 국민 모두가 올바른 인성과 창조적 혜안을 가진 국민으로 재탄생하여야 한다. 전천후적인 인성교육의 장이 가정에서부터 자연스럽게 일어날 수 있는 사회로 탈바꿈되어야 한다. 각자의 집에서 가까운 거리에 있는 국민문화공간 1,500여 개소를 연계하여 인성교육과 창조적 지혜를 연마하는 즐거움의 장으로 만들어야 한다.

## 스미소니안 박물관을 보자

미국의 수도 워싱턴에 가면 가장 중심거리에 스미소니언 박물관이 있다. 자연사과학관, 우주항공과학관 등 19개의 개별적인 과학관, 박물관, 미술관, 역사관 등으로 구성되어 있다. 미국 및 전 세계의 과학과 예술과 역사가 한덩어리를 이루는 박물관이다. 이곳은 미국인의 뿌리와 정신을 계승·발전하는 곳이라는 개념하에서 운영하고 있다. 19개의 다양한 분야가 종합적으로 상호 연계될 수 있도록 한 울타리 안에 설치되어 있다.

스미소니안의 총책임자는 과학자 Clough 박사다. 그는 미술작품도 예술성을 평가하면서 그 뒷면에 숨어있는 과학적 기법을 분석하여 설명하여야 제맛이 난다고 말한다. 과학전시도 예술적 요소를 가미하여야만 가히 세계 최고수준의 볼거리를 제공한다고 주장한다. 연간 국내·외에서 3,000만 명의 관람객들이 방문하며 예산은 2조 원 규모다. 특수법인 형태로서 국가예산에서 70%를 지원받고, 나머지 30%는 기부금 및 수입으로 충당한다. 모든 의사는 각계 구성원이 참여하는 이사회에서 결정되고, 현직 대법원장이 의장이며 부통령, 상·하원의원, 시민대표 등이 이사이다. 물론 입장료는 무료다.

# 미래를 위한 투자를

우리 사회는 급격한 경제발전의 성장통을 겪고 있다. 밝은 미래는 하루 아침에 이루어지지 않는다. 현재는 극복하여야 하는 도전의 대상이다.

청소년은 우리 국민 모두의 자산이다. 청소년을 위한 제도 마련과 지원은 아무리 강조해도 지나침이 없다. 빠르면 빠를수록 좋다. 지금 우리의 삶이 어려워도 바로 지금 해야 한다. 우리의 부모세대도 그 힘든 보릿고개 속에서 자식을 교육시키는 데 그들의 모든 것을 바쳐왔다. 우리 기성세대는 이제 다음 세대를 위한 세계 최고수준의 부강한 국가, 세계를 앞서 가는 선진강국을 만들기 위한 인성교육의 틀을 재정비할 중요한 시점에 놓여 있다.

바쁜 일, 힘써야 할 일 모두를 뒤로 미루더라도, 인성교육을 위한 새로운 작업에 힘을 모아야 한다. 현재 잘 만들어져 있는 전국의 1,500여 개소의 박물관, 미술관, 과학관과 도서관이 있다. 이제는 이들을 잘 엮어서 새로운 인성교육발전의 틀을 짜는 보물창고로 바꾸어 나아가야 한다. 4대 국민문화공간을 종합적으로 엮어서 잘 발전시키면 인구 3만 명당 종합문화공간 하나를 보유할 수 있으니 우리나라가 최고 수준의 문화선진국이 될 수 있는 길이 바로 여기에 있다.

# G2시대의 준비,
# 중국어 국제학교 설립으로

김승욱

중앙대 교수

    자원도, 기술도, 경험도 없었던 한국이 식민지, 전쟁, 군사독재 등 나쁜 경험을 겪으면서도 세계적으로 유례가 없는 한강의 기적을 이룩할 수 있었던 가장 중요한 요인은 훌륭한 인적자본이다. 그 밖에도 사심 없는 지도자, 훌륭한 기업가, 낮은 문맹률, 높은 저축률 등이 꼽히는데, 이 모든 것이 사람과 관련된 것들이다. 물론 경제정책을 잘 선택했다는 견해도 있지만 이것도 결국은 사람이 하는 일이다. 이렇듯 인적자본과 교육은 중요하다.

## 압축성장 가능했던 것은 교육정책의 덕택

    교육을 백년지대계(百年之大計)라고 했듯이, 인적자본 형성도 하루아침에 이루어지는 것이 아니다. 서구 선진국들이 100~200년에 걸쳐 이룩한 경제성장을 한국은 불과 40년 만에 이루어냈기 때문에 한국의 경제성장을 압축성장이라고

부른다. 이러한 압축성장이 가능했던 요인은 그 이전에 쌓여진 교육 때문이다.

　일제강점기인 1910년대 초에 보통학교의 수가 300개 정도였는데, 1940년대에 3,000개 정도로 약 10배나 증가했고, 평균 학급수도 두 배로 늘어 보통학교 교육시설이 20배나 증가했다. 학생 수는 약 50배 증가했다. 1950년대 후반에 이미 초등교육 취학률은 90% 수준으로 선진국 수준에 도달하였다. 중등교육의 경우에는 1970년대를 지나면서 선진국 수준인 80%를 넘어서서 압축성장에 필요한 기술인력을 공급하는 데 중요한 역할을 할 수 있었다. 특히 중화학공업화를 추진하면서 박정희 정부는 정계는 물론 재계의 반대에도 불구하고 기술인력 양성을 위해서 실업계 고등학교 양성에 전 국가자원을 총동원하였다. 대기업체에 기능공 양성을 의무화하고, 병역혜택을 부여하면서 1981년까지 200만 명의 기능공을 양성하기 위해서 약 1천억 원의 자금을 투입하는 장기인력개발계획을 수립하였다. 이러한 교육정책의 덕택으로 2000년대에 들어와서 적령인구 만 명당 기술인력은 1,650명 수준으로 일본의 1,703명과 유사한 수준으로 발전했다. 한국의 놀라운 경제성장은 그 이면에 이러한 교육정책들의 뒷받침이 있었기에 가능한 것이었다.


## 교육을 통한 기회균등과 사회적 목표 달성

　이와 같이 오늘의 한국 경제성장은 과거 일제 강점기와 독재시대의 교육정책에 힘입은 바가 크다. 그런데 정작 민주화가 이루어지고 경제도 성장한 오늘날 한국의 교육정책은 비판의 대상이 되고 있다. 가장 두드러진 교육정책의 실패는 대졸인력의 수요와 공급을 맞추지 못한 것이다. 또 하나의 큰 문제는 교육을 통한 기회균등 제공이라는 사회적 목표를 달성하지 못하고 있다는 것이다.

앞으로 한국 사회는 국내에서 고시 등을 거쳐서 진출한 국내 엘리트파와 해외유학파 간의 갈등이 발생할 가능성이 농후하다. 이를 해소하기 위해서는 국가고시에도 해외유학파 청년들이 진출할 수 있는 길을 열어주는 한편, 저소 득층 자녀들도 해외유학파 못지않은 외국어 능력을 키울 수 있도록 국내 교육 기관을 통해 기회를 만들어 주어야 한다. 이를 위해 국내에 이중언어 학교를 대폭 늘릴 필요가 있지만 문제는 예산이다.

## 중국어 이중언어 학교 설립의 필요성

그러나 방법이 전혀 없는 것은 아니다. 중국어를 주로 사용하는 국제학 교를 만들면 예산부족의 문제를 해결할 수 있다. 외국인 영어교사 인건비는 내국인 교사에 비해서 높지만, 중국인 교사는 국내 교사에 준하는 정도의 비 용으로 충원이 가능하므로 중국어 국제학교는 예산의 범위 내에서 가능하 다. 지정학적으로 중국과 이웃하고 있는 한국은 어느 나라보다 중국어를 자 유자재로 구사할 수 있는 인력이 많이 필요하다. 앞으로 중국의 위상이 더욱 높아지면서 중국어를 능통하게 할 수 있는 젊은이를 더욱 많이 확립해야 할 것이다.

지난해 해외로 나간 중국인 관광객은 우리 전체 인구보다 많은 5,400만 명 이었다. 이 중 한국을 찾은 숫자는 고작 약 3.7%(200만 명)에 불과했다. 최근 중 국에서의 한류열풍으로 중국 여성관광객은 154%나 증가했다. 14억의 중국인 들이 한국 드라마를 보면서 한국관광의 꿈을 키우고 있다. 지금의 추세대로라 면 2020년 즈음에는 중국 관광객이 한 해 1,000만 명으로 지금의 5배로 증가할 것으로 예상된다. 중국 사람들이 평생에 한 번씩만 한국을 방문해도 전체 중국인구가 모두 한국에 왔다 가려면 140년이 걸린다. 이러한 시대를 대비하여 중국어에 유창한 인력을 확보해야 한다. 이를 위해서 중국인 원어민 교사를 더 많이 확보하고 중국어 이중교육을 담당하는 학교를 늘려야 한다. 그렇게 되면 어학연수나 조기유학의 기회를 갖지 못하는 저소득층 자녀에게도 상당한 기회를 제공해 줄 수 있을 것이다.

# 어느 꿈 많은 지식인의 죽음

김민수

전 경찰관

## 잇따른 시간강사의 자살

　2010년 5월, 광주 조선대에서 일하던 한 시간강사가 자살을 했다. 교수 임용 비리를 비롯한 대학의 부패한 현실을 고발하고 열악한 처우개선을 호소하는 편지를 대통령에게 보내고 무엇과도 바꿀 수 없는 소중한 목숨을 스스로 끊은 것이다. 사실, 2003년 이후로 이미 4명의 시간강사가 자살했다.

　이 나라의 미래를 책임질 젊은이들에게 희망과 실력을 불어넣어야 할 교육현장의 장본인인 대학교단의 강사가 생계의 압박에 시달리다가 자살을 선택힐 수밖에 없다는 끔찍한 사실은 오늘날 한국 대학교육의 비참한 현실을 적나라하게 보여주고 있다.

## 대학교육업무의 절반을 짊어진 시간강사들

시간강사를 비롯한 대학교원의 열악한 처우개선 문제는 사실 하루이틀의 이야기가 아니다. 이미 1970~80년대부터 그 억울함과 원망과 비판과 호소가 줄기차게 제기되어 왔다.

문제의 핵심은 시간강사들이 대학교육 운영의 절반을 넘게 책임지고 있으면서도 심각한 고용불안과 저급한 처우로 고통받고 있다는 것이다.

전국 대학에서 공시한 자료에 의하면, 전업 시간강사는 약 4만 명으로 추정된다. 그리고 교육과학기술부 자료에 의하면, 2010년 현재 전국의 시간강사는 7만 7,000여 명으로, 규모면에서 전임강사 이상의 교원 7만 7,000여 명과 비슷할 뿐 아니라, 질적 측면에서도 대학강의의 1/3 이상을 전담하고 있지만 그에 따른 정당한 대우를 받지 못하고 있는 실정이다.


## 고용불안과 생계곤란으로 책임있는
## 대학교육의 희망은 사라지고

시간강사들이 가장 고통받는 문제는 고용불안정으로 인한 불안한 심리상태의 지속이다. 그 부정적인 영향이 수업을 받는 대학생들과 가족과 주변사람들을 통해 한국사회를 불안한 사회로 만드는 한 요인이 되고 있다. 대학 시간강사들은 대개 학기단위로 계약을 하는데, 그 비율이 88.3%에 이르고 있다. 특히 다음 학기에 대한 기약이 없고, 그마저도 학기가 임박해서 임의적으로 통보받는 경우가 많아 방학기간 내 조교의 전화를 기다리며 고용불안에 시달려야 하는 비참한 상태인 것이다.

열악한 처우, 즉 대학별 시간강사의 시간당 강사료는 그야말로 한심한 수준이다. 시간당 강사료의 경우 큰 편차를 보이고 있어 최저 13,000원~최고 97,000원으로 나타나지만, 평균은 2009년 현재 시간당 35,000원 수준이다. 주 9시간을 기준으로 해도 연봉은 겨우 평균 1,012만 원 수준으로 도시근로자 최저생계비(1,600만 원, 2010년 4인 가족 기준)보다 낮다. 이것은 전임강사 보수(2009년 기준 평균 4,395만 원)의 1/4 수준에 불과하다.

전국 4년제 대학 시간강사 4대보험(직장)가입률(2009년)도 국민연금 6.0%, 건강보험 2.6%, 고용보험 50.4%, 산재보험 72.6%에 불과했다. 보험의 사각지대인 것이다.

법적 지위를 보면, 1977년 10월 교육법 개정 이후 시간강사는 고등교육법상 '교원'에서 제외되었다. 교원이 아니기에 연구실, 연구비 등의 지원이 없고, 강좌개설이나 기타 학사운영에 참여할 권한이 없다.

2011년 12월 2일 전국 대학교수 1,233명은 이례적으로 '대학 시장화 반대, 이주호 교과부 장관 퇴진 촉구' 성명서를 발표하며 "교과부는 기만적 시간강사 대책안을 즉각 철회하라"고 요구했다. 그리고 "비정규교수는 강의와 연구를 정규교수와 똑같이 수행하는 대학의 일원이지만, 극단의 생계위기 속에서 어렵게 강사자리를 이어가고 있다. 정부는 시간강사의 처우개선과 권리는 거의 보장하지 않은 채, 전임교원으로 계산하려는 편법안을 제시하고 있다. 대학 시간강사를 비롯한 비정규교수 문제해결의 올바른 방향은 고등교육재정을 OECD 평균 수준만큼이라도 확충하여 전임교원 1인당 학생수를 선진국 수준으로(38명→15명) 줄여 나가는 것이다"라고 밝혔다.

# 대학강사의 실질임금 가이드라인을 제정해야

그렇다면 길은 없는가? 대학도 강사들도 학생도 사회도 다 같이 발전하며 희망을 가지고 행복하게 살 수 있는 길은 없는가? 있다. 해답은 너무나 쉽고 간단하다. 발상의 전환만 하면 원활하게 풀리게 되어 있다.

일본의 경우처럼 우리나라도 전임교원이 되지 않는다 할지라도 강의나 연구에 전념하며 생활하게 할 수 있다. 구태여 대학의 잡다한 행정에 관여하지 않더라도 강의와 연구로서 대학의 발전과 사회의 도약에 기여할 수 있도록 실질임금을 올려 주면 된다. 이를 위해 정부는 대학교원의 실질임금 가이드라인을 정하고 시행해야 한다. 매해 물가와 생활비 등을 감안한 가이드라인을 정해두어, 그들이 강의와 연구에 전념할 수 있도록 해야 한다. 지금의 처우로는 어느 대학강사도 교육현장에서 열과 성을 다해 교육에 임하기 어렵기 때문이다.

# 소프트파워는
# 문文·사史·철哲에서 나온다

| 김남현

| 관동대 교수

## 왜 인문사회학인가?

　　얼마 전 사망한 애플사의 스티브 잡스의 이야기를 거론하지 않더라도, 과학기술에 필요한 인문학적 창의성은 점점 그 의미가 커지고 있다. 인문학적 지식은 무형의 자산으로 존재하기에 그 유산은 제대로 인식되지 못하고 있으며, 단기적인 성과를 보여주는 과학기술과는 달리 가시적 성과를 보여주기도 어렵다. 그러나 문명을 이끄는 문화국가는 무엇보다 인문사회 분야가 발전된 국가들이다. 이제 한국도 새로운 지식과 문화를 선도하는 문화국가가 되기 위해서는 인문사회분야의 발전이 필수적이다. 풍요로운 사회와 삶을 위한 물질적인 풍요와 함께 문화적 풍요의 구현은 시대적 과제이며 소프트파워의 영향력은 인문사회과학의 발전을 통해서만 가능하다.

　　한국에서 인문사회과학 발전의 필요성은 첫째, 한국이 세계적인 문화국가로 발전하기 위함이다. 한반도라는 지정학적 위치는 해양과 대륙 양쪽으로 진출할 수 있는 지역이며, 모든 것의 교차점이다. 단기간에 민주화와 산업화에 성공한 한국의 경험은 문화국가로서 선도적 역할을 충분히 할 수 있다.

둘째, 미래세계의 변화를 예측할 수 있는 실용적 대응전략을 세우기 위함이다. 과학기술뿐 아니라 인문사회과학의 발전을 통해 균형잡힌 창의선도형 발전기틀을 마련할 수 있다.

셋째, 지식기반시대에 지속가능한 국가발전의 신성장동력을 확보하기 위함이다. 문화적 역량은 물질적 지원을 능가하는 핵심동력으로 문화나 소프트파워가 그 핵심이기 때문이다.


## 인문사회과학의 현 주소

2005~2008년 국가 R&D 97.8%가 과학기술분야이고, 인문사회분야는 2.2%에 불과하며 연구 인력도 과학기술 71.4%, 인문사회가 28.6%로 인문사회 분야 지원이 매우 취약하고 과학기술분야에 편중되어 있음을 알 수 있다.

과학기술분야 등 실용학문 위주의 추세는 지방대학에서 특히 심하여 불어불문학과, 독어독문학과, 북한학과, 철학과, 사학과, 국어국문학과 등 일명 문·사·철학과의 폐과로 심각한 학문의 불균형을 초래하였다. 이는 인문사회과학분야 학술활동의 궁극적인 가치인 건전한 시민을 양성하여 삶의 질과 행복을 제고하고 민주주의 가치를 발전시키는 데 소홀했음을 의미한다.

# 외국의 인문사회학 진흥 사례

### 미국의 NEH(National Endowment for the Humanities)

NEH는 미국 정부에서 인문학 분야의 연구, 교육, 자료보존 그리고 공공 프로그램을 지원하기 위하여 1965년에 설립한 이 분야 최대의 연방기관이다. NEH의 기능은 인문학의 우수성을 촉진하고 국민에게 역사의 교훈을 전함으로써 국가에 봉사하여 강한 국가를 만드는 것을 목적으로 한다. 이를 위하여 NEH는 문화유산의 보존과 이용, 교육, 연구 그리고 공공프로그램 등의 네 가지 고급 인문학 프로젝트에 기금을 지원한다. 또한 도서관, 문서보존관, 박물관, 대학, 공영방송국 같은 문화단체와 학자를 대상으로 지원한다. 조직은 4년 임기의 회장을 대통령이 지명하고 상원에서 인준한다. 회장을 보좌하는 기구는 National Council on the Humanities이다. Council의 이사는 대통령이 지명하고 상원에서 인준한 26명으로 구성되는데, 6년 임기이다.

### 프랑스의 CNRS(Centre national de la recherche scientifique)

프랑스 국립학술연구원은 1939년 설립되었고 당초에는 과학기술응용연구 중심의 국가기관으로 출발하여 현재는 기초연구를 중심으로 과학기술부터 인문사회까지 총 10개 분야 산하 연구소를 운영하고 있다. 기능은 대학을 중심으로 진행되는 학술연구동향을 전체적으로 조망하면서 각 학문 분야에서 누락되기 쉬운 기초연구를 파악하고 관련 연구주제를 개발하여 프랑스 학문의 전체적인 균형발전 및 토대강화를 모색하고 있다. CNRS는 연구기관 및 연구지원기관의 두 가지 성격을 동시에 지니고 있다. 의장은 연구부 추천으로 총리가 임명한다.

### 일본 학술진흥회(Japan Society for the Promotion of Science, JSPS)

1932년 설립된 독립 행정법인인 일본 학술진흥회는 학술연구의 조성, 연구자의 양성을 위한 자금의 지급, 학술에 관한 국제교류의 촉진, 학술의 응용에 관한 연구 등을 수행하며 학술의 진흥을 도모하는 것을 목적으로 한다.

### 중국의 사회과학원(Chinese Academy of Social Science)

사회과학을 연구하는 중국의 중요한 연구기관이다. 1977년 발족했으며 전신은 중국과학원 철학·사회과학부이다. 현재 철학, 마르크스·레닌주의와 마오쩌둥(毛澤東)사상, 세계의 종교, 경제, 정치, 문학, 소수민족문학, 외국문학, 언어, 역사, 근대사, 세계사, 고고학, 법학, 정치학, 민족학, 사회학, 신문, 정보, 러시아, 동유럽, 미국, 일본, 서유럽, 서아시아, 아프리카, 라틴아메리카, 남아시아 등의 연구소가 있다.

또한 인구 연구센터, 중국 변방의 역사·지리연구센터, 중국 지방 지도 모임, 郭沫若 저작 편집·출판위원회, 중국 지진 사료 편집위원회, 대학원, 중국 사회과학잡지사와 사회과학출판사 등을 산하에 두고 있다. 출판부에서는 〈중국사회과학〉을 간행하며, 각 연구소에서도 각종 학술간행물 57종을 출판한다. 이 기관은 중국과 외국의 역사와 현상 및 사회과학 각 분야의 기초 이론을 연구하는 일 외에도 중국 사회주의 현대화의 이론문제와 실제문제 연구에 중점을 두고 있다.

# 해결방안은 무엇인가

현재 우리의 한국연구재단과 한국학 중앙연구원은 인문과학 연구자에게 연구과제를 배분하는 기관에 불과하다. 국무총리실 산하 경제인문사회연구회의 인문정책자문위원회도 연구회의 설립목적에서 보듯 명칭 그대로 자문위원회에 머물러 있다.

따라서 우리나라의 인문사회과학의 육성과 문화국가의 수립, 그리고 문화시민의 양성을 위해서는 첫째, 실질적인 자문과 정책업무를 담당할 대통령 직속 인문사회위원회를 설치해야 하고, 둘째, 인문사회학술진흥의 법제도 기반마련을 위해 인문사회진흥법을 제정하여야 한다.

그리고 인문사회위원회와 인문사회진흥법을 통해 실질적인 인문과학의 진흥을 위한 정책을 수립해야 하는데, 그 내용은 인문사회과학의 연구기간을 1~3년에서 4~5년으로 확대하고 평가제도의 개선, 그리고 기초 고전학문의 번역 및 데이터베이스화를 통한 기초 사전편찬, 동서양 고전번역, 디지털 자료를 구축해야 하며, 융·복합 연구의 유도로 인문과학, 사회과학, 자연과학의 융·복합 연구를 적극 추진하여야 한다. 마지막으로 전통과 현대, 대중과 소통하는 사회적 기능의 강화로 인문강좌, 인문주간, 공연, 지역문화탐방 등을 통해 재미있고 흥미 있는 인문학이 되도록 이끌어 나가야 한다.

# 10.

작지만 강한 나라

# 해양에서 미래를 찾자

이도형

우송대 객원교수

## 왜 해양인가?

현재 해양을 둘러싼 소리 없는 전쟁이 진행되고 있다. 러시아는 2007년 북극 얼음 밑 심해 4,500m에 자신들의 국기를 꽂고 자국영토임을 선언하였다. 미국, 영국, 중국, 일본 등 이른바 해양강국들도 곳곳에서 해저탐사와 해양영토 확보에 적극 나서고 있다. 왜 그럴까? 이들이 해양에 집착하는 배경을 살펴보기 위해서는 해양이 갖는 의미와 가치를 먼저 알아볼 필요가 있다

무엇보다 해양은 크다. 넓고 깊다. 해양은 지구 표면적의 71%를 차지하고 있으며 평균수심이 약 3,800m로서 평균높이가 700m밖에 안 되는 육지를 바다에 쓸어 넣어도 3,000m 이상의 수심이 남을 만큼 깊다. 지구 전체 동·식물의 90%에 해당하는 생물체가 서식하고 있고, 지구 산소의 75%가 해양으로부터 공급된다. 또한 바닷물은 지구에 존재하는 전체 물의 97%를 차지하고 있어 지구의 모든 기후변화와 생명체의 생존에 결정적인 역할을 하고 있다. 바

꾸어 말하면 해양은 그린에너지와 식량자원의 마르지 않는 샘인 것이다.

또한 해양은 자원의 보고이다. 세계 석유 생산량의 30% 이상이 해저에서 생산되고 있고, 구리, 망간, 니켈 등 다양한 희귀전략금속광물이 매장되어 있다. 이들 전략광물자원의 육상매장량 이용가능 연수가 40~110년 가량인 데 비해 해양매장량의 이용가능 연수는 200~1만 년 정도로 추정되고 있다.

아울러 해양은 저렴한 물류이동의 하이웨이다. 오늘날 세계경제는 무역경제라고 얘기해도 과언이 아닐 만큼 국가 간 교역이 기하급수적으로 확대되고 있으며, 이를 위한 물류이동이 가장 시급한 과제로 대두되고 있다. 이러한 상황에서 해상운송은 1만 TEU가 넘는 초대형 컨테이너선이나 50만 톤 규모의 유조선의 등장 등 대량수송체제의 발달로 육상운송에 비해 월등한 가격경쟁력을 갖게 되었으며, 전 세계무역 물동량의 3/4을 소화하고 있다.

해양은 현재 지구가 직면하고 있는 인구증가에 따른 육상 중심의 식량 및 에너지, 자원의 고갈과 온난화 등 환경문제를 해결할 수 있는 새로운 대안공간으로 떠올랐다. 이를 일찍이 간파한 해양강국들은 서로 유리한 위치를 점하기 위해 탐사활동과 함께 관련 법·제도 정비와 전문인력 양상 등 많은 노력을 기울이고 있다.

특히 이와 같은 경쟁에 불을 붙인 것은 1994년 발효된 유엔해양법협약이다. 이 협약을 계기로 그간 3해리 영해 개념에 불과했던 해양영토의 개념이 200해리 배타적 경제수역(EEZ), 대륙붕, 심해사구 등 "새로운" 해양영토의 개념으로 확대되고 다양화되기 시작했다. 이에 따라 기존 미·영·일·러·중을 위시한 해양강국뿐만 아니라 인도네시아, 타이완 등 신흥해양국 및 신생독립국들까지 자원과 물류의 보고인 "바다 따먹기"에 나섰다. 국가 간 치열한 각축과 함께 필요에 따라서는 상호이면협력을 모색하는 무한경쟁시대에 돌입하였다.

# 우리에게 해양은?

　　우리나라는 삼면이 바다인 반도 국가이다. 하지만 이것도 휴전선으로 한 쪽이 막히면서 섬과 같은 입지가 되어버렸다. 우리나라는 물리적으로 남한 육 지면적의 4.5배에 달하는 44만 3천km²의 해양관할권을 갖고 있고, 3,167개의 도서(島嶼), 1만 1,914㎞에 달하는 긴 해안선을 갖고 있는 어떻게 보면 해양국 가이다. 주변해역은 연간 100조 원으로 추정되는 우수한 해양생태계를 보유하 고 있고, 위치도 세계 간선항로상에 위치해 있으며 대형선박 입출항에 필요한 수심이 확보되어 있어 동북아 물류거점으로서 충분한 발전잠재력을 보유하고 있다. 높은 인구밀도와 육상자원이 빈곤하면서도 산업구조 자체가 수출의존 형인 우리로서는 해양에 눈을 돌리지 않을 수가 없는 형국이다.

　　역사적으로 볼 때도 우리는 조선조시대에 유교문화에 따른 해금(海禁)정 책과 공도(空島)정책으로 해양력이 쇠퇴한 시기가 있었으나 고대 이래 친해양 적인 문화를 형성해 왔다. 특히 광복 이후 산업화를 추진하면서 조선, 해운 등 의 분야에 집중적인 지원과 개발을 통해 괄목할 만한 성장을 이루었다.

　　현재 우리의 해양력은 세계 10위권으로 해양강대국으로 평가되고 있는 미국, 영국, 중국, 일본, 호주 등에 비해 낮은 것이 사실이나, 조선(1~2위), 컨 테이너 처리량(6위) 등 일부 산업분야에서는 세계를 선도하고 있다. 다만 주 어진 해양자원이 빈약하고 해양관련기술 분야 등은 해양강국의 약 50~60% 수준으로 우리의 경제력에 비해 낙후된 실정이다.

# 어떻게 대처할 것인가?

우리나라의 해양산업은 이미 우리 GDP 총액의 7.8%를 점유하고 있으며 200만 명에 달하는 고용창출을 하고 있다. 그러나 앞서 언급한 바와 같이 현대의 화두로 떠오른 그린산업의 대상으로 해양산업을 투영해 보고 우리의 발달된 IT, BT, 원자력 기술을 새로운 해양기술에 접목시켜 나간다면 기존 조선, 해운, 수산 분야만이 아닌 심해저 희귀금속 개발, 조력, 파력 등 해양에너지사업, 이산화탄소의 해중저장사업, 해수담수화사업 등 수많은 분야의 해양 신산업 추진이 기대되며 앞으로 국가의 신성장동력으로서의 역할도 기대된다.

다만 이를 위해서는 무엇보다 해양에 대한 인식의 전환이 필요하며, 해양정책에 대한 물리적·제도적 관심과 지원, 그리고 이를 통해 전문인력의 육성과 확보가 긴요하다. 해양과학기술 외에도 해양법, 해저지명표기나 심해저 전문가들도 확충하여 앞으로 첨예해질 해양영토분쟁에도 사전에 대비해야 한다.

그리고 이와 같이 복합적이고, 전략적인 해양정책을 종합적으로 관리할 수 있는 "통합 거버넌스(Governance)" 구축을 심각하게 고려해야 한다. 현 정부 들어 국토해양부와 농림수산식품부로 나뉘어 편입된 구 해양수산부의 기능을 다시 한 번 검토하여 향후 우리의 미래를 걸어야 될 해양정책의 입체적이고 효율적인 관리·수행기능을 재정립할 필요가 있기 때문이다. 일본이나 중국은 물론 해양 선진국이 해양정책을 강화하는 이유를 간과한다면, 우리나라는 해양 후진국으로 전락하게 될 것이다.

# 시험대에 오른
국가정보원과 대북 정보력

| 김진석

| 안보전문가

## 정보가 국력이다

국가안보는 총구가 아닌 정보에서 시작된다. 특히 평상시가 아닌 국가위기가 발생한 비상시에는 더욱 그러하다. 시시각각으로 국가안보에 지대한 영향을 미치는 결정을 내려야 할 때, 대통령과 안보담당자들은 신속하고 정확한 정보에 의존하여 정책결정을 내리게 된다. 그러한 정보가 없다면 눈 뜬 장님이 되어 방향감각을 상실하고 우왕좌왕할 수밖에 없다. 바로 여기에 국가안보의 파수꾼으로서 국가정보기관의 존재가치가 있는 것이다. 그런데 이런 문제를 생생하게 보여주는 일이 최근에 일어났다. 작년 12월 19일 북한 김정일 국방위원장의 사망소식이 전 세계를 강타했을 때, 세계 어느 나라도 북한의 공식발표 이전에 그 사실을 미리 입수한 나라는 없던 것으로 알려졌다. 우리나라도 마찬가지였다. 전 세계가 당혹해하는 가운데 각국은 정확한 정보도 없이 사망의 원인과 파급영향, 그리고 북한의 앞날을 점치느라고 동분서주했지만,

북한의 상황주도에 끌려가는 모습을 보였다. 그렇지만 미국과 중국이 몰랐다고 해서 우리나라가 김정일 사망정보를 미리 입수하지 못한 책임에서 벗어날 수는 없다. 왜냐하면 우리는 북한과의 관계에 있어 직접 당사자인 동시에, 4대 강국 사이에 끼어 있는 작은 나라라는 지정학적 위치에서 볼 때 그 어느 나라보다도 정보력이 중요하기 때문이다. 그래서 모든 국민들은 이렇게 묻는다. "우리가 북한정보를 제대로 파악하지 못하는 이유가 무엇이고, 이 문제를 해결하는 방법은 무엇인가?" 여기에 국정원을 비롯한 대한민국 정보체계 전반에 대한 대대적 쇄신이 필요한 이유가 있다.

## 대북 정보의 실패가 계속 되풀이되는 이유

지난 몇 년 사이에 우리는 이번의 김정일 사망소식은 물론이고 대포동 미사일 발사, 연평도 포격사건 등 북한에 대한 정보입수에 잇따른 실패를 거듭해 왔다. 많은 북한 전문가들은 북한의 심층동향을 제대로 파악하지 못한 첫 번째 이유로 '휴민트의 붕괴'를 꼽는다. 햇볕정책이 추진되었던 지난 10년 동안 기존의 인적 정보망이 와해되었고, MB정권 들어와 그 정도가 심화되었다. 그 원인에 대해서 이런저런 논란이 있지만, 문제는 휴민트가 완전 붕괴되었고 이 시점까지 복원되지 못하고 있는 것이 사실이라는 점이다.

또한 정권이 바뀔 때마다 전문정보요원들을 물갈이 해온 관행도 문제로 지적된다. 어느 언론은 이를 '내곡동 잔혹사'라고 표현했을 정도로 정보요원들에게 말할 수 없는 피해의식을 심어주어 정보력이 약화되는 결과를 가져왔다. 이는 종국적으로 정보요원들이 업무에 전념하기보다는 살아남기 위해 정치권에 줄을 대게 되고, 그럼으로써 수준높은 정보전문가를 키워내기 어려운 풍토가 만들어지게 되었다. 이렇게 된 이유는 국정원이 국가의 정보기관이 아니라 대통령이나 특정 정파를 위한 정보기관으로 기능했기 때문이라고 할 수 있다.

그리고 정보기관의 수장에 정보에 문외한인 인물들이 임명되어온 것도 정보력 강화에 역행하는 일이라고 하겠다. 최근 10년 동안 국정원장에 임명된 6명 중 검사, 변호사 출신 4명, 서울시 공무원 출신 1명 등 정보와 무관한 인물이 5명에 이르는 사실이 이를 극명하게 보여준다. 정보를 알지 못하는 이들이 정보 수집, 분석, 공작 등 고도의 전문적인 분야에서 일어나고 있는 정보전쟁의 현장에서 제대로 된 지휘를 했을 리 없다. 이러한 문제는 대통령의 정보에 대한 인식과 관련되는 것으로, 정보기관의 일은 아무나 할 수 있는 것이라고 생각한다면 정보의 실패는 앞으로도 계속 반복될 수밖에 없다. 사회가 단순했던 시기에는 정보업무도 제너럴(general)했기 때문에 누가 정보기관을 이끄느냐 하는 것이 큰 문제가 되지 않았다. 그러나 지금처럼 다원화, 다층화된 사회환경에서는 사소한 정보 하나를 입수하지 못하거나 잘못 판단한 것이 국가의 운명을 좌지우지할 수 있는 큰 사건으로 연결되는 경우가 비일비재하다.

이와 함께 역대 정보기관장들의 평균 재임기간이 1년 6개월에 불과하고, 특히 대통령 임기가 5년으로 정착된 노태우 정부 이후에는 1년 4개월에 그치고 있는 점도 고쳐져야 할 문제이다. 정보기관장의 잦은 교체는 소신을 갖고 일할 수 없는 분위기를 만들게 되고 정보요원들의 동요를 가져옴으로써 정보력의 약화로 이어지게 된다.

마지막으로 늘 지적되는 문제로서 정보기관 간의 벽이 너무 높다는 것이다. 국정원과 군정보기관 사이에 정보가 제대로 교류되지 않아 국민 앞에 북한 동향에 대해 각기 다른 해석을 내놓는 경우도 있고, 간첩검거를 위한 대공정보도 기관 간 공적다툼으로 협조가 이루어지지 않는 경우가 많다고 한다. 대통령을 향해 상호 경쟁하는 이런 체제로서는 정보력의 강화는 요원한 일이다.

# 대북 정보력의 강화를 위해서

대북 정보를 포함한 우리의 총체적인 국가 정보력의 강화를 위해 제일 먼저 해야 할 일은 모든 정보기관의 현재 역량을 측정하는 국가 정보 인벤토리(inventory) 조사, 즉 국가 정보업무의 재고조사이다. 이를 통해서 국가 정보능력에 대한 전반적이고 근본적인 검증을 해야 한다. 무엇을 잘하고, 무엇을 못하는지를 정확하게 판단해야 정보기관의 기능과 임무를 재설정하고 혁신을 해 나갈 수 있기 때문이다. 정보역량에 대한 기초재고 조사로 제로베이스에서 조직을 재설계해야 하는 것이다. 특히 북한정보를 다루는 측면에서는 대북 정보가 국내 정보나 해외 정보업무에 종속된 상태에서 벗어나, 통합적인 북한 정보활동을 속도감 있게 수행할 수 있도록 독립적인 조직으로 변화하는 것이 요구된다.

다음으로 국가생존을 둘러싸고 치열한 국제경쟁을 벌이고 있는 정보전의 승리를 위해서는 인간정보와 과학기술정보의 상호 보완이 필요하지만 인간정보의 극대화에 우선순위를 두어야 한다. 물론 북한의 경우 철저히 통제된 체제라는 점에서 휴민트 능력을 키우는 데 어려움이 많고 시간이 오래 걸려야 될 문제이지만, 전문가를 적재적소에 배치하여 정보요원들의 능력을 최대한 발휘할 수 있도록 해 나간다면 그 시간은 크게 단축될 수 있을 것이다. 또한 정권교체에 따라 정치적 기준을 갖고 정보요원들을 물갈이 하는 행태가 더 이상 되풀이되어서는 안된다. 정권에 대한 충성도가 아니라 능력과 전문성에 따른 인사가 정보력을 강화하는 지름길이다. 그리고 정보기관을 이끌어 나갈 수 있는 자질과 능력을 갖춘 사람을 정보기관장으로 임명해야 한다. 외부인물이 되든, 내부인물이 되든 그것은 중요하지 않다. 정보업무를 이해하고 폭넓은 경험과 조직 장악능력을 갖추어 모든 국민이 안심하고 정보업무를 맡길 수 있는 인물이면 된다. 미국 오바마 대통령은 부시 대통령 밑에서 CIA 국장을 지낸 게이츠를 계속 CIA를 맡아 일하게 하고, 그를 국방장관으로까지 발탁했다. 우리도 게이츠 같은 사람이 국정원장이 되기를 기대한다. 이제 더 이상은 대통령의 측근이라고 해서 전문성 없는 인사가 정보기관의 책임자로 임명되는 일은 없어야 한다.

이런 문제와 함께 정보전문가가 소신을 갖고 정권이 아니라 국가를 위해 일할 수 있도록 하기 위해서 국정원장의 임기제 문제를 검토할 필요가 있다. 미국의 중앙정보국(CIA), 연방수사국(FBI)의 기관장 재임기간은 대통령 임기 4년과 비슷한 수준이다.

마지막으로 대통령을 보좌하는 정보 보고 운영체제를 확립해야 한다. 각 정보기관의 자율성을 보장하면서도 특정 정보기관의 정보독점을 용인하지 않는 것이 정보의 통합을 기하고 정보기관 간의 이기주의를 막는 첩경이다. 이를 위해 대통령 직속으로 정보기관이 공동으로 참여해 보고하는 정보공동체를 구축하는 것도 한 방안이 될 것이다.

그 어느 때보다도 국내·외적으로 미래가 불투명한 이 시기에, 우리의 정보기관은 그동안의 정보실패에도 불구하고 국가안보를 위해 정보기관다운 정보기관의 역할을 제대로 할 수 있을 것인가 하는 중요한 시험대에 올라와 있다. 정보기관은 물론 여·야 모두 정치권을 뛰어넘고 정권을 초월하여 국가정보력의 강화를 위해 노력할 때이다.

# 통일의 초석,
# 미래지향적 대북정책으로

조규형

전 KEDO 대사

## 현재 동북아 정세를 보면

북한 김정일 사망으로 한반도를 둘러싼 동북아 정세는 그 어느 때보다 변동성이 높아졌다. 예기치 못한 북한 김정은 체제의 출범에 이어 2012년에 한국, 미국, 러시아에서는 대선이, 중국에서는 지도부 교체가 동시에 진행되는 관계로 당분간 한반도 주변국들은 이 지역에서 북핵문제를 포함한 대북한정책에 있어 과감한 접근보다는 한반도의 안정을 유지하는 데 주안점을 둘 것으로 보인다. 앞으로 출범하게 될 한국을 포함한 관련국들의 새 정부는 북한의 새로운 지도부를 대상으로 하는 대북한정책을 다시금 검토하게 될 것이다. 따라서 2013년을 기점으로 북한 핵문제를 포함한 동북아 정세를 둘러싼 주변국들의 협력과 갈등관계는 새로운 국면에 진입할 것으로 보인다.

당분간 북한은 김정은 체제의 기반 공고화에 주력하는 한편 주변국들의 정책방향을 주시하면서 현재의 남북 간 대결국면을 지속함으로써 현 정부의 대북정책 실패를 노정시켜 새 정부의 대북정책 변화를 이끌어내려고 할 것이다. 이러한 상황하에서 앞으로 들어설 새 정부는 원칙을 견지함으로써 미국을 비롯한 주변국에 정책의 일관성에 대하여 신뢰를 주면서도, 북한과 대화와 협력을 통해 남북 간 실질관계를 어떻게 진전시킬 것인지에 모든 국민의 관심이 쏠려 있다.


## 대북정책의 문제점은 경직성이다

"원칙 있는 남북관계"라는 대북정책기조하에 북한의 불법행동(천안함 폭침, 연평도 포격)에 대한 사과를 단호히 요구하면서 대화를 위한 대화는 하지 않겠다는 입장을 견지한 현 정부의 정책기조는 미국과의 전통적 동맹관계를 복원하고 북한에 끌려다니는 이전 정권의 잘못된 관행을 단절시키는 데에는 성공하였다.

그러나 현 정부의 원칙적 대북정책은 옳은 방향의 기조임에도 불구하고 그 실행상의 경직성으로 국내·외적으로 몇 가지 중대한 문제점을 초래하였다. 첫째, 남·북 간 위기관리라는 측면에서 문제가 야기되었다. 즉 북한에서 김정일의 장악력이 느슨해진 상태에서 군부 강경론자들이 대남관계를 주도하게 됨으로써 예측불허의 도발상황이 발생하였다. 둘째, 한국과 미국의 대북 압박으로 위기에 몰린 북한은 빠른 속도로 중국에 대한 경제적 의존도를 높여 왔다. 북한에 대한 중국의 경제적 이익 심화는 앞으로 통일과정에서 중국의 개입여지를 가일층 확대시킬 것임은 물론 경우에 따라서는 북한의 티벳화라는 심각한 위험을 내포하고 있다고 하겠다.

특히 김정일 사후 중국 지도부가 보인 발빠른 대북 제스처는 김정은 체제가 안정적으로 출범하는 데 필요한 국내·외 여건을 조성하는 데 크게 기여함에 따라 북한에 대한 중국의 영향력은 더욱 커질 것으로 예측된다. 셋째, 우리 정부의 거듭된 해명에도 불구하고 정부의 정책이 북한의 급변사태를 염두에 두거나 이를 조장하려는 것이 아닌가 하는 의혹이 국내·외에서 제기되었고, 이것이 북한 붕괴 가능성이나 통일논의로 연결되어 통일비용에 대한 국민들의 우려를 불러일으키는 결과가 되었다.

## 북한의 향후전략은 위협과 대화의 양면공세로 예상된다

북한이 당면하고 있는 제1의 국가적 목표는 김정은 정권의 권력기반 공고화를 통한 체제유지가 될 것이다. 이를 위하여 북한은 핵보유국 지위를 국제적으로 승인받고, 김정일의 유업인 2012년 강성대국 진입목표를 내세워 내부결속을 강화해 나갈 것으로 전망된다. 개혁과 대외개방 여부를 둘러싼 내부논쟁이 있을 것이나, 아직 권력기반이 취약한 김정은으로서는 심각한 내분을 야기할 위협이 있는 개방과 개혁보다는 근본적 변혁 없이 원조획득이나 외화벌이로 경제적 어려움을 완화시키고자 할 것으로 전망된다. 또 한편 북한은 2013년 주변국의 신정부 출범 이후 새로운 상황하에서 전개될 핵협상에서 우위를 점하고자 전제조건 없는 회담재개를 제의하는 동시에 김정은의 "배포 있는 지도력"을 주민들에게 과시할 목적으로 추가 핵실험 또는 미사일 발사를 감행하거나 위협함으로써 도발과 평화공세라는 양면전략을 구사할 것으로 예상된다.

또한 북한은, 2012년 국내 대선에 영향을 끼치기 위해 국내 남·남갈등을 증대시키고 현재의 남·북관계의 경색과 긴장을 보수정권인 이명박 정부의 책임으로 돌리고자 현 정부의 대북제의에 비타협적 또는 선택적으로 대응하면서 정권에 대해서는 대결적 태도로, 국민들에 대해서는 대화공세를 동시에 전개할 것으로 전망된다.

## 향후 대북정책 방향

각종 여론조사에서 우리 국민 대다수가 원칙 있는 대북정책을 지지하면서도 한반도 긴장완화와 남북관계의 안정적 관리가 필요하다는 의견을 가지고 있는 것으로 조사되고 있는 점과 현재의 남·북 간 경색국면을 해소하고 여러 분야에서 남·북관계의 실질적인 진전을 이루어야 하는 전략적 필요성을 감안하여 원칙과 상충되지 않는 범위에서 유연성을 발휘하여 남·북관계를 능동적으로 주도해 나가야 한다.

이를 위해 먼저 안보분야에서는 확고한 원칙을 견지해야 한다. 북한의 도발에 대해서는 단호하게 대응할 것이며 이에 필요한 군사적 능력을 유지하면서, 한반도 평화와 안정을 위하여 미국과의 전통적 동맹관계를 유지하며, 중국, 러시아 등 인근 주변국과의 전략적 관계를 강화해야 할 것이다. 북한 핵문제와 관련하여, 북한 핵은 용인하지 않는다는 입장하에 한반도 비핵화를 위한 6자회담 프로세스를 계속해야 한다.

둘째로 실질관계 발전을 위해서 유연성을 발휘하는 것이 필요하다. 민족애 차원에서 북한주민들의 삶의 질을 높이고, 동시에 중국의 대북한 영향력 증대에 대응하는 전략적 차원에서 남·북 간 동질성을 회복하여 북한주민들이 남측에 미래의 희망을 갖도록 하기 위해서는 경제, 사회, 문화 등 모든 분야에서 북한주민과의 교류와 접촉기회를 최대한 확대해야 할 것이다. 구체적으로 일정한 규모 내에서 영·유아용 분유 및 이유식, 아동과 임산부용 의약품 제공, 국제적 수준의 모니터링이 보장되는 조건에서 식량지원, 국제기구의 대북한지원 참여와 같은 인도적 지원은 남북관계 상황에 구애받지 말고 지속적으로 시행해야 한다. 또한 병충해 방제, 재해대책 등 남북에 공히 이익이 되는 사업을 발굴, 추진하며 일정한 규모를 넘는 정부차원의 지원은 상호주의를 적용하여 이산가족 상봉, 생사확인 등 사업과 연계하여 추진해야 할 것이다. 한편 민간차원의 경협(금강산 관광사업, 기업의 북한 진출, 무역 등)은 정치문제와 분리하여 사안별로 검토추진하며, 정부개입 없이 추진가능한 민간단체 중심의 대북지원, 학술, 문화, 종교교류는 장려하고 지원하는 방향으로 나가야 한다.

셋째로 국군 포로, 납북자 생사 확인, 송환 문제는 북한당국에 일정한 금전적 대가를 지불하고서라도 적극 추진해야 한다.

넷째, 남·북·러 가스관 건설, 남북철도연계, 신포 경수로 발전소 건설 재개(다만 사업방식 변경 필요), 금강·설악을 연계한 국제관광 단지 조성 등 미래형 대규모 사업을 북한 핵문제 해결과 남·북 관계 진전에 맞추어 추진해야 한다.

마지막으로 대북정책의 탈정치화를 통하여 범국민적인 지지를 받는 통일정책 추진을 위하여 대통령과 여·야 지도자 협의체를 구성하거나 대통령과 여·야 지도부와의 정례적 협의를 제도화하는 것이 바람직하다. 그리고 남북문제 해결을 위해서는 필요하다면 남북의 어느 누구도 서로 만날 수 있다는 원칙을 갖고 임해야 할 것이다.

# 해병대는
# 전략기동군이고 싶다

**김기남**

전 해병 사단장

## 해병대, 존재 자체만으로도 적에게 위협적인 부대

남·북한이 대치중인 한반도에서 해병대의 존재는 북한군에게 동·서해안에 걸쳐 15개 사·여단을 방어부대로 고정배치하도록 하는 전략적 가치가 있다. 또한 전면전시 북한의 4개 기계화군단과 1개 기갑군단이 전방지역으로 투입되는 것을 억제하는 효과가 있다는 사실은 각종 연습 및 워게임을 통하여 이미 확인된 바 있다.

걸프전 때에도 미 해병대 1개 해병기동군(MEF: 1개 해병사단, 1개 비행사단, 1개 전투근무지원단으로 구성)이 이라크 7개 사단을 해안에 고착시킴으로써 전쟁을 승리로 이끄는 결정적 기여를 했던 점을 상기해 볼 때 해병대는 존재 그 자체만으로도 전략적인 억제효과가 있음을 여실히 증명해주고 있다.

# 국민이 신뢰하는 우리 해병대의 현실은?

대한민국 해병대를 국민들은 용감하고 강인한 군대로 인식하고 있으며 언제든지 국가의 부름에 응할 것이라는 믿음으로 신뢰하고 있다. 해병대를 지금보다 더욱 강한 조직으로 만들어 평시에는 Multi-Player, 전시에는 Hidden-Card로 다양한 역할을 수행하게 하고, 위기상황에서는 결정적인 작전병력으로 운용되길 기대하고 있다. 그러나 현재 해병대의 현실은 이런 국민의 기대와는 상당히 거리가 있다. 현재 해병대는 약 2만 8천여 명의 병력으로 사령부 예하 2개 사단, 1개 여단 및 직할부대로 편성되어, 전시에는 1개 사단은 상륙작전을 주 임무로, 1개 사단은 김포축선 방어임무를 수행하다가 필요시 상륙작전을 수행하며, 1개 여단과 연평부대는 서·북도서 방어와 필요시 상륙작전을 수행하도록 임무가 부여되어 있다. 그러나 해병대가 이 같은 핵심적인 임무를 수행하기에는 현재 여러 가지 문제점을 안고 있다.

첫째, 입체상륙작전 수행을 위한 공중기동수단(상륙헬기)이 없다는 점이다. 현대 상륙작전은 지상·해상·공중공간을 이용한 입체적인 작전으로 수행된다. 그러나 해병대는 해상기동수단인 상륙돌격장갑차(KAAV)라는 해안 및 지상기동작전을 할 수 있는 평면전력만을 보유하고 있는 실정이다.

둘째, 대한민국의 유일한 상륙사단인 해병사단의 편성과 장비가 매우 열악하다는 점이다. 상륙작전시 많은 피해를 감수해야 하는 해병대가 편성과 장비 면에서 육군부대와 차별성이 없으며, 오히려 육군 완편부대보다도 열악한 상황이다. 미 해병대는 상륙작전과정에서의 많은 병력손실을 고려하여, 육군 분대 9~10명에 비해 해병대는 12명 이상으로 편성되어 있고, 사단급 편성인 경우 육군 12,000여 명에 비해 해병대는 15,000여 명으로 약 3,000여 명이 더 많이 편성되어 있다.

셋째, 상륙작전 수행부대를 김포지역 방어에 운용하고 있다는 점이다. 해병대 2사단은 육군 DMZ 10여 개 사단이 방어하는 정면과 거의 맞먹는 250km를 방어하는 막중한 임무를 수행하고 있다. 따라서 해병대 특유의 기동성을 발휘하는 데 제한을 받고 있으며, 특히 2사단 병력만으로 넓은 정면을 방어하기에 병력이 부족하여 포항에 있는 1사단을 감편 운영하는 등, 전체적인 병력운용 측면에서 불균형을 초래하고 있다.

넷째, 동해안 지역 도서방어에 해병대를 운용하지 않고 있다는 점이다. 해병대 고유임무 중 하나인 전략도서방어를 위해 서해 및 남해에는 혀 서·북 도서부대가, 그리고 장차 제주도에는 제주부대가 배치될 예정이다. 그러나 동해안의 울릉도나 독도에는 도서방어를 위한 부대가 배치되어 있지 않으며 향후에도 배치할 계획이 없다는 점이다.


## 임무와 역할에 걸맞는 해병대가 되려면


2010년 12월 대통령 직속 국방선진화위원회 결과보고에 의하면 "해병대는 전쟁 발발시 반격을 위한 상륙작전 및 적진침투를 도모해야 하지만, 피아 간 병력 불균형이 심각한 상황에서 해병 2사단이 초기 소모가 불가피한 강화도 및 김포축선 방어를 담당하고 있다. 반격 상륙이라는 고유 임무를 중시한다면, 2사단은 좀 더 후방으로 재배치됨이 바람직하나, 이 경우 감축대상이 될 것을 우려하여 해병대 내부에서도 후방 재배치를 제기하지 못하는 상황이다"라고 해병대가 안고 있는 문제점을 정확히 진단하고 있다. 또한 대다수의 안보·군사 전문가들도 해병대는 육·해·공군과 같이 특정 전장에 대한 책임지역을 부여받지 않고 상황에 따라 지·해·공중 등 어떠한 공간으로도 투입시킬 수 있는 융통성을 갖춘 국가 및 군사적 예비역량으로서 명실상부한 국가 전략기동부대로 운용되어야 하고 이에 따른 명실상부한 편성과 장비를 갖추어야 한다고 강조하고 있다. 따라서 임무와 역할에 걸맞은 해병대가 되기 위해서는 다음과 같은 개선과 발전이 뒷받침되어야 할 것이다.

첫째, 상륙기동헬기와 공격헬기를 확보하고 이를 운용할 수 있는 해병대 항공단을 창설해야 하며, 공·지기동형 부대구조와 헬기＋상륙돌격장갑차(KAAV) 중심의 전력구조로 발전을 모색해야 한다.

미 해병대의 공·지기동부대(MAGTF: Marine Air Ground Task Force) 편성과 유사한 공격 및 기동헬기로 편성된 항공부대, 지상전투제대, 전투근무지원제대 형태의 부대 구조로 발전해야 한다. 지상전 위주의 육군부대 편성을 그대로 닮은 현재의 해병대 편성을 확 바꿔야 한다. 그래야 해병대의 특수성을 살릴 수 있고, 전투력을 최대로 발휘할 수가 있다.

둘째, 해병 1사단의 임무와 작전지역(평지, 산악, 도시)에 따른 '맞춤형 여단' 부대구조로 발전을 모색해야 한다.

해병 1사단은 우선적으로 병력과 장비를 보강하여 명실상부한 상륙사단으로 완편되어야 하며, 또한 상륙작전의 임무 및 작전지역(평지, 산악, 도시)의 다양성을 고려하여 일반보병, 산악보병, 상륙기습, 공중강습대대 등으로 편성해 임무 및 작전지역의 특성에 따라 대응할 수 있는 '맞춤형 여단' 부대구조로 발전되어야 할 것이다.

셋째, 해병 2사단을 후방지역으로 재배치하여 '특성화 여단' 부대구조로 발전시켜야 한다.

해병 2사단은 해병대의 고유임무 수행을 위하여 김포축선 방어임무를 해제하고 후방지역으로 재배치하는 것을 전향적으로 검토할 필요가 있다. 부대구조는 동·서해안 후방지역에 해병사단을 각각 배치하여 억제력을 보강하는 한편 유사시 평화작전(해외파병), 특수작전, 상륙작전 등 다양한 작전에 투입 가능하도록 다목적여단, 특수임무여단, 공정여단 등 '특성화 여단' 부대구조로 발전시켜야 할 것이다.

넷째, '독도' 문제와 연계하여 울릉도 해병부대 배치방안을 검토해야 한다.

'독도' 문제 분쟁화에 대비하여 독도 또는 울릉도에 해병부대 배치방안을 검토할 필요가 있다. 그러나 정치적인 관계를 고려하여 독도에 해병부대를 직접 주둔시키는 것이 제한된다면 울릉도에 해병부대를 배치하여, 향후 배치예정인 해군전력과 연계하여 유사시 독도 증원 및 전략도서 방어전력으로 활용될 수 있도록 해야 한다. 이는 궁극적으로 서북도서(서해)-제주(남해)-울릉도(동해)를 잇는 'U자형 방어벨트'를 구축함으로써 국가방위차원의 종심을 확보하기 위함이다.


## 다목적 공·지기동 해병대 – 국가전략기동군으로


미국 국민은 미 해병대에 대한 무한신뢰를 보낸다. 그것은 미 해병대가 분쟁지역에 가장 먼저 투입되고, 가장 효과적으로 임무를 완수하는 군대이기 때문이다. 그러나 그 이면에는 즉각 투입이 가능하도록 부대의 구조를 개혁하고 전투장비를 편성하고 임무 위주의 교육훈련을 쉼없이 실시하는 미 해병대의 노력이 있기 때문이다. 대한민국 해병대도 미 해병대에 뒤지지 않을 자긍심, 싸우면 반드시 승리하는 전통, 우수한 인적자원을 보유한 훌륭한 군대다. 게다가 우리 국민의 신뢰도 매우 높다. 그러나 현실의 부대구조, 부대배치, 장비편성은 해병대의 전투력을 극대화시키기엔 부적합하다. 국군의 약 3.5%의 병력으로 구성된 해병대는 국방예산의 3%를 사용하고 있으나, 발휘하는 힘

(유·무형전력+국민의 신뢰 등)은 그 수치보다 훨씬 높고 크다. 현재 정부가 추진하고 있는 국방개혁의 내용에는 해병대의 운용과 부대구조에 대한 개혁의지가 결여되어 있다. 국방개혁을 토의하는 과정에서도 많은 전문가들이 해병대 문제를 거론하였으나, 반영되지 않았기 때문이다. 각 군의 목소리에 소군의 목소리가 묻힌 결과라고 생각한다. 기동능력(헬기, 장갑차량 등)을 갖춘 다목적 공·지기동해병대로 부대의 구조, 편성, 운용개념을 발전시켜 국가가 언제, 어떤 임무를 부여하더라도 반드시 성공적으로 수행하는 국가전략기동군으로 해병대를 개혁해야 한다.

# 검찰이 바로서야 나라가 바로선다

김한수

전 검사장

## 검찰 개혁이 절실한 시점이다

현 정부 출범 이후, 노무현 전 대통령 비리사건, 정연주 KBS 사장 배임사건 등 정치적으로 논란이 많았던 사건의 수사과정에서 검찰의 정치적 중립성에 대한 논란 역시 심화되었다.

한편, 비대한 검찰권한에 대한 견제장치가 미흡하다거나, 검찰 자체의 자정기능이 상실되었다는 등 국민적 비판의 목소리가 높아지면서, 사법개혁 중 검찰개혁이 크게 부각되었고, 그 내용으로 중수부 폐지, 고위공직자비리수사처 설치, 특검제 상설화, 수사권조정 등 여러 방안이 논의되었으나 아직 국민이 수긍하는 수준의 검찰개혁은 이루어지지 않고 있다.

따라서 시대의 흐름에 발맞추고 국민의 요구에 부응하기 위하여, 국민의 신뢰를 받는 검찰상 확립을 위한 개혁방안을 강구하는 것이 절실한 상황이다.

# 검찰 개혁, 언제 어떤 방향으로 이루어져야 하나

검찰개혁이 성공하기 위해서는, 개혁방안을 실효적으로 정착시킬 수 있는 적정한 시기에, 개혁의 대상인 검찰 구성원이 납득할 수 있는 방향을 제시하여 강력히 추진하는 것이 필수적인 전제조건이라 할 것이다.

수사권조정과정에서 검찰총장이 반발 사퇴하고, 수사권조정결과가 불만스럽다고 경찰이 내사사건에 대한 검찰의 수사지휘를 거부하는 최근의 사태에서 보듯이 명분 있는 개혁이라 하더라도 정권 말기에 일방적으로 밀어붙일 경우 반발 등 혼란이 예상되므로, 검찰개혁은 새 정부 출범 이후 본격 추진하는 것이 바람직하다.

또한 노무현 정부에서 본격적으로 시동을 걸었던 검찰개혁이 검찰을 적대시하고 개혁의 대상으로만 몰아감으로써 결국 실패한 사례에서 보듯이, 검찰 개혁이 성공하려면 동기의 진정성이 보장되며 검찰 구성원이 납득하고 수용할 수 있는 내용이어야 한다.

결국, 검찰의 정치적 중립성·독립성을 보장해 주는 등 검찰 구성원이 호응할 수 있는 확실한 카드를 제시하면서 조직특성에 맞지 않거나 과도하여 비효율적인 부분은 과감히 도려내어 효율화시키는 방향으로 개혁의 키를 잡아나가야 할 것이다.

# 검찰 개혁은 이렇게 이루어져야 한다

## 검사의 청와대 파견 및 검찰복귀 금지

청와대 민정수석비서관실에는 민정2비서관 등 직에 검사들이 일단 사직 후 임명되는 형태로 파견되어 근무하다가 파견이 종료되면 다시 검사로 재임용되면서 검찰 내 요직으로 복귀하는 것이 관행이었다. 파견검사의 역할이 중요사건에 관하여 검찰의 수사상황을 파악하고 청와대의 의중을 전달하는 등 청와대 내 검찰과의 창구역할을 하는 것으로 비쳐지면서, 검찰의 정치적 중립성에 부정적 이미지가 각인되었다. 따라서, 검찰의 정치적 중립성을 보장한다는 차원에서 검사의 청와대 파견과 검사복귀를 금지시킬 필요가 있다.

## 수사사건에 관한 청와대의 비공식적 확인업무 중단

민정수석비서관실은 대통령을 보좌하면서 법무부의 정책과 현안에 관련된 업무를 수행하고 있는데, 중요 수사사건에 대하여는 진행경과 등 그 내용을 파악하고 보고받는 것이 현실이다. 이러한 현재의 운영 시스템은 청와대의 법무·검찰 관련 정책수립에 불가피한 측면이 있기는 하나, 구체적 관심사건에 직·간접적으로 영향을 미쳐온 것이 사실이다. 따라서 정책의 수립·시행과 관련된 공식적인 보고 외에, 구체적 수사사건에 관한 비공식적 보고 관행의 중단을 선언하고 실천해야 한다.

## 연고주의 및 소위 "공신" 인사 억제

검찰 인사는 정권 핵심과의 지연·학연이 큰 영향을 미치고 청와대 관심사건에 공을 세운 검사가 혜택을 받는다는 인식이 검찰 내에 팽배하며, 실제로도 이러한 인사관행을 부정하기 어려운 것이 현실이다. 이러한 관행은, 검사들이 향후 보직을 위하여 정치권의 눈치를 보게 만들고, 검찰의 정치적 중립에 결정적으로 악영향을 끼쳐 왔다. 따라서 인사위원회에 외부인사 참여를 확대하고 그 기능도 실질화하여 지연·학연 등 연고에 따른 인사를 하거나 청와대 관심사건에서 공을 세운 검사를 우대하는 관행 등을 철저하게 청산해 나가야 한다.

## 검찰의 법무부와의 관계 최소화 및 인사·예산의 독자성 강화

현재 법무부 주요 보직에 검사장급 이하의 검사들이 단기간 근무하다 다시 검찰로 복귀하는 시스템으로 운영되고 있고, 검찰의 인사·예산권이 모두 법무부에 속해 있다. 이러한 시스템은, 검찰수사에까지 법무부의 입김을 강화하는 결과를 초래하여 검찰의 독자성 유지에 부정적 영향을 미치고, 검찰 수사능력 극대화나 법무부 전문성 강화에도 걸림돌로 작용하므로 소위 법무부의 문민화가 필요하다.

법무부에서 근무하는 모든 검사를 검찰로 복귀시키고, 법무부에서 검사가 하던 업무는 법무부 내에서만 근무하는 조건으로 법무부 검사를 별도로 선발하거나 정부 변호사를 선발하여 수행케 하면 검찰의 독자성 확보와 수사력 강화에 도움이 될 것이고 법무부는 업무의 전문성이 더 확보되어 양측 모두에 유용한 결과가 될 것이다.

나아가, 인사·예산에 관한 검찰총장의 실질적 권한을 확대하고, 법무부와 검찰의 관계를 행안부와 경찰의 관계에 준하는 방향으로 수정하여 법무부에 대한 검찰의 독자성을 유지하되, 검찰 파쇼가 우려되는 사안에 대하여는 법무부장관이 구체적 지휘권을 행사하여 시정하는 방향으로 나아가야 한다.

## 검찰총장 임기 연장

검찰총장이 검찰수사에 있어서 정치권 등으로부터의 외풍을 제대로 막아낼 수 있으려면, 실질적으로 조직을 장악하고 검사들도 검찰총장을 신뢰할 수 있는 풍토가 마련되어야 한다. 이러한 분위기를 조성하는 데에 있어서 검찰총장의 임기 2년은 충분하지 않으므로 3년이나 4년으로 연장하는 것이 필요하고, 그렇게 되면 검찰총장의 위상이 강화됨과 아울러, 단기간 내 총장인선을 반복함에 따른 정치권의 외압시비도 불식시킬 수 있을 것이다.

## 경찰의 자율권 확대 및 검찰의 견제기능 강화

최근 검·경의 수사권 조정과정에서, 경찰수사의 자율성 확대에 대한 호의적 여론이 형성되고 있고, 경찰의 수사능력 향상 및 인권보장 강화노력과 함께 경찰수사의 자율권 확대는 불가피한 시대 흐름이라 할 수 있다.

검찰로서는 공직비리, 대형 경제사범 등 구조적·조직적 비리를 직접 수사하면서 일반 형사사건 모두에 대하여 충실한 수사지휘를 하기에는 역부족인 상황이고, 폭력, 절도, 강도, 교통사고 등 현장, 민생사범수사에는 경찰수사가 효율적이므로 이런 사건에 대한 1차적 수사권한은 경찰에게 전적으로 이양할 필요가 있다. 즉, 검찰 본연의 부패척결 기능은 강화하는 한편, 인권옹호기관으로서 경찰에 대한 수사관련 직무감찰 기능을 통하여 경찰의 권한남용을 견제하는 체제로의 전환을 검토해야 한다.

# 전시작전통제권 전환과 국방역량의 강화

하정열

전 육군 사단장

## 전시작전통제권의 전환으로 무엇이 달라지나?

한국군은 2015년 12월이 되면 전시작전통제권을 행사하게 된다. 그동안 대한민국 안보의 핵심기반으로 작용해왔던 한미연합방위태세는 미국군의 세계재배치전략과 전시작전통제권의 한국군으로의 전환 등으로 큰 변화가 예상되고 있다. 이에 따라 많은 국민들이 전시작전권 전환과 관련하여 대북억지능력이 저하되고, 한미동맹이 약화되는 것 아닌가 염려하고 있다.

그러나 전시작전통제권을 인수하게 되면 몇 가지 유리한 점도 있다. 첫째, 국가의 자주성과 정치·군사적인 권위의 확보로 국가주권이 회복됨으로써 주변국들과 보다 독자적인 군사외교의 추구가 가능하다. 둘째, 군사력의 균형발전을 통해 한국군의 경쟁력이 증대됨과 동시에 자주국방역량이 강화된다. 셋째, 북한이 한국의 자주성과 정치·군사적 권위를 인정하여 대남 협상 자세의 변화가 예상된다. 넷째, 군사안보 정책문제와 관련하여 한국군의 협상력을 제고시킬 수 있다는 등이다.

군사동맹은 제한된 국력을 효율적으로 사용하는 수단이다. 한미군사동맹은 한·미연합방위체제에 의해 그 구체적인 실천의지가 표현되어 왔다고 할 수 있다. 그동안 한·미연합방위체제는 미국의 전략적 요구와 한국의 자위력의 향상에 따라 '한국방위의 한국화' 그리고 '미군 개입 선택의 자유화' 방향으로 변천해 왔다. 따라서 1994년의 평시작전통제권 전환에 이은 2015년의 전시작전통제권의 전환문제는 어쩌면 당연히 받아들여야 하는 동맹발전과정의 결과물이다.

여기서 한국방위의 한국화는 국력에 상응한 국방전략개념의 발전 및 능력의 강화이지 본질적으로 홀로서기를 의미하는 배타적 단독국방이나 동맹의 탈피를 의미하는 것이 아니다. 진정한 자주국방을 위해서는 동맹관계가 의존적인 것이 되어서는 안 되며, 상호 보완적인 관계가 되어야 할 것이다. 동맹국간에도 서로의 능력이 보탬이 되어야 실질적인 협력관계가 이루어지며, 스스로를 지킬 수 있는 힘이 있을 때만이 동맹의 효과와 의미가 강화되기 때문이다.


# 한미동맹은 포괄적이고 역동적인
# 전략동맹으로 발전시켜야 한다

앞으로 한미동맹은 '포괄적이고 역동적인 전략동맹(Comprehensive and Dynamic Strategic Alliance)'으로 발전시켜야 한다. 민주주의와 시장경제라는 기본가치를 공유하고 평화를 주도해 나가는 동맹이 되어야 한다. 그리고 보다 유연하고 독자성이 제고되는 가운데 수직적 관계보다는 수평적 관계를 실현하는 동맹으로 발전되어야 한다. 이를 위해서는 정치·군사적 측면에서의 역할 확대뿐만 아니라 경제적 측면에서 협력을 보다 강화해 나가야 한다.

따라서 한미동맹의 성격과 역할을 통일전의 한반도 '평화수호동맹'과 통일과정의 '통일지원동맹' 및 통일 이후의 '공동이익창출동맹'으로 발전시켜 나가야 한다. 이러한 동맹의 성격변화를 통해서 양국은 최소의 비용으로 한반도의 안정을 유지할 수 있고, 통일과정을 효율적으로 관리하면서, 유사시에 대비한 공동대응을 할 수 있으며, 통일 이후에도 양국의 능력을 바탕으로 공동이익을 추구할 수 있을 것이다.

이러한 군사동맹은 제한된 국력을 효율적으로 사용하는 수단이라는 점에서 전시작전통제권 전환 이후에도 연합방위태세의 효율성을 제고하는 노력은 다방면으로 지속되어야 한다.

첫째, 국방부는 국가차원의 안보전략을 구현하기 위한 국방전략을 수립해야 한다. 지금까지 한국군은 전시 군사력 운용에 중점을 두는 군사전략(軍事戰略)을 수립하였다. 그러나 이제는 국방전략을 자체적으로 수립하고 운용할 시점에 서 있다.

둘째, 합동참모본부의 편성과 기능을 보강하여 연합작전 수행체제의 효율성을 보장해야 한다. 상부구조개편 등을 포함한 국방개혁은 지속적이고 합리적으로 추진되어야 한다.

셋째, 감시 및 정보능력을 강화해야 한다. 감시자산을 활용하여 북한 전지역에 대한 감시활동을 통해 북한의 군사활동과 기도를 파악해야 한다. 전시는 물론 평시에도 즉각적인 정보수집과 상호 전파가 가능한 한·미 정보연동체계를 확대해 나감으로써 북한에 대한 정보를 공유할 수 있는 체제를 강화해야 할 것이다.

넷째, 한미연합훈련 및 연습을 더욱 활성화시켜야 한다. 미 증원전력의 적시적인 전개 보장, 작전계획 시행태세 검증, 연합위기관리능력 향상, 연합지휘체제 정립 등을 위해 실전적인 연합훈련과 연습을 지속적으로 실시해야 할 것이다.

다섯째, 전시작전권 전환 이후에도 한국군과 미국군 간의 상호운용성(相互運用性, Interoperability) 향상은 중요한 요소이다. 한국군과 미국군 간 C4I, 전자전, 무기체계, 군수, 정보 및 화생방전 분야에 대한 상호운용성을 향상시킴으로써 연합작전의 효율성을 제고시킬 수 있다.

여섯째, 연합작전수행을 위한 기본전투개념을 정립하여 이를 연합 작전교리로 발전시켜야 한다. 한·미간 원활한 연합작전 수행 및 각 기능체계의 운용능력을 향상시킬 수 있도록 인적요소를 개발해야 한다.

일곱째, 한·미간 연합전력을 지속적으로 증강시켜야 한다. 북한의 항공기, 장사정포, 기계화부대 등 공세전력과 미사일, 화생무기 등 대량살상무기의 위협에 대비하기 위해 연합 대화력전, 대화생방전 및 대미사일전 수행능력을 증강시켜야 한다.

여덟째, 한·미간 연합 위기관리(危機管理, Crisis Management) 능력을 강화시켜 나가야 한다. 위기 발생 시에는 한·미 연합위기관리체제를 국가위기관리체제와 연계하여 위기상황이 무력충돌로 비화되지 않도록 관리하고 조기에 안정을 회복해야 할 것이다.

결론적으로 한국군이 3년여 남은 기간에 이러한 준비를 차근차근하게 해나간다면, 전시작전권 전환문제는 자주국방에 기여하면서 한미동맹의 강화에도 큰 도움이 될 것이다. 즉 1994년 평시작전권 전환 이후 그랬던 것처럼, 대한민국 국군은 전시작전권 전환 이후 더욱 강해질 것이며, 한미동맹은 긍정적인 방향으로 발전할 것이다.

황인학

안보전문가

## 대한민국은 안전한가?

만약 우리나라에서 강도 9.0의 지진이나 일본과 같은 대규모의 지진 해일이 발생한다면?

- 일본당국은 후쿠시마 피해 복구액이 향후 10년간 23조 엔(330조 원)에 달할 것이라는 추정을 내놓았다. 우리나라에서 비슷한 규모의 사고가 난다면 한국경제는 어떻게 될 것인가?

미국의 9·11처럼 상상을 뛰어넘는 방법에 의해 우리의 원자로가 테러당한다면?

전력난으로 인해 엄청난 규모의 블랙아웃(대규모 정전사태)이 발생하여 모든 공공기관의 전산망이 마비된다면?

- 국내에는 모두 21기의 원자로가 가동중에 있는데 이는 세계에서 다섯 번째로 많은 원자력 대국이다. 이웃 나라 일본에는 55기가 가동중이며 중국에는 현재 13기에 불과하지만 무려 187기가 건설중이거나 계획중에 있다. 20년 뒤엔 약 300여 기의 원자로가 한·중·일 3국을 "핵의 고리"로 포위하게 된다.

- 지난 2006년 체포된 남파간첩(정경수, 가명)은 정밀타격을 위한 좌표확인을 목적으로 울진 원자력발전소를 촬영하였다. 그는 "남조선 원전을 파괴하면 원자폭탄을 투하하는 것과 같은 혼란을 야기할 수 있으니 원전사진을 찍어오라는 지령을 받았다"고 진술한 바 있다.


## 우리의 위기관리 실태는 어떠한가?

2011년 11월 2일 저녁 7시, 서울시 노원구 월계동 주택가에서 방사능 검출 신고가 소방서에 접수되자 원자력안전위원회, 한국원자력안전기술원, 소방방재청, 경찰, 관할 지자체 어느 기관도 주도적으로 나서서 처리하지 못하고 책임회피에 급급하였을 뿐 아니라, 대피해야 할 주민들은 반대로 구경하러 몰러드는 어처구니없는 광경을 연출하였다. 상황이 이러한데, 대규모 원전사고가 터지면 어떻게 되겠는가?

2011년 한해만 원자로가 20여 차례 고장이 나 가동이 중단되거나 응급복구되었다. 이로 인해 예비전력이 8% 근처까지 내려가는 위태 위태한 사태가 반복되고 있다. 우리는 항상 대규모 정전사태를 목전에 두고 살고 있는 듯하다. 사이버상에서는 지난 2007년 7월 7일 정부 전산망에 대한 디도스 공격과 2011년 4월 12일 농협 전산망에 대한 공격이 북한 해커들에 의해 감행된 것으로 발표되었다. 천안함 폭침(2010.3.26)과 연평도 포격(2010.11.23)에 속수무책으로 당하고 나서 군은 교전태세 정비와 첨단장비로 만전을 기하겠다고 공언했지만, 그 후에도 방공포와 미사일탐지 레이더가 고장나는 등 한심한 사태가 반복되고 있다.

작금에 와서 우리 해경은 중국 어선의 어부들에게 위해를 당하는 신세가 되었으니 이러고도 국토와 국민의 생명을 지키는 국가의 기본 역할을 충실히 수행하고 있다고 할 수 있는 것인가! 안보, 자연재해, 전력관리, 정보통신 등 국가기반 리스크관리가 붕괴되었다고 표현하면 과언일까?


## 왜 이 지경이 되었는가?

무엇보다도 먼저 우리의 안보상황을 비롯한 현대적 국가위기에 대한 국가지도자의 개념과 식견의 부족이 문제이다. 또한 위기를 관리하는 컨트롤타워가 없을 뿐 아니라 모든 가상 상황에 대한 연구와 매뉴얼도 빈약하다. 현 정부는 출범 직후에 국가안전보장회의(NSC) 상임위와 사무처를 없애고 각 부처에서 파견된 공무원들을 되돌려 보냈다. 비상기획위원회도 폐지하였다. 천안함·연평도 사태를 당하고 나서야 안보특보를 신설하고 국가위기관리센터를 위기관리실(실장: 수석비서관급)로 격상시켰지만 대통령 보좌업무만 할 뿐 컨트롤타워의 기능을 실효성 있게 수행하지 못하고 있다.

더욱 중요한 것은 통합적인 위기관리체계가 확립되어 있지 못하다는 데 있다. 우리의 위기관리체계를 보면 전시대비업무는 행안부가, 재난과 전·평시 민방위업무는 행안부와 소방방재청이, 핵재해는 교과부가, 테러는 국정원이 각각 담당하는 분산형 위기관리체계를 유지하고 있다. 이렇다 보니 어떤 위기가 발생할 경우 대응자원과 수단 및 이에 대한 지휘체계가 각각 달라 운용에 혼선을 초래하고 있다.


## 다른 나라들은 국가위기관리를 어떻게 하고 있는가?


냉전기 국가안보의 목표는 전통적 안보위협인 전쟁을 억제하는 것이었다. 냉전종식 이후에는 테러, 국제범죄, 해적행위 및 지구 온난화에 따른 대형 쓰나미와 같은 자연재해 등 비전통적 위협을 포괄하는 이른바 현대적 개념의 안보로 그 영역이 확대되었다. 특히 미국의 9·11테러 이후에는 테러와 대량살상무기확산과 같은 비대칭적, 비전통적 위협이 더욱 증대되었다.

각국은 이러한 위기에 효율적으로 대처하기 위해 국가의 위기관리체제를 정비하였다. 미국은 9·11테러 이후에 FEMA(연방재난관리청), 해안경비대, 이민귀화국 등 22개 연방기관을 흡수하여 총 17만 명 규모의 국토안보부(DHS)를 창설하였다.

러시아는 테러, 재난, 방사능오염, 민방위, 비상사태 등을 총괄하는 비상사태부(EMERCOM)를 창설하였다. 영국은 비상사태청(CCS)을, 캐나다는 기반

시설보호 및 비상사태청(OCIPEP)을, 스웨덴은 비상관리원(SEMA)을 각각 창설하였다. 이외에도 많은 국가들은 위기관리기구를 통폐합하여 국가적 위기를 관리하고 있을 뿐만 아니라, 국가원수와 정부의 책무범위에 "국가위기관리"를 포함시켜 관리하고 있다.

## 우리는 어떻게 해야 할 것인가?

대한민국은 전쟁과 같은 전통적 안보위기와 자연재해·테러 등 현대적 개념의 포괄적 안보위기를 동시에 대처해야 하는 분단국가다. 어느 나라보다 가장 강력한 위기관리시스템을 갖추어야 하는 이유가 여기에 있다.

이를 위하여 첫째, 청와대 내 국가안전보장회의(NSC)를 혁신하고 그 산하에 항시적이고 종합적인 위기관리 컨트롤타워, 즉 국가위기 관리기구를 재구축해야 한다.

이 기구는 대통령의 위기관리 책무를 보좌하고 전시작전권 전환 등 안보환경 변화에도 대처하는 명실상부한 기구가 되어야 한다. 또한 국가위기업무에 대한 기획·조정 기능을 실질적으로 수행함은 물론, 모든 국가위험·위기관리를 총괄하는 기능이 주어져야 한다. 그러기 위해서는 각 부처 및 군·정보기관이 수집하는 국가위기와 관련된 모든 정보를 종합관리할 수 있는 체제를 갖추어야 하며, 고도로 전문화된 인력과 첨단화된 기술·기법을 확보해야 한다. 따라서 구성원들을 각 부처에서 파견받은 직원들로 일정 기간 근무시키다가 교체하는 현재의 방식에서 탈피하여 전문인력 중심으로 장기간 근무가 보장되는 전문조직으로 탈바꿈해야 한다.

둘째, 여러 부처와 기관으로 분산되어 있는 위기관리 관련업무를 통합하여 한 부처에서 총괄하도록 통합해야 한다. 행안부의 국가기반체제보호국, 소방방재청, 국가정보원 및 경찰의 대테러기구 등 위기관리와 관련된 기구를 통합하여 가칭 "국가안전관리부"(또는 "처")를 창설할 필요가 있다. 이 부서는 전·평시의 각종 위기를 효과적으로 관리할 수 있을 뿐 아니라 인원 및 예산도 절감할 수 있을 것이다.

한국의 국가위기관리 기구들은 부처이기주의를 버리지 못하고 분산형 위기관리체제에 안주하고 있다. 위기관리 체제의 통합이라는 세계적 추세를 외면해선 안 될 것이다.

# "심리적 종번관계" 청산으로 새로운 동북아질서를!

박병구

중국 심천대 교수

## 한반도를 둘러싼 '심리적 종번관계'

　　현재 동아시아에서는 과거 중국에 조공을 바치던 종속적 관계가 시간적·공간적으로 이미 소멸되었으나, 한반도와 강대국 간에는 여전히 '심리적 종번관계(心理的宗藩關係: Psychological Suzerain-Vassal Relations)'가 존재하고 있다. 심리적 종번관계란 '중심국과 주변국 간에 정치적, 실질적 종번관계는 이미 종식되었음에도 불구하고, 주변국의 입장에서는 중심국의 영향력에 편승해 안보를 담보하려 하고, 중심국은 주변국을 자신의 영향권에 편입시켜 보호하며 세력균형전략으로서 적대적 세력에 대해 끊임없이 긴장과 갈등을 유발하여 주도권을 유지하려는 정서'를 의미한다. 이러한 심리적 종번관계가 바로 한반도의 평화통일을 가로막는 원인 중 하나이다. 미국과 중국은 세계전략의 일부로서 한반도를 바라보고 있다. 반면, 한반도는 한반도를 둘러싸고 있는 주변 4강 속에서 생존과 발전을 모색하려는 경향이 있다. 한반도는 동과서, 남과 북으로 '전면발전'을 이루어야 한다. 그렇다면 복잡·다양한 세계를 조화시키며 지속가능한 성장을 보장할 수 있는 대한민국의 '전면발전'은 어디에서 출발해야 하는가?

## 중국의 한국전 참전은 '심리적 종번관계'의 또 다른 표출

역사적으로 동아시아 조공종번(朝貢宗藩) 체제는 한대(漢代)부터 시작되었다. 송대(宋代)부터는 조공의 성격에 큰 변화가 생겨, 본래의 정부 간 관계를 여전히 유지하면서 일종의 무역수단으로 점차 변모하였다. 그 후의 원(元)·명대(明代)에도 별반 다르지 않다가 청조(淸朝)에 들어와서 동아시아 조공체제는 중심국과 주변국 간 정치관계 및 무역왕래 형성의 기초로 다져졌다. 청(淸)과 조선의 조공종번체제는 상호 내정불간섭원칙하에 무역관계로 변형되었으나, 19세기 말 청과 일본이 한반도에서 주도권을 다투고, 동북아의 새로운 외부세력 러시아가 한반도에 개입하기 시작하자 중국은 조선에 대해 기존의 명의상·상업상의 조공종번관계를 실질적·정치적 조공종번관계로 강화하기 시작하였다. 1894년 갑오중일전쟁 때 개입을 통해 조선과의 조공종번관계를 더욱 강화하려 했던 청조는 일본 해군에게 참패함으로써 조선에 대한 정치적 조공종번관계는 종료되었다. 조선은 한일합방 후, 독립운동 과정에서 중국 대륙에 대한 '심리적 종번관계'에서 벗어나지 못하였으며, 중국 역시 조선에 대한 지원과 예속화를 병행하였다. 중국정부가 한국임시정부에 대한 국제사회의 승인과 독립을 지원함으로써 한반도에 친중(親中) 정부를 수립하려던 구상은 미국과 소련의 반대로 무산되었다. 1950년 10월 3일 조우은라이(周恩來)는 주중인도대사 파니카르(Panikar)에게 "만약 미군이 38선을 월경하면, 우리들은 결코 좌시하지 않을 것이며, 우리들이 '관리'할 것이다(我們不能坐視不顧, 我們要管)"라고 말했다. '관리(管理)'란 표현에서 알 수 있듯이 중국은 동아시아지역체제에서 '주변(周邊)'으로 밀려날 위기감 때문에 한국전쟁에 개입하였다고 볼 수 있다.

## '심리적 종번관계' 청산과 새로운 동북아 질서

한반도의 진정한 발전을 위하여서는 심리적 종번관계의 완전 청산이 필요하다. '주권평등'·'국제법' 개념에 맞지 않는 조공체제가 이미 오래전에 동아시아에서 소멸되었지만, 한반도에는 여전히 비대칭적 동맹(同盟)의 질서가 자리잡고 있다. 중국의 입장에서 볼 때 종번관계와 동맹관계는 말만 다를 뿐이고, 자국의 대 한반도 전략에서 한반도는 종속변수에 불과하다. 한편 한반도는 전쟁 등 위기 때마다 유아모체이탈(乳兒母體離脫)의 정서불안을 표출하였으며, 심리적 종번관계에 의존하였다. 아울러 한반도 주변 4강 역시 한반도의 세력균형을 유지하는 것이 동아시아의 세력균형을 유지하는 데 관건이 되기 때문에, 한반도를 각각 자신들의 세력범주로 포함시키려고 시도해 왔다. 그렇기 때문에 성숙하고 자주·자존적인 한반도의 평화체제를 구축하기 위해서 우선적으로 해결해야 할 문제는 한반도 스스로 강대국을 향한 '심리적 종번관계'를 초월하는 것이다. 아울러 남북 쌍방이 화해와 협력관계를 조속히 복원하여, 정치·경제·군사 등 영역에서 자주·평화통일의 기초를 실현해야 한다.

중국사회과학원 아·태연구소 장윈링(張蘊嶺) 소장은 한반도 통일문제에 대해 다음과 같은 견해를 피력하였다. "한국 학자들은 항상 제게 '중국은 한반도 통일을 원합니까, 반대합니까?'라고 묻습니다. 이 질문은 중국이 한반도 통일을 원치 않을 수도 있다는 뉘앙스를 풍깁니다. 저는 한국 학자들에게 '한반도 통일은 당신들 민족 내부의 문제인데 왜 자꾸 중국의 눈치를 보느냐'고 대답합니다." 이처럼 한국의 지성들은 한반도 통일에 대해 이웃 강대국의 눈치를 보는 경향이 있다. 또한 장원링은 "미래 동북아시아의 안보는 한반도의 변화와 이에 따른 강대국과의 관계 재정립에 달려 있다"고 주장하고, "장차 10~15년 내에 한민족(韓民族)은 한반도 평화통일의 기본 틀에 관한 합의를 달성하고, 종국적으로 통일의 새로운 단계로 진입해야 한다"고 강조하면서, "한반도 평화통일을 위해서는 한반도 비핵화, 북미·북일 관계 정상화, 북한의 지역협력기제 참여, 한반도 영구평화기제를 구축해야 한다"고 주장하였는데, 우리에게 시사하는 바가 자못 크다 하겠다.

# 미래전,
# 스텔스기가 하늘을 제압한다

조원건

관동대 교수

최근 언론에 중국의 J-20 스텔스 전투기 시험비행 장면과, 러시아의 PAK-FA(T-50) 스텔스 전투기 시험비행 장면이 자주 보도되었다. 또한 2006년에는 미 공군이 보유한 5세대 전투기 F-22A가 F-15, F-16, F-18 등 4세대 전투기와의 알라스카 모의 공중전에서 144 vs. 0으로 일방적으로 승리하였다는 기사가 보도된 적이 있다. 한편 실전에서는 1991년도 걸프전때 최초의 스텔스기인 F-117이 연합군의 공중공격 임무 가운데 2% 정도의 전략폭격 임무를 수행하여 이라크의 주요 전략목표를 43%나 파괴함으로써 스텔스 항공기의 유용성을 입증한 바 있다.

## 전쟁 초기 항공작전의 성공 여부가 전쟁승패를 결정한다

만약 향후 한반도에서 전면전이 발발한다면 어떤 양상이 될까? 이와 관련 가장 최근의 전쟁인 이라크전과 비교해 보면 한반도가 더욱 복잡한 상황에서 전쟁이 수행될 수밖에 없다는 것을 알 수 있다. 우선 한반도는 이라크보다 면적이 1/2로 좁은 지역이기 때문에, 이라크전보다도 쌍방 간에 더 많은 항공기가 더 좁은 공간에서 항공기, 미사일, 포탄 등이 혼재된 가운데 작전을 수행하게 된다. 따라서 다른 어떤 전장보다도 적·아 식별이 어렵고, 또한 표적을 식별하여 공격하기도 어렵다. 아울러 북한의 전 지역에는 수십 개의 지대공 미사일 기지와 수천문의 대공포가 중첩되게 대공방어체계를 구축함으로써 조기에 제공권을 확보하기도 쉽지 않다. 따라서 개전 초에 공중우세 확보를 위해서는 고성능 전투기를 투입, 북한의 공격을 방어하면서 아측 항공기가 자유로이 항공작전을 수행하도록 북한의 방공망을 조기에 파괴해야만 한다. 만약 공중우세 확보가 지연될 경우 아측은 많은 피해발생을 감수해야 하며 전쟁수행에 큰 차질을 가져올 수 있다.

## 스텔스기 보유는 북한 위협에 대한 우위적 전략적 가치

우리는 1980년대 중반 이후 북한의 비대칭 전력에 대해 물질적, 정신적으로 어려운 여건하에 대응해 왔다. 북한의 비대칭 전력으로는 스커드, 노동 등 지대지 미사일 수백 발이 남한의 주요 기지나 도시를 겨누고 있고 수도권을 향해 배치한 수백 문의 장사정포는 시간당 수천 발을 발사할 수 있으며, 아울러 수십만의 특작군은 주·야간 은밀히 침투하여 아 후방에 제2의 전선을 만들 것을 노리고 있다. 그러나 이러한 북한의 비대칭 전력에 대하여 아측의 대응 수단은 완벽하지가 못하다.

그렇지만 우리 군이 스텔스 전투기를 보유할 경우, 북한의 레이더에 포착

되지 않고 전 지역을 자유로이 비행하면서 표적을 식별, 언제든지 정밀공격을 할 수 있게 된다. 이는 전략적 차원에서 볼 때 북한으로 하여금 스텔스기에 대응하기 위한 엄청난 물질적, 정신적인 노력을 투입하게 만들 수 있다. 예를 들어 스텔스기를 탐지하기 위해서는 수많은 레이더를 설치해야 하므로 재정적 출혈이 강요되고, 주요 표적을 갱도화하거나 은폐를 하기 위해서는 노동력과 예산을 투입해야 하며, 또한 북한 지도층은 스텔스기를 의식하여 노출되지 않기 위해 외부활동이 위축되는 등 역 비대칭 전략으로서 충분한 전략적 가치가 있다.

## 아군의 피해 없는 확실한 응징 보복

지난해 천안함, 연평도 포격 사건시 우리 군이 보유한 전력으로는 확실한 응징보복이 어려웠다. 왜냐하면 우리의 F-15K 전투기가 장착한 SLAM-ER은 원거리 정밀공격은 가능하나 화력이 다소 약하여 보복수단으로 효과가 다소 미흡하기 때문이다. 또한 F-15K는 화력이 큰 다수의 합동직격탄(JDAM)을 장착하여 정밀공격이 가능하나 북한의 지대공 미사일과 같은 대공 방어망에 걸려 피격 위험을 감수해야만 하는 문제점이 있다.

그러나 스텔스기는 적의 레이더에 노출 없이 정밀무기로 무장하고 은밀이 침투하여 주·야간 진천후로 폭격할 수 있으므로 확실한 응징보복 수단이 된다. 현재 전 세계적으로 스텔스 항공기를 원거리에서 탐지하여 정밀 추적하고 이를 요격하는 수단은 구축하지 못한 상태이다. 따라서 스텔스기 확보는 북한의 무력 도발시 확실한 응징보복 수단으로 최적의 전력이라고 평가받고 있다.

## 주변국 스텔스기 획득에 대한 대응전력

일본 정부는 30년 이상 운용한 F-4E를 대체하기 위해 2011년 12월 20일 차세대 전투기 42대를 F-35로 확정, 2016년부터 전력화를 추진한다고 발표 하였다. 또한 향후 F-15J를 대체하기 위해 200여 대의 스텔스급 전투기를 추가로 확보할 계획을 갖고 있다. 중국 또한 현재 J-20 스텔스기를 개발하여 시험비행 중으로 2016년경부터 약 200여 대를 전력화 추진중이다. 아울러 러시아도 스텔스기인 T-50(PAK-FA)을 개발하여 시험비행중으로 전력화 시기는 2017년경 으로 약 150여 대를 확보할 계획을 갖고 있다.

이와 같이 한반도 주변 국가들의 스텔스기 확보 경쟁은 우리로 하여금 그들에게 대응할 수 있는 수준의 스텔스기 확보가 필수적이라는 것을 역으로 보여 주고 있다. 따라서 현재 우리 군이 추진중인 차세대 전투기 사업은 현재로는 60대에 불과하기 때문에 질적으로 확실한 성능을 갖춘 5세대 스텔스 전투기를 확보하는 것이 중요하다.

## 한반도 안보환경에 맞는 차세대 전투기

최근 군사 전문가들 및 주요 언론에 대두되고 있는 차기 전투기 기종들에 대한 평가를 요약해 보면 첫째, 우리 공군이 선호하는 F-35A는 개발지연으로 군의 요구 일정에 맞추기 어려우며 미 국방예산감축으로 구매수량이 감축되어 가격상승이 예측되고, 둘째, F-15SE는 현재 실물기체가 없는 페이퍼 전투기로서 우리 군의 작전요구성능(ROC)을 충족시킬 수 있느냐의 문제가 있고 향후 높은 운영 유지비가 예상된다. 셋째, 유로파이터는 제한적 스텔스기로 작전요구에 미흡하며, 영국, 이탈리아도 유로파이터인 EF-2000을 줄이고 미국의 F-35를 선택하고 있다. 넷째, 러시아가 개발중인 T-50은 F-35의 다크호스 스텔스기이나 도입시에는 정치적 고려가 필요하다.

차세대 전투기사업 추진과 관련하여 간과해서는 안 될 것은 한반도 전장 상황에 맞는 전략 전술적 차원의 군의 작전요구 수준을 충족해 주어야 한다는 것이다. 특히 우리 군이 5세대 스텔스기를 고집하는 이유는, 이번에 선정된 전투기가 향후 2050년 근처까지 주력 전투기로 운용해야만 하기 때문이다. 특히 북한에 대한 전략 전술적 차원의 전력운용 필요성과 주변국의 5세대 전투기 획득 계획을 볼 때 군의 의견을 충분히 반영해서 기종이 결정되어야 할 것이다. 아울러 기술 이전으로 국가의 항공 산업 발전에도 기여할 수 있어야 한다.

# 국책사업의 성공과 실패

**허희영 / 이경구**

한국항공대 교수 / 동의대 교수

## 국책사업을 둘러싼 뜨거운 논쟁

국책사업이란 말 그대로 국가가 국익을 위하여 벌이는 중·장기적 사업이다. 그렇지만 한미FTA협정, 제주도 강정마을의 해군기지 건설과 같은 국책사업들을 둘러싼 갈등에서 보는 것처럼 아무리 국익을 위한 사업이라 할지라도 때로는 국론이 분열되고 이로 인하여 엄청난 사회적 손실이 초래되기도 한다. 착수 이전 단계에서 거치는 생산적인 논쟁이라면, 국익과 공공투자에 대한 당연한 관심의 표출일 수 있다. 더구나 서로 다른 관점에서 바라보는 주장들이, 지속가능하고 실천적인 대안을 모색하는 과정으로 작동한다면 우리 사회는 투명하고 건강한 선진사회로 한 걸음 다가설 수 있게 된다. 그러나 지역 이기주의와 표심을 겨냥한 정치적 목적에서 야기되는 갈등이라면, 얘기는 달라진다. 공공성이 강한 사업일수록 시간이 걸리더라도 전문가집단이 참여하는 객관적 논의가 선행되어야 하고, 결론에 이르더라도 이해관계자들과의 부단한 소통이 뒤따라야 한다.

# 공항의 성공과 실패의 교훈

개항 11년째에 접어든 인천국제공항은 성업 중이다. 물류부문의 운송실적이 세계 최고 수준인데다 세계공항협회(ACI)가 선정하는 서비스부문 1위를 7년 연속 기록하면서 글로벌 명품공항에 바짝 다가서 있다. 영종도 갯벌을 메워 개발을 시작할 당시만 해도 천문학적 투자에 비해 낮은 경제성, 생태계 훼손, 기상조건 등을 이유로 적지 않은 반대의 목소리가 있었다. 지금 이 공항은 금세기 들어 이룩한 가장 성공적인 국책사업으로 평가받고 있다.

정반대의 실패사례도 있다. 2002년 문을 연 양양국제공항은 속초공항과 강릉공항을 대체하는 국제공항으로서 당시 약 3천 5백억 원을 들였다. 두 지역 중간에 건설된 양양공항은 강원도의 거점공항으로서 연간 3백만 명 이상을 처리할 수 있는 시설을 갖추었다. 그런데 찾아오는 고객이 없다. 개항 직전까지만 해도 하루 10여 회 이상 취항했던 당시 항공사들은 더 이상 취항을 하지 않는다. 강릉과 속초에서 각각 40km, 20km 남짓 떨어져 있어 접근성도 나쁘지 않지만 두 배후도시에는 수도권을 오가는 리무진버스가 생겼고, 전국을 연결하는 도로망이 확충됐기 때문이다. 공항개발 당시의 수요가 다른 방향으로 이동한 것이다. 무안공항도 마찬가지다. 3천억 원을 들여 2007년에 개항했지만 여전히 개점휴업 중이다. 인천과 김해를 삼각으로 연결, 서남권의 거점공항을 건설하면 연간 5백만 명의 여객이 공항을 찾을 것이라고 낙관했다. 비로 인접한 광주공항도 저자에 허덕이지만 한 공항으로 수요를 모으는 일 역시 주민들의 반대로 어렵다. 수요예측의 잘못이 낳은 국책사업의 참담한 결과다.

## 동남권 신공항 사례

공항은 인적·물적 이동을 위해 이용하는 파생적 수요가 그 성패를 결정한다. 공항만을 잘 건설한다고 고객이 그냥 찾아오지 않는다. 출장이든 관광이든 여행의 목적이 있어야 고객은 비행기를 타고, 항공사는 고객이 있어야 비행기를 띄운다. 미래수요의 예측이 비교적 용이한 과학비즈니스벨트나 고객이 미리 정해지는 동계올림픽의 경우와는 전혀 다른 소비시장인 것이다. 최근까지 김해공항을 대체할 신공항의 입지선정을 놓고 부산과 대구경북을 중심으로 심각한 지역 간 갈등이 있어 왔다. 2011년 정부는 동남권신공항 건설계획을 백지화했다. 그러나 날로 늘어나는 항공교통량을 감안하면 어떤 방법으로든 새로운 대안이 모색되어야 할 것이다. 신공항 건설에 대한 논란의 불씨가 여전히 남아 있는 것이다. 동남권 신공항은 과연 필요한가? 그렇다면 그 성공조건은 무엇인가?

## 〈찬성론〉 이경구 교수

동남권에는 신공항이 필요하다. 2011년 3월 발표된 정부의 백지화 결정은 합리적 타당성보다는 정치적 접근에 의한 것으로 지역사회에 알려져 있다. 글로벌 경제일수록 역할이 중요해지는 공항은 물류의 중심지와 연계될 때 기능이 더 발휘된다. 유럽 최대의 항구는 로테르담에 있는데, 아시아 최대의 물류기지로 부상하는 부산 신항(新港)과 연결되는 물류의 네트워크를 구상해 볼 수 있다. 현재 아시아에서 유럽으로 향하는 물류는 인도양 항로(부산항-홍콩-인도양-로테르담)를 이용하고 있는데, 약 20,000km로서 24일 가량이 소요된다.

그러나 북극항로가 개발되면 12,000km 남짓한 거리에 운항일수는 12일로 줄어들 것이다. 앞으로 북극지역의 에너지개발에 따른 물동량의 지속적인 증가, 신항로 이용에 따른 물류비용의 절감효과 등을 함께 고려해 본다면, 신공항의 경쟁력은 현재의 예상보다 훨씬 더 클 것이다. 미래의 공항이 경쟁력을 갖추려면 물류기지와 인접할 필요가 있다. 물론 신공항 후보지 결정에는 투자비와 환경훼손의 최소화, 건설소요시간 등이 함께 고려되어야 한다.

점차 늘어나는 수요를 감당해야 할 동남권 공항에 대한 단기적인 대안으로는 우선 김해공항의 확장을 검토할 수 있다. 장애가 되는 북측 돗대산을 절개하여 운항안전의 문제를 해소하고, 수요증가에 대비하여 국제선 터미널의 증축과 리모델링으로 국제공항으로서의 면모를 갖추는 방안이다. 또 다른 방안은 활주로를 확장하는 방안이다. 교차활주로의 추가 건설, 그리고 남해고속도로 중 1.2km를 지하화하여 활주로를 연장하는 방안 등을 검토할 수 있을 것이다. 그러나 근본적인 해결방안은 새로운 대체공항을 건설하는 것이다. 장기적으로 지역사회와의 동반 성장을 도모함으로써 국가의 경제적 이익을 극대화하는 것이 최선의 방안이기 때문이다.


## 〈반대론〉 허희영 교수

동남권의 신공항 문제는 2002년 4월 김해공항의 민항기사고로 공항의 안전성과 수용력이 제기되면서 시작됐다. 대선 때마다 지역사회는 공항건설을 공약으로 받아냈고, 해당 지역들은 자신의 몫으로 생각하고 유치경쟁을 벌여왔다. 막상 후보지 선정단계에서 10조 원이 넘는 투자에 대한 경제적 불확실성으로 이 계획은 좌초됐다. 결국 수년간 지역민들에게 희망을 주었던 국책사업의 약속이 지켜지지 못한 또 다른 사례로 남게 됐다.

그러면 동남권역에는 신공항이 필요 없는가? 문제의 출발점에서 해답을 찾을 수 있다. 우선, 김해공항의 안전성을 저해하는 자연장애물 요소를 완화하고 활주로의 수용력을 확충하는 방안이 검토될 수 있다. 홍콩의 첵랍콕공항처럼 인접한 해수면을 매립하여 활주로를 확장한 경우도 있다. 제2의 허브공항 환상에서 벗어난다면, 문제는 간단하다. 당초 예산보다 훨씬 적은 비용으로 제3의 지역에 대체공항을 건설하면 되기 때문이다. 허브공항이란 주변공항의 수요를 모아 자전거바퀴살처럼 장거리 노선을 연결해서 비행기를 갈아타는 환승객이 충분할 때 비로소 제구실을 한다. 인천공항의 경우에도 여객의 환승비율은 20%를 밑돌고 있어 두바이나 프랑크푸르트와 같이 환승객비율이 50%를 넘는 세계적인 허브공항들과는 여전히 거리가 있다. 현재 동남권역에는 울산, 포항, 대구, 사천 포함하여 모두 5개 공항이 있는데, 국내선과 국제선을 모두 합해도 연간 여객은 1천만 명(2010년 말)을 약간 상회하는 수준이다. 제네바에 UN본부를 둔 스위스가 아닌 바에야 좁은 국토면적에 인천과 동남권역에 각각 두 개의 허브공항이 필요한지는 심각히 고민해야 할 부분이다.


## 통찰력과 국익이 정답이다

경제개발이 탄력을 받기 시작하던 1968년 당시 정부는 경부고속도로 착공을 놓고 야당이 주도하는 맹렬한 저항에 부딪쳤다. 부자들의 자가용을 위한 도로건설에 막대한 국고를 쏟아붓기보다는 민생을 위해 더 시급한 일이 많다는 비판에도 불구하고 오히려 왕복4차선에 갓길 50m를 확보하여 미래의 교통량에 대비했다. 그리고 당시로선 역사상 최대의 국책사업인 482km 고속도로를 2년 5개월 만에 완공했다. 또 용병이라는 비난 속에서도 정부는 월남 파병의 대가로 미국으로부터 지원금을 끌어들여 근대화를 위한 중화학공업단지를 건설하고, 기술인재의 산실인 KAIST의 초석을 놓았다. 당시의 국가지도자의 미래에 대한 통찰력 덕분으로 이루어진 쾌거를 우리 세대는 지금 향유하고 있다. 수많은 이해관계자집단이 존재하는 다원적인 현대 사회에서 국책사업마다 지도자의 통찰력에 의존할 수는 없다. 중요한 것은 시대를 뛰어넘는 국익 우선의 정신이다. 국책사업에서 지역 이기주의나 정파적 이해관계는 이제 철저히 배제되어야 한다. 풀기 어려운 국책사업일수록 통찰력으로 미래를 내다보면서 국익 우선의 결단을 하게 되면, 바로 거기에 정답이 있다.